U0516300

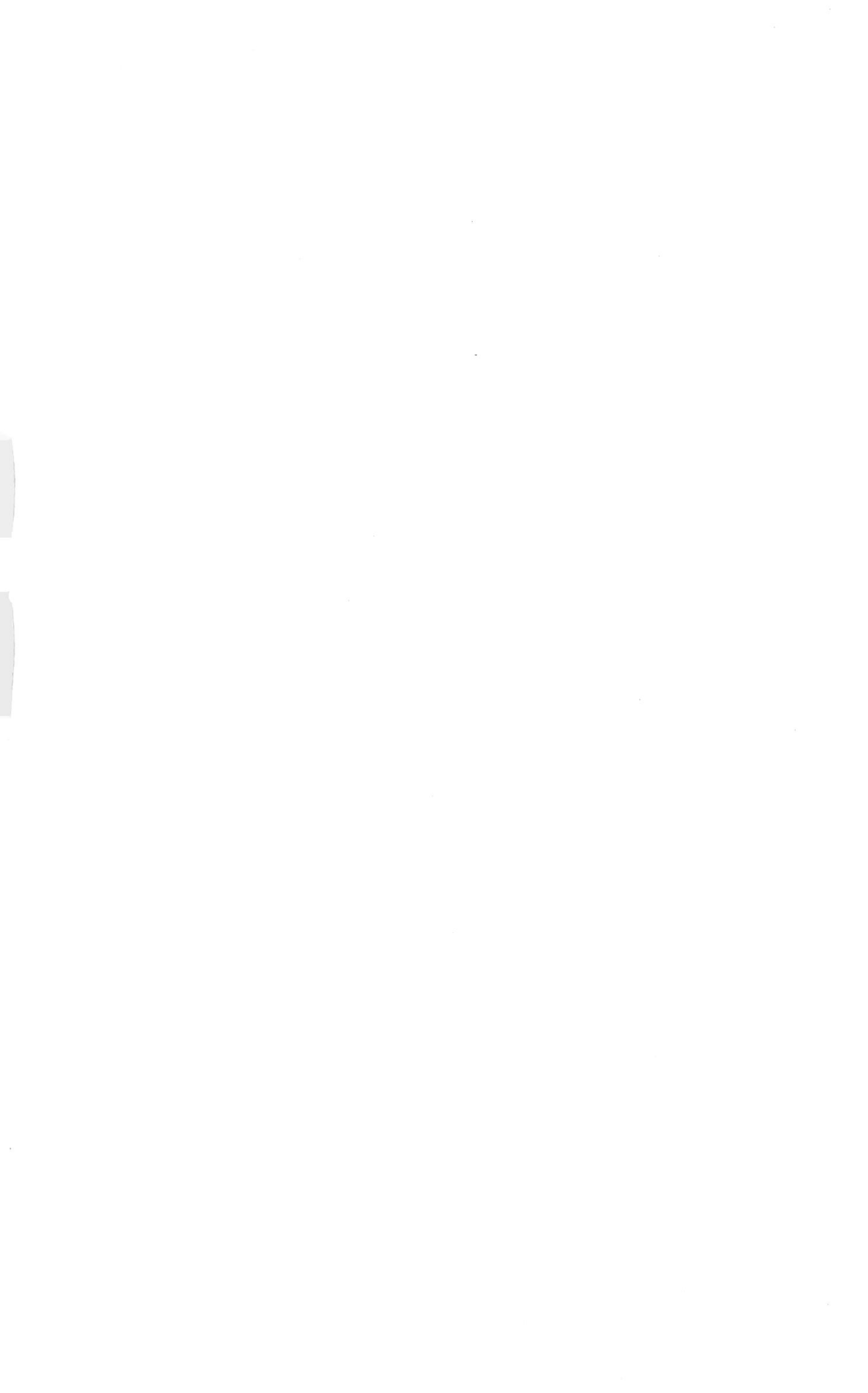

趙爾巽等撰

清史稿

第四八册

卷五二三至卷五二九（傳）

中華書局

清史稿卷五百二十三

列傳三百十

藩部六

杜爾伯特　舊土爾扈特　新土爾扈特　和碩特

杜爾伯特部，游牧金山之東烏蘭固木地。東薩拉陀羅海、納林蘇穆河，接唐努烏梁海；南哈喇諾爾、齊爾噶圖山，接科布多牧場及明阿特；西索果克河，接阿爾泰烏梁海；北阿斯哈圖河，接烏里雅蘇台卡倫。本額魯特綽羅斯種，與內扎薩克之隸科爾沁右翼一旗同名異族。

厄魯特舊設四衞拉特，杜爾伯特其一也，輝特隸之，後並稱衞拉特。詳青海厄魯特部傳。準噶爾台吉噶爾丹虐諸昆弟子姓，兄子策妄阿喇布坦棄之，徙博囉塔拉，杜爾伯特諸台吉從往，分牧額爾齊斯。迄準噶爾族亂，杜爾伯特內附，設扎薩克十有四，附輝特扎薩克二，統稱賽因濟雅哈圖杜爾伯特部。

杜爾伯特祖曰博羅納哈勒，與準噶爾祖額斯墨特達爾漢諾顏爲昆弟。博羅納哈勒子額什格泰什，三傳至達賴泰什。子七：長敏珠，裔不著；次垂因；次陀音，其裔皆隸察哈爾；次鄂木布岱青和碩齊，爲扎薩克汗車凌、親王車凌烏巴什、貝勒剛多爾濟三旗祖；次衮布；次達延泰什；次塔爾璋泰什，其裔隸各扎薩克。達賴泰什弟曰保伊爾登，子四：長鄂爾羅斯，爲扎薩克台吉恭錫拉、達什敦多克二旗祖；次巴特瑪多爾濟，爲扎薩克貝勒色布騰、貝子班珠爾，輔國公剛、巴圖蒙克、台吉額布根五旗祖；次額璘沁巴圖爾，爲扎薩克貝子根敦、瑪什巴圖，台吉巴爾三旗祖；次伯布什，爲扎薩克郡王車淩蒙克一旗祖。和碩特台吉鄂齊爾圖，爲衞拉特首汗，綽羅斯諸台吉隸之。

順治十四年，杜爾伯特台吉陀音遣使哈什哈等自鄂齊爾圖所，以貢馬至。十五年，鄂木布岱青和碩齊子伊斯扎布復遣使額爾克貢馬。

康熙十四年，台吉額勒敦噶木布從鄂齊爾圖使入貢，自稱爲阿勒達爾泰什族。阿勒達爾泰什者垂因子也，時蓋爲所部長。十六年，噶爾丹戕鄂齊爾圖，遣使告，自稱博碩克圖汗，因脅諸衞拉特奉己令。諭給諸貢使符驗，不從，詭稱杜爾伯特及和碩特、土爾扈特雖隸準噶爾，以牧地遠，不及給。二十四年，定四衞拉特貢例，噶爾丹使入關額二百人，餘市張家口及歸化城，其綽羅斯自貢之噶爾瑪岱青和碩齊、杜爾伯特台吉阿勒達爾泰什及和碩特、土爾扈特長如之。

三十三年，台吉巴拜來歸。巴拜者陀音子也，噶爾丹以附牧，強取其戚屬。巴拜索之不獲，畏弗敢爭。嗣從噶爾丹侵喀爾喀，至烏蘭布通，欲棄之降，爲伊拉古克三呼圖克圖所陰阻。至是偕從子齊克宗至。上以其習邊外，不便駐內地，詔隸喀喇沁牧。

三十六年，台吉車凌復來歸。車凌爲阿勒達爾泰什孫，其父烏爾袞從噶爾丹侵喀爾喀，爲大軍所敗，攜屬三百餘竄圖拉河境。上聞之，諭遣護軍統領瑪喇曰：「爾等馳赴圖拉，遣人問故。伊等或欲內附，懼爲喀爾喀阻；或力不能至而在彼，可收之至。如欲往阿勒台則聽之。既不內附，又不前往，則當相機行事。」瑪喇至，偵不獲蹤。噶爾丹再侵喀爾喀，烏爾袞復從至，和托輝特台吉根敦陣斬之。車凌從噶爾丹竄牧巴顏烏蘭，根敦以告。詔使諭車凌降，不至。噶爾丹尋敗遁，車凌將乞降，我師不知而擊之，乃逸。其屬綽克圖巴圖爾、宰桑莽奈哈什哈、都喇圖巴圖爾、班丹哈什哈、宰桑扎爾瑚齊什賁達爾漢、宰桑蘇穆齊扎爾瑚齊、阿哈雅扎爾瑚齊、畢哩克扎爾瑚齊等率衆百餘內附。時巴拜屬從至，詔置張家口外。巴拜遣宰桑博克請賜所屬，遣官察給之。巴拜尋來朝，請効力禁廷，諭曰：「爾先衆來降，朕自有加恩之處。其仍率所屬駐喀喇沁牧。」

車凌敗，知噶爾丹不足恃，遣使奏：「杜爾伯特部自始貢中國，至阿勒達爾泰什，往來朝請已五世。前蒙恩遣巴扎爾傳諭臣屬功格額爾克，令臣歸誠，許恩待。臣遵旨降，反爲將軍所擊，臣復懼而逃，乞賜恩綸。」諭曰：「車凌來歸時，我綠營、蒙古兵不知而擊之。今復遣使奏請，理藩院其檄令速降，朕將優恤之。」會遣使招噶爾丹，詔以其使從。至則車凌他徙，其使齎檄往諭。車凌遣功格額爾克奉表降，自詣大將軍費揚古所告曰：「烏蘭布通戰後，臣父烏爾袞降志誠，不獲達。臣前爲大軍擊，心甚懼，率殘卒十餘奔達瑪爾，遇噶爾丹，偕赴薩克薩克圖固哩克。未浹旬，棄之走額克阿喇勒。臣知噶爾丹罪，與彼伍，徒就死。聞上撫厄魯特降人咸得所，集臣屬二百五十餘戶內徙，道蹤汗阿林翁吉，閱四月始至。乞以此情代奏。」費揚古馳疏聞，留其孥屬於張家口外，遣車凌覲行營。詔授散秩大臣，巴拜如之。

明年，詔以巴拜、車凌屬隸察哈爾正白旗，編佐領二：車凌屬六品官班丹畢哩克及壯丁百餘，以功格額爾克爲驍騎校領之；巴拜屬五品官戴和碩齊、納木喀琳沁、額爾德尼達木巴，六品官達爾扎巴圖蒙克、色稜泰墨爾根伊什德克及壯丁百餘，以達木巴領之。後巴拜卒，無嗣。車凌卒，子策旺達爾濟嗣。

五十四年，詔招降台吉丹津於阿勒台。丹津者鄂木布岱青和碩齊孫也，與車凌爲昆弟，游牧阿勒台，戶千餘。和托輝特台吉博貝請赴阿勒台招丹津降，抗卽以兵取之。諭車凌遣使齎書從。比至，丹津徙策旺阿喇布坦牧。

五十九年，靖逆將軍富寧安擒台吉垂木伯爾於伊勒布爾和碩。蓋是時策妄阿喇布坦假兵力據四衞拉特，令諸台吉環牧烏魯木齊、額爾齊斯爲負嵎計。我大兵因屯巴里坤、阿勒台兩路遏之，偵準噶爾襲唐古特，詔大軍往討罪，復以兵分擊準噶爾境。垂木伯爾者丹津族台吉也，率屬駐烏魯木齊，設哨伊勒布爾和碩、阿克塔斯路。富寧安以兵至阿克塔斯設哨，賊遁，尾至伊勒布爾和碩擊之，擒垂木伯爾歸，烏魯木齊衆聞之咸竄。

乾隆十八年冬，台吉三車凌來歸。三車凌者：曰車凌，曰車凌烏巴什，曰車凌蒙克，統稱杜爾伯特台吉，巴約特其屬部也。杜爾伯特以車凌爲長，車凌烏巴什次之。巴約特以車凌蒙克爲長，聚族額爾齊斯。準噶爾台吉舊有策凌敦多布二，大策凌敦多卜善謀，小策凌敦多卜以勇聞，策妄阿喇布坦及子噶爾丹策凌倚任之。大策凌敦多卜孫達瓦齊襲殺噶爾丹策凌嗣而自立。小策凌敦多卜孫訥默庫濟爾噶勒與搆兵，各令杜爾伯特族助。車凌等欲拒之，不敵，欲事之，莫知所從，集族言曰：「依準噶爾，非計也，不如歸天朝爲永聚計。」有喀爾喀卒額璘沁達什者，爲準噶爾所掠，聞其謀，脫歸以告。詔定邊左副將軍喀爾喀親王成袞扎布俟車凌等至，察其誠可納之。既而三車凌棄額爾齊斯牧，由準噶爾東烏蘭嶺烏英齊而行，越旬有九日至博東齊，遣使巴顏克什克、都圖爾噶等馳赴巴顏珠爾克，以降故告，而留其衆於額克阿喇勒以待。成衮扎布遣守汛者視，慮詐，檄喀爾喀兵備之，以聞。諭曰：「車凌等降，非叵測也。達瓦齊與訥默庫濟爾噶勒搆兵，車凌等助之，勝負難預定，幸而從者勝，卒爲人役，不若歸降之爲得計也。旣遣使以情告，若仍令處汛外，恐遣兵至或有失，可卽徙入內汛，暫給牧畜，徐議安置事宜。先以車凌、車凌烏巴什及從至者酌遣數人，令其瞻仰朕躬，朕自優加恩賚。」遣侍郎玉保齎賞物往諭。甫就道，上念所部習邊外，以未出痘者生身，若卽令至內地，雖傷一僕從不忍，詔俟明歲受朝塞外，勿遽來京師，以負矜恤意。而三車凌懼準噶爾兵襲，請急徙入汛，且獻馬爲贄。成衮扎布納之，令暫駐烏里雅蘇臺。達瓦齊遣宰桑桑禡木特以兵襲，不及乃逸。玉保至，三車凌忭迎十里外，宣諭之。詭奏：「噶勒丹策凌時，思內附，以衆志未變，且法嚴，故不獲間。今避亂來歸，思覲天顏，蒙恩軫念避痘，令緩入覲期，請先以宰桑等朝京師。」車凌使曰和通、巴顏克什克，車凌烏巴什使曰哈錫塔，車凌蒙克使曰巴圖。明年正月，使至，詔與朝正諸藩臣宴。上以所部間道至，駝馬疲甚，且乏畜產，不忍遽遠徙，詔視推河、扎克拜達里克、庫爾奇勒可耕地置之，穀種取諸歸化城。復賜車凌、車凌烏巴什羊各五千，車凌蒙克羊三千贍之。尋定牧扎克拜達里克。

車凌烏巴什屬巴啓、齊倫等叛逸。喀爾喀卒盜車凌屬伊爾都齊馬，索不給，且射殺之。詔喀爾喀扎薩克以鄂爾坤防秋兵百視牧，復檄諸扎薩克鄰汛者弋叛賊務獲。後巴啓等就擒論罪。四月，諭曰：「內扎薩克及喀爾喀咸設正副盟長，董理牧務。今新降台吉車凌等擕至戶口，悉編旗分佐領，其設正副盟長如內扎薩克及喀爾喀例，賜賽因濟雅哈圖盟名。」五月，駕幸熱河，駐蹕避暑山莊。三車凌率諸台吉至，賜宴萬樹園，命觀火戲。諭曰：「杜爾伯特台吉等皆準噶爾渠酋，向慕仁化，率萬餘衆傾心來歸，宜敷渥澤，錫予封爵，以示懷柔至意。其各鈐所屬，令安分謀業，勿負朕恩。」時所部設扎薩克十有三，自三車凌外，曰色布騰，曰蒙克特穆爾，曰根敦，曰班珠爾，曰剛，曰巴圖蒙克，曰瑪什巴圖，曰達什敦多克，曰恭錫喇，曰巴爾，封親、郡王、貝勒、貝子、公、一等台吉有差。後蒙克特穆爾以從車凌蒙克子巴朗叛逃，別授其弟額布根爲扎薩克，餘仍爵，詳列傳。秋七月，將軍策楞請徙三車凌牧於歸化城青山東。時議備兵征達瓦齊，諭曰：「巴朗等甫叛竄，若徙之，將滋新降疑懼，且非辦理準噶爾本意，其令安處舊牧，勿他徙。」

三車凌之至也，告族台吉訥默庫留準噶爾戶千餘，剛多爾濟、額爾德尼、巴圖博羅特如之，將乘間內徙。至是果偕輝特台吉阿睦爾撒納、和碩特台吉班珠爾至，詔賜牧畜，置塔楚，鄰三車凌牧。十月，駕由盛京旋，駐蹕避暑山莊。訥默庫等入覲，復賜宴，錫之爵。曰訥默庫，封郡王；曰剛多爾濟，曰巴圖博羅特，封貝勒；曰布圖克森，曰額爾德尼，曰羅壘雲端，封貝子；曰布顏特古斯，曰蒙克博羅特，封輔國公；曰烏巴什，曰伯勒克，封一等台吉。

凡設扎薩克十，詔編旗分佐領，如三車淩例，分左、右翼，設正副盟長各一。訥默庫者，車淩烏巴什兄子。剛多爾濟、布圖克森、額爾德尼、羅壘雲端、烏巴什、伯勒克，皆車淩烏巴什曾祖察衮裔。布顏特古斯、巴圖博羅特、蒙克博羅特亦戚族也。後訥默庫晉親王，子喇嘛扎卜授貝勒，以叛除爵。布圖克森、羅壘雲端、烏巴什，皆無嗣停襲。伯勒克卒，子多第巴襲。多第巴卒，子尼爾瓦齊襲。尼爾瓦齊卒，無嗣，以多第巴弟布顏德勒格爾襲。布顏德勒格爾卒，無嗣停襲。布顏特古斯卒，子舍稜襲，以叛除爵。剛多爾濟無嗣，以從子達瓦丕勒襲。額爾德尼卒，無嗣停襲。巴圖博羅特、蒙克博羅特皆以叛除爵。故自剛多爾濟外，皆不立傳。

二十年，烏梁海降臣察達克招服包沁，察獲杜爾伯特屬以獻，詔給所部。尋從大軍征達瓦齊。三車淩既入覲歸，詔選兵二千，以車淩領其一，隸北路；車淩蒙克、色布騰從之，以車淩烏巴什領其一，隸西路：各授參贊大臣。訥默庫等繼至，請從軍，詔隸西路。以車淩烏巴什、訥默庫皆幼不更事，詔調車淩蒙克赴西路軍，從車淩烏巴什、訥默庫等行。而是時阿睦爾撒納爲北路副將軍，訥默庫其妻弟也，固請隸北路軍，允之。以故偕三車淩至者隸西路副將軍薩拉勒隊，偕訥默庫至者隸北路副將軍阿睦爾撒納隊。賜車淩整裝銀二千，車淩烏巴什、訥默庫各減十分之二，給從軍者羊及餼有差。復詔使車淩及車淩蒙克遣宰桑以善耕卒百赴額爾齊斯，蓋杜爾伯特衆兼耕牧業，視喀爾喀專以牧爲業者異。將遣綠旗及喀爾喀兵屯耕額爾齊斯，以所部識水泉道，且善耕，命簡卒往導，俟大功成，遣牧衆歸額爾齊斯。會北路軍奏至，以訥默庫參贊列名，詔西路軍奏如之，列三車凌及色布騰名，次參贊大臣鄂容安後。復諭定北將軍班第，俟伊犂定，遣車凌、車凌烏巴什等率新降諸台吉入覲。

初，議征達瓦齊，上以衞拉特諸台吉後先附，凡數萬衆，錯處內牧，非得地衆建之不可。詔俟準噶爾定，將復設四衞拉特，以車凌爲杜爾伯特汗，別以班珠爾爲和碩特汗，以阿睦爾撒納爲輝特汗，以噶爾丹策凌子姓爲綽羅斯汗。車凌等赴軍時輒聞命。大兵抵伊犂，達瓦齊就擒。班第以車凌烏巴什、訥默庫及新降之綽羅斯台吉噶勒藏多爾濟、和碩特台吉沙克都爾曼濟、輝特台吉巴雅爾等列入覲初班。駕幸木蘭，車凌等至，召覲行幄慰諭之。旋蹕避暑山莊，御淡泊敬誠殿受朝，詔以車凌爲杜爾伯特汗，諸扎薩克隸之。扎薩克而下，設管旗章京、副管旗章京、參領、佐領、驍騎校等職。時阿睦爾撒納覬轄四衞拉特，知不可得，叛竄。班珠爾以附逆，械至。噶勒藏多爾濟、沙克都爾曼濟、巴雅爾仍各賜汗爵，統所部衆。諭曰：「準噶爾互相殘殺，羣遭塗炭，不獲安生。朕統一寰區，不忍坐視，特發兩路大兵進討。諸台吉、宰桑等畏威懷德，率屬來歸，從軍自効。今已平定伊犂，擒獲達瓦齊，是用廣沛仁恩，酬庸効績。準噶爾舊有四衞拉特汗，令卽仍其部落，樹之君長，其各董率所屬，務勤養敎，共圖生聚，受朕無疆之福。」其後綽羅斯汗噶勒藏多爾濟叛，從子扎納噶爾布戮之，所部就滅。輝特汗巴雅爾以叛爲大軍所擒誅。和碩特汗沙克都爾曼濟懷貳志，副都統雅爾哈善殲其衆於巴里坤。惟杜爾伯特部恪守臣節，世受封爵罔替。

是年十二月，車凌等以乏牧產，請徙額克阿喇勒。諭曰：「前議平定伊犂後遣歸舊牧額爾齊斯，若額克阿喇勒，距額爾齊斯較扎克、拜達里克路更遠，且附內汛外，調所部兵亦易。俟擒獲阿逆後，仍當遣歸舊牧。所部生計旣艱，其給籽種六百石，務令及時耕種，毋誤農期。至從軍所給駝馬，自應交納。但念往返道遠，牲畜不無疲瘠，可姑緩期二載。」

訥默庫之將從征達瓦齊也，請徙牧拜達里克北扎布堪河源博囉喀博齊爾至鄂爾海、喀喇烏蘇界，允之，諭努力成功，勿念游牧衆。至是以車凌等將徙牧，詔往會。而訥默庫隱有叛志，謀竄就阿睦爾撒納。剛多爾濟、巴圖博羅特、布顏特古斯等阻之，卒不戢，率衆復乘間劫驛騎，戕守汛弁，奪運糧商民駝物及貲。二十一年春，駐防烏里雅蘇臺辦事大臣阿蘭泰偕車凌、車凌烏巴什等以兵擒訥默庫及其孥，械至，論如律。詔不附逆諸扎薩克各安游牧，勿疑懼。復諭曰：「剛多爾濟等屬妄行劫掠，應交部議扎薩克罪。但念伊等新降，未諳內地禁例，姑從寬免。」夏，以所部鄰扎哈沁，盜不戢，諭曰：「伊等生計全賴牧畜，若復盜竊相仍，不獲蕃孳，生計焉能充裕？其各鈐束部衆，務期守分安生，副朕休養羣生至意。」

有伯什阿噶什者，伊什扎布之曾孫也，祖扎勒，父車凌多爾濟。伯什阿噶什兄曰布達扎卜，曰達瓦克什克，弟曰達瓦濟特，曰格咱巴克，聚牧伊犂河西沙拉伯勒，境鄰哈薩克牧。達瓦齊虐其衆，伯什阿噶什將棄之，懼襲而寢。大軍征達瓦齊，抵伊犂，班第遣使招，因獻籍三千餘戶降。將遣從車凌等入覲，告哈薩克數掠所部，請歸視。比抵牧，偵哈薩克集兵，遣告，且請大軍援，諭嘉其恭順。

會阿睦爾撒納叛，逆黨擾伊犂，遣和碩特輔國公納噶察賚敕往諭曰：「準噶爾內亂頻仍，各部人衆咸失生業。朕爲一統天下之君，懷保羣生，無分中外，特發大軍往定伊犂。方欲施恩立制，永安反側，乃逆賊潛懷叛志，妄思幷吞諸部，肆其荼虐，罪狀已著，畏誅潛遁。朕已命將窮追，務期弋獲。逆賊一日不獲，諸部一日不安。爾台吉輸誠歸命，果能仰體朕旨，去逆効順，或以兵協剿阿逆，或俟至爾牧擒獻之，朕必大沛殊恩。爾其奮勉自効！」達瓦齊復奏伯什阿噶什及庫木諾顏、台吉諾爾布必無異志，命遺之書，未達，而伯什阿噶什徙牧。初傳偕諾爾布內附，久之不至，或以居博囉塔拉告。詔將軍策楞等偵之，無其蹤。時阿睦爾撒納敗竄，諭參贊大臣侍郎玉保等偵阿逆赴伯什阿噶什牧，即諭擒獻，或故縱，以兵剿之。伯什阿噶什養子博東齊尋偕宰桑諾斯海挈衆至，以哈薩克侵牧告。宰桑賽音伯勒克，得木齊恩克、濟爾哈爾等踵至，告哈薩克追掠，間走乃免。詔博東齊以兵迎其父，暫置從衆於額爾齊斯，諸斯海護視之。賽音伯勒克或從博東齊往，或留牧額爾齊斯，惟其便。博東齊將行，伯什阿噶什攜戶八百餘抵額爾齊斯，請內附。烏巴什其族台吉也，從至。詔封伯什阿噶什爲扎薩克和碩親王，烏巴什爲扎薩克固山貝子，賜諭曰：「爾誠心感戴，率衆投誠。前大軍抵伊犂，卽謁將軍大臣，甫欲加恩封賞，旋遇阿逆背叛，未獲舉行。爾爲哈薩克所掠，輾轉遷徙，始克內附。爾衆甫至，不必簡兵往從大軍，亦無須徙內地，卽游牧額爾齊斯所。爾族台吉車凌等將歸舊牧，爾等聚族而處，實爲允協，不必遠離故土，徒勞往返也。」命甫下，伯什阿噶什等攜衆抵哈達青吉勒，詔暫留，俟明歲歸額爾齊斯牧。

七月，車凌、車凌烏巴什、剛多爾濟等以從牧額爾齊斯，請定入覲年班。諭嘉其誠悃，詔自來年始，定三班，前給從軍駝馬，姑緩期納，示恤。九月，伯什阿噶什來朝，弟達瓦濟特及兄子丹巴、都噶爾、布魯特扣肯以視牧故，各遣宰桑代至。賜宴，賚馬七百、牛百五十、羊三千，詔編旗分佐領，如三車凌及剛多爾濟等來歸例。別爲一盟，以伯什阿噶什爲盟長，烏巴什副之，丹巴都噶爾授協理台吉。

伯什阿噶什甫歸牧，其妻卒，遣侍衞佛保往醊。伯什阿噶什尋卒，無子，詔副都統唐喀祿賻祭，宣諭以丹巴都噶爾爲扎薩克固山貝子，以達瓦濟特爲扎薩克公，轄伯什阿噶什衆，聽歸車凌牧及內徙。而丹巴都噶爾與佐領色布騰互攘畜產，佛保將至牧，駝馬爲所掠。詔撤恩命還，復諭烏巴什勿驚懼，俟事定歸車凌牧。後烏巴什卒，停襲。

二十二年，車凌以哈薩克不擒獻阿逆，諸厄魯特叛擾邊，請由額爾齊斯徙牧烏蘭固木避之。時喀爾喀貝子車布登扎布遵旨遣兵剿掠佛保賊，收伯什阿噶什屬戶給喀爾喀，將遣博東齊歸車凌牧，族台吉布圖庫、班珠爾、布林等挈屬至，稱與車凌等析處久，請異牧，允之。布圖庫等抵汛，聞佛保自哈達青吉勒歸，和碩特台吉桑濟復掠諸道，遣從卒馳馬迎。上聞之，諭曰：「車凌等自歸誠以來，感激朕恩，約束屬衆，甚爲寧謐。邇因叛賊紛起，亟請內徙游牧，其歸附之心益堅，可允所請，并給穀種，令爲謀生資。博東齊雖與杜爾伯特同族，若往歸之，反仰賴車凌等養贍，著遣往烏里雅蘇臺，交車布登扎布，酌徙呼倫貝爾、通肯呼裕爾等處。布圖庫、班珠爾等迎接侍衞佛保，俟至烏里雅蘇臺軍所，各給幣賞之。」後博東齊及布圖庫等咸置呼倫貝爾。布圖庫、班珠爾以內附誠，各授一等台吉。而貝勒巴圖博羅特、輔國公舍稜不從車凌等徙牧，叛應阿睦爾撒納，副都統瑚爾起以兵擒諸輝巴朗山，妻孥悉論誅。

先是杜爾伯特及烏梁海未內屬，錯牧額爾齊斯。後杜爾伯特諸台吉至，游牧扎克拜達里克，初徙牧額克阿喇勒，再徙額爾齊斯。烏梁海就撫，以烏蘭固木地給之。車凌等復請由額爾齊斯往徙，遣都統納穆扎爾往勘杜爾伯特及烏梁海牧界。車凌復請以烏蘭固木爲屯耕地，而游牧於科布多、額克阿喇勒，允之，詔嚴禁所屬勿攘竊。尋以錯牧不便，定烏蘭固木爲杜爾伯特牧，別以科布多爲烏梁海牧。

二十四年，烏梁海以科布多產貂不給捕，請徙就阿勒台陽額爾齊斯。諭車凌烏巴什等曰：「額爾齊斯爲爾舊牧，今爾移處烏蘭固木，烏梁海察達克請游牧額爾齊斯地，向曾降旨，爾等若願歸舊牧，聽爾便。今哈薩克已全部內附，伊犂厄魯特賊衆復殲無孑遺。若爾果願歸舊牧，可卽徙往額爾齊斯，所遺烏蘭固木，自可給烏梁海處之。但哈薩克新附，非爾等久爲內屬者比，務宜嚴飭所屬安靜無事。若爾部衆既遵鈐束，而哈薩克反來肆擾，可卽擒誅之。爾等或安土重遷，則額爾齊斯地與其爲哈薩克、俄羅斯所竊據，不若令烏梁海往徙之也。」車凌烏巴什等奏：「察達克所請地，係烏梁海舊牧，距臣等牧遠。且烏蘭固木地肥不磽，臣等游牧久，請勿徙，以額爾齊斯地給烏梁海。」詔如所請。是年十月，以大軍定回部蕆功，諭車凌烏巴什等知之。十二月，偵哈薩克襲烏梁海，以兵三百餘擊走，得旨獎賚。

二十五年四月，以所部有溫圖呼爾者，貧不給，聞其弟居察哈爾牧，告諸扎薩克往就之。諭曰：「杜爾伯特自歸誠以來，編設旗分佐領，原欲伊等各安生業。若不善恤之，漸至析處，殊爲可憫。其各加意撫綏，令守分謀生，勿至流離失所，副朕恫瘝一體之懷。」七月，車凌烏巴什等扈蹕行圍，奏所部蒙恩安置，牧產漸饒，嗣請自備駝馬。上嘉其誠悃，不忍驟勞之，詔仍官給駝馬。

二十七年，詔左、右翼各設副將軍一，右翼用正黃旗纛，左翼用正白旗纛，以敕印軍符給之。所部旗十有六，爵如之：扎薩克特古斯庫魯克達賴汗一；扎薩克和碩親王一；扎薩克多羅郡王一；扎薩克多羅貝勒二；扎薩克固山貝子二；扎薩克鎭國公一，由貝子降襲；扎薩克輔國公二；扎薩克一等台吉四；輝特扎薩克一等台吉二。四十五年，命烏里雅蘇台將軍巴圖查辦喀爾喀侵佔杜爾伯特、扎哈沁等部界址。

道光二年，修科布多衆安廟。三月，科布多參贊大臣那彥寶奏定蒙民、商民貿易章程。杜爾伯特、扎哈沁、明阿特、額魯特均准給票與商民貿易。六年，回疆軍興，杜爾伯特汗、王、公、扎薩克等獻駝馬助軍。十二月，以杜爾伯特汗齊旺巴勒楚克等復輸駝助軍，上嘉賚之。九年，杜爾伯特貝子奇默特多爾濟呈控科布多參贊大臣額勒錦需索馬匹，擾累各部。鞫實，罷之。十八年，是部以兵從烏里雅蘇台參贊大臣車林多爾濟驅逐闌入烏梁海之哈薩克。十八年十二月，以烏里雅蘇台參贊大臣車林多爾濟奏科布多參贊大臣管理烏梁海八部落，地方遼闊，多興訟端，允增置幫辦大臣。十九年，給是部官兵俸賞行裝銀。咸豐三年二月，是部汗、王、公等捐助軍需，溫旨卻之。

同治三年，烏魯木齊等城回匪滋事，調是部兵援之。尋以不得力，撤歸。八年，以杜爾伯特汗嗣絕，將軍麟興等奏：「左翼汗旗下舊管十佐領戶一千五百有奇，右翼親王旗下舊管十一佐領戶一千二百上下，右翼貝勒旗下舊管二佐領僅一百六十餘戶。以爵而論，貝勒較輕；以戶口而論，不過抵汗三十分之一。擬親王棍布扎布令折回承襲汗爵，以貝勒巴雜爾扎那承襲親王，貝勒一缺如無可承襲之人，俟汗王襲爵定後，卽將貝勒暫行停襲。」下所司。九年，命以故汗密什多爾濟族弟噶勒章那木濟勒襲汗，棍布扎布等襲親王、貝勒如故。回匪東竄，陷烏里雅蘇台。十一月，科布多參贊大臣奎昌等奏：「匪撲烏里雅蘇台地方，各台潰散，科城街市商民惶惑，調附近之杜爾伯特、扎哈沁、明阿特、額魯特盟長、總管等，卽發兵來城聽候調遣。」尋奏杜爾伯特左翼兵四百名、右翼及明阿特、額魯特兵各二百名、扎哈沁公兵及總管兵各五十名，均到科城收伍，命撥科布多餉銀十萬兩。十一年十一月，予辦差無誤之杜爾伯特右翼盟長棍布扎布等獎。是月，科布多參贊大臣長順等奏：「十月十七、十八等日，匪徑撲本城，參將英華督弁兵登壁迎擊，匪始敗退，守備賀遐齡等陣亡。十九日，匪復攻撲南關，不得逞。二十日，由東南山路仍向扎哈沁部落奔竄。」自後回匪出沒於扎哈沁、土爾扈特諸部之地，是部警備益嚴。至西路肅淸，始息警撤戍。

光緒七年，以改議俄約，增城科布多之戍，事定，撤之。二十六年，拳匪事起，北路戒嚴。科布多參贊大臣瑞洵議舉辦蒙古團練，令杜爾伯特每旗挑選兵丁二百名，一半馬隊，一半步隊，駐防本旗。十月，事定，裁撤。二十八年四月，瑞洵以杜爾伯特正副盟長等保全俄商遺棄貨物，毫無損失，請准獎敍，允之。七月，賑杜爾伯特右翼公多諾魯旗災，並給籽種大小麥一百石，引渠溉舊墾波什圖、那米拉、察罕哈克三處之地。二十九年閏五月，予杜爾伯特左翼正盟長副將軍特固斯庫魯克達賴汗噶勒章那木濟勒紫韁，副盟長貝勒納遜布彥、左翼扎薩克郡王圖柯莫勒、右翼正盟長副將軍扎薩克親王索特納木扎木柴三眼花翎，左翼扎薩克貝勒納遜布彥等雙眼花翎，餘給獎有差。是年，辦布倫托海屯田渠工，以杜爾伯特左、右翼助借駝隻，均給幫價銀。其後參贊大臣連魁等議開烏蘭固木等屯田。

宣統二年四月，索特納木扎木柴爲資政院欽選議員。三年，庫倫獨立，喀爾喀四部無梗抗者。是部汗噶勒章那木濟勒獨不附，聽參贊大臣溥鋼節制如故。

其地雜耕牧，有鑛，有鹽。共有佐領三十五。

杜爾伯特附近之部同隸科布多參贊大臣者，曰扎哈沁，東扎薩克圖汗部，南新疆鎮西，西阿爾泰烏梁海，北科布多屯田官廠。

初，禡木特，額魯特人，號庫克辛，爲準噶爾之扎哈沁宰桑。扎哈沁者，譯言「汛卒」，以宰桑領之。禡木特守阿爾泰汛，游牧布拉罕察罕托輝。其東爲喀爾喀，有烏梁海界之；其西爲準噶爾，有包沁雜準及噶拉雜特、塔本集賽界之。包沁爲回族，準噶爾呼礮曰「包」，以回人司礮，故名。噶拉雜特、塔本集賽，皆準噶爾鄂拓克。鄂拓克如各旗佐領。

乾隆十一年，準噶爾台吉策妄多爾濟遣瑪木特請赴藏熬茶。十八年，杜爾伯特台吉車凌棄準噶爾來降，台吉達瓦遣瑪木特追之，由博爾濟河入喀爾喀汛，復逸出。諭責駐防烏里雅蘇台達青阿罪。明年春，達青阿誘擒之，詔宥罪遣歸。有準噶爾宰桑，別號通瑪木特，游牧諾海克卜特爾，近索勒畢嶺，爲布拉罕察罕托輝下游。瑪木特將掠通瑪木特，爲請降計，通瑪木特覺，誘執之。內大臣薩喇勒諜得狀，由烏蘭山陰以兵驟至，通瑪木特就擒，索得瑪木特，責負恩罪。瑪木特請徙牧內屬，遣扎哈沁得木齊招所部六百餘戶降。薩喇勒檻瑪木特至軍，詔仍釋之。入覲京師，上鑒歸附志誠，授內大臣，賜冠服。二十年，詔與朝正會宴。以通瑪木特卒，諭瑪木特善視其戚屬。時議征達瓦齊，詔阿睦爾撒納爲定邊左副將軍，以瑪木特參贊軍務。瑪木特密奏：「阿睦爾撒納，豺狼也，雖降，不可往，往必爲殃。」上以「不逆詐」諭之，詔授瑪木特總管號。

初，準噶爾定扎哈沁、包沁納賦例，比年獻脯，間年供牲贍喇嘛，遇軍事令助。詔如舊例，恤免期年賦。瑪木特與阿睦爾撒納會軍于額德里克，尋抵伊犂。詔晉瑪木特三等公爵，賜信勇號，賞雙眼孔雀翎、四團龍服，命常服之。先是諭班第偕伊犂定，偕瑪木特議準噶爾善後事。至是班第以瑪木特兼管扎哈沁、包沁牧，請仍至阿爾泰，增喀爾喀藩籬，允之。尋撤大軍還，扎哈沁兵三百遣歸牧，禡木特以疾留伊犂。聞阿睦爾撒納驟叛，將脫歸牧之兵衞，爲逆黨哈丹等所遮，脅之降，不從，擒赴阿睦爾撒納所。阿睦爾撒納慰之，禡木特唾而詈之，爲阿睦爾撒納縊殺。明年二月，定西將軍策楞諜阿睦爾撒納戕禡木特，以聞。諭曰："禡木特年就邁，効力行間，甚爲奮勉。今逆賊戕之，深爲憫惻！其孫扎木禪，令仍襲公爵。"大軍定伊犂，械逆黨至，訊得禡木特就死狀，上製詩憫之。扎木禪乾隆二十一年襲三等信勇公。

三月，以阿睦爾撒納煽烏梁海梗赴哈薩克，詔從北路將軍哈達哈剿烏梁海叛賊。九月，賜牧哲爾格西喇呼烏蘇。諭曰："扎哈沁旣與喀爾喀鄰牧，卽設哨附近卡倫，視喀爾喀例支領錢糧，以資養贍。"二十四年，從參贊大臣齊努渾追剿瑪哈沁，至阿爾齊圖。以兵先遇賊哈喇呼山，奮擊之，屢就擒，奬賚幣。二十五年，扎木禪子門圖什扈蹕行圍，乞喀爾喀親王成衮札布代請駝馬勿官給。上以扎哈沁甫定牧畜之生計，諭仍官給。二十六年，理藩院議禡木特歸誠後，扎哈沁屬相繼附，置佐領九，得二千餘口，雖補總管，未給印，請以總管扎哈沁一旗總管印給扎木禪轄其衆，允之。四十年，扎木禪卒。以扎哈沁原非禡木特之阿爾巴圖，撤出佐領，設一旗屬科布多參贊大臣。其扎木禪族丁及其阿爾巴圖三十餘戶，亦附近科布多之烏裕克齊、博多克齊游牧。至四十五年五月，諭將軍巴圖等不可令扎薩克圖汗部侵占扎哈沁之烏英濟等處隙地。

嘉慶五年，以扎木禪之孫托克托巴圖之屬已足百五十丁，復編一佐領，卽以托克托巴圖爲總管。十一年，以前科布多參贊大臣恆博招民人開採是部煤窰，議處。道光二年，定是部准給票與商民貿易。六年，回疆軍興，是部捐助駝馬。

同治三年，以烏魯木齊失陷，調杜爾伯特諸部兵援古城。旋仍令撤歸。四年，以古城陷，撤是部南境察罕通古等通古城三台，歸沙扎蓋以北五台支應西路各差。九年十月，回匪陷烏里雅蘇台而復竄去，科布多告警，參贊大臣奎昌等調是部二旗兵各五十名赴城收伍。是部東南通扎薩克圖部，南接新疆，爲用兵要衝。十一年十月，回匪由是部犯科布多，不得逞，仍竄是部，聚扎盟南境。十二年九月，匪擾察罕通古台站，掠景廉軍營軍裝餉銀，竄新土爾扈特貝子游牧布拉噶河一帶，科城西南兩路台站紛紛逃散。匪又由巴里坤紅柳峽一帶竄踞扎哈沁之博東齊。十月，科布多幫辦大臣保英率兵敗之於博東齊以西，匪竄扎盟阿育爾公旗。光緒二年四月，回匪由布倫托海竄沙扎蓋地方，額勒和布等派官兵剿之。金順以索倫各隊扼紮烏魯木湖，堵截分竄。其後烏魯木齊諸城克復，是部始息警。

十二年，甘肅新疆巡撫劉錦棠以古城屬漢三塘驛，來往商賈，時有劫案，咨科布多大臣飭屬緝匪沙克都林扎布。因奏：「漢三塘驛與科城所屬土爾扈特、扎哈沁等旗地界毗連，萬里沙漠，四通八達，更兼白塔山商賈由此經過，屢被劫掠，又北八站一帶搶台劫站之案，亦層見迭出。請將扎哈沁旗內揀派駐察罕淖爾官兵移駐鄂隆布拉克台，保安商民，搜捕盜匪。」允之。

二十六年，拳匪事起，邊戍戒嚴，參贊大臣瑞洵檄是部信勇公策林多爾濟、總管三保、額魯特總管喇嘛札布、明阿特總管達什哲克博舉辦團防，保護俄商貨物，用弭邊釁。二十九年閏五月，一再請獎。奏入，予策林多爾濟貝子銜，三保等均二品頂戴。三十一年五月，瑞洵奏：「科布多所轄扎哈沁應用之五台，尤爲大雪封壩。復赴阿爾泰必由之路，信使絡繹，地當其衝。扎哈沁共二旗，最爲瘠苦，公一旗戶口甚稀。幫辦大臣英秀由哈巴河回科布多，臣赴新疆督辦收撫，信勇公策林多爾濟調集烏拉，奔走恐後，保其子台吉棍布瓦齊爾，請賞二品頂戴。」允之。宣統三年，參贊大臣溥鋼奏賑扎哈沁災，公旗貧民三百五十六丁口，總管旗貧民一千有一十一丁口，將賞銀五千兩分別重輕散放。下所司。

額魯特、明阿特亦與是部同隸科布多。額魯特本台吉達木拜屬。達木拜有罪削爵，以其衆屬科布多，游牧在新和碩特之西。明阿特本出烏梁海，復爲扎薩克圖汗部中左翼左旗之屬，乾隆三十年撤出。設一旗屬科布多，游牧在阿爾泰烏梁海之西。乾隆五十七年，設額魯特、明阿特總管各一，參領以下有差。同治十年，以防守科城及供大兵西進勞，額魯特、明阿特總管與扎哈沁信勇公及總管均予獎。兩旗皆無扎薩克，論者謂此蒙部之同於郡縣者也。

舊土爾扈特，始祖元臣翁罕，姓不著。七傳至貝果鄂爾勒克，子四，長珠勒扎幹鄂爾勒克，生子一，曰和鄂爾勒克，居於雅爾之額什爾努拉地。初衞拉特諸酋以伊犂爲會宗地，各統所部不相屬。準噶爾部酋巴圖爾琿台吉者，游牧阿爾台，恃其強，欲役屬諸衞拉特。和鄂爾勒克惡之，挈族走俄羅斯，牧額濟勒河，俄羅斯因稱爲己屬。

順治十二、三、四年，和鄂爾勒克子書庫爾岱青、伊勒登諾顏、羅卜藏諾顏相繼遣使奉表貢。書庫爾岱青子朋蘇克，朋蘇克子阿玉奇，世爲土爾扈特部長，至阿玉奇始自稱汗。康熙中，表貢不絕。五十一年，復遣使假道俄羅斯貢方物。上嘉其誠，且欲悉所部疆域，遣內閣侍讀圖理琛等賚敕往，歷三載乃還，附表奏謝。自是時因俄羅斯請於中朝，遣所部人赴藏熬茶。乾隆二十一年，所部使吹扎布等入覲，稱奉其汗惇羅布喇什令，假道俄羅斯，三載方至，請赴唐古忒謁達賴喇嘛，遣官護往。二十二年，自唐古忒還，頒惇羅布喇什幣物。

二十三年，伊犂平，有附牧伊犂之土爾扈特族台吉舍稜等奔額濟勒河。既而惇羅布喇什卒，子渥巴錫嗣爲汗。三十五年，舍稜誘渥巴錫攜所部之土爾扈特、和碩特、輝特、杜爾伯特等人衆於十月越俄羅斯之坑格圖喇納卡倫而南，俄羅斯遣兵追之不及。渥巴錫旣入國境，由巴爾噶什淖爾而進，至克齊克玉子地方，與哈薩克台吉額勒里納拉里之衆相持。伊犂將軍令哈薩克毋許土爾扈特越游牧而行，渥巴錫遂向沙喇伯可而進，布魯特羣起劫之。渥巴錫走沙喇伯可之北戈壁，無水草，人皆取馬牛之血而飮，瘟疫大作，死者三十萬，牲畜十存三四。三十六年，至他木哈地方，近內地卡倫，布魯特始斂兵退。將軍伊勒因遣侍衞普濟問來意，渥巴錫與其台吉、喇嘛計議數日始定，以投誠爲詞，獻其祖所受明永樂八年漢篆敕封玉印及玉器、宣窰磁器等物。先是上聞渥巴錫之來，命烏什參贊大臣舒赫德往伊犂經紀其事。至是因受其降，存七萬餘衆，賑以米、麥、牛、羊、茶、布、棉裘之屬，用帑二十萬兩。三十六年九月，渥巴錫等入覲熱河，封渥巴錫舊土爾扈特卓里克圖汗，渥巴錫從子額墨根烏巴什固山巴雅爾圖貝子，拜濟瑚輔國公，從弟伯爾哈什哈一等台吉，均授扎薩克，各編一旗。四十七年，均予世襲罔替。

初分所部爲四路，南路凡四旗，曰扎薩克卓理克圖汗旗，曰中旗，曰右旗，曰左旗。三十七年，賜牧齋爾。三十八年，徙牧珠勒都斯，隸喀喇沙爾辦事大臣，與北路三旗、東路二旗、西路一旗統受節制於伊犂將軍。

嘉慶四年，高宗大行，舊土爾扈特汗霍紹齊之母請納俸諷經，不許。道光六年，回匪張格爾擾喀什噶爾等城，徵是路土爾扈特及和碩特蒙兵赴阿克蘇一帶助剿。十月，擊退犯渾巴什河之賊，賚貝子巴爾達拉什、台吉烏圖那遜等及兵丁等緞疋、翎頂、銀兩有差。自是回疆有事，皆徵其兵。十年十一月，以貝子巴爾丹拉什卒兵援喀、英等城，卒于軍，命其子蒙庫那遜晉襲貝勒。十八年六月，以是部南路盟長福晉喇什丕勒指修喀喇沙爾城垣，予獎。二十一年六月，又獻伊拉里克水源，却之。二十七年，布魯特擾喀什噶爾等城，亦徵是路蒙兵防剿，事定撤回。

同治三年，回匪變亂，庫車失陷，徵是路兵剿之，不利，退守游牧。是年，喀喇沙爾等城均失陷，是路部落屢與回匪接戰，被蹂躪離散。六年十二月，盟長布雅庫勒哲依圖請赴京，允之，命烏里雅蘇台將軍麟興等設法安插其部落游牧。七年三月，布雅庫勒哲依圖請卒屬剿回逆，上嘉之，命赴布倫托海候李雲麟酌辦，並飭戶部籌撥歷年俸銀俸緞，李雲麟接濟所屬游牧人衆。六月，以舊土爾扈特蒙兵接仗失利，移至大小珠勒都斯，催布雅庫勒哲依圖赴布倫托海，命明瑤等接濟照料。十一月，麟興奏布雅庫勒哲依圖困苦情形，下所司議。八年三月，賚舊土爾扈特汗布雅庫勒哲依圖、貝勒固嚕扎布、輔國公曼吉多爾濟等旗銀二萬兩。六月，命烏里雅蘇台將軍福濟安插舊土爾扈特汗布雅庫勒哲依圖及隨帶官兵。

光緒元年，布雅庫勒哲依圖卒，以福晉恩克巴圖署盟長。二年八月，撥部庫銀予恩克巴圖撫綏人衆，擇地安插。三年，劉錦棠等軍復喀喇沙爾。四年十二月，伊犂將軍金順奏土爾扈特南部落人衆，自逆回搆亂以來，逃散伊犂空吉斯及西湖等處，署盟長派員前往收集，約計一萬餘人，現已移回珠勒都斯游牧。諭以其部人衆困苦，賞銀四萬恤之，由左宗棠發給。八年，是部難民由伊犂續歸三百三十餘丁口，舊有府第，兵燹之後，尚未修復，大小水渠，年久墊淤。欽差大臣劉錦棠奏：「恩克巴圖請賑恤，並籌借銀兩。權爲籌撥銀一萬兩，作爲渠工宅第經費。喀喇沙爾善後局員照章給賑，通融接濟牛種，待賑丁口糧，俾資耕作。請分別核銷及作正開銷。」允之。九年，設新疆喀喇沙爾直隸廳撫民同知兼理事銜，兼管土爾扈特游牧事宜。十三年，新疆巡撫劉錦棠奏：「土爾扈特等蒙衆向隸辦事領隊管轄者，應改歸地方官管轄。恐各蒙民未能戶曉，請飭理藩院申明新設定制，轉行各蒙部。」下所司知之。

二十二年三月，甘肅回匪西竄出關，伊犂將軍長庚電奏賊窺珠勒都斯，檄南部落署盟長福晉色里特博勒噶丹等揀選有槍馬之蒙兵五百名，由貝勒恭噶那木扎勒統之，分派參領奔津等各帶官兵駐哈布齊沿山口及哈哈爾達巴罕、達蘭達巴罕等處，扼珠勒都斯之東，逼喀喇沙爾、庫爾勒要隘。八月，事定，撤歸。

新疆置省後，舊土爾扈特諸部仍隸伊犂將軍，俸銀俸緞均由伊犂發給。蒙古惟舊土爾扈特等部之在新疆者，汗、王、公、扎薩克等卒，襲子不及歲，以前皆由已歿汗、王、公等之妻或母署印。有鹽，有鑛，地兼耕牧。佐領共五十四。

北路凡三旗，盟曰烏訥恩素珠克圖，在塔爾巴哈台城東，當金山之西南霍博克薩里，東噶扎爾巴什諾爾，南戈壁，西察漢鄂博，北額爾齊斯河。渥巴錫族子策伯克多爾濟等，乾隆三十六年，從渥巴錫來歸，獻金削刀及色爾克斯馬。三十七年，入覲，封策伯克多爾濟扎薩克和碩布延圖親王，授其弟奇哩布扎薩克一等台吉，轄右翼，賜牧霍博克薩里，爲舊土爾扈特北路，以策伯克多爾濟領之，授盟長。四十年，授奇哩布弟阿克薩哈勒扎薩克一等台吉，轄左翼。四十三年，策伯克多爾濟卒，奇哩布襲，銷右翼印。五十年，授策伯克多爾濟之子公品級一等台吉恭格車稜扎薩克，詔轄其父屬衆，別鑄右翼扎薩克印賜之。五十七年，封輔國公。道光二年，卒。子多爾濟那木扎勒降襲公品級扎薩克一等台吉。

同治四年，塔城回變，親王策林拉布坦以調兵遲延，爲參贊大臣錫霖劾革其爵，以捐輸復之。九年，奎昌等立塔爾巴哈台新界鄂博，奏飭親王策林拉布坦、圖普伸克什克、扎薩克喇扎爾巴達爾隨時留意偵察，舊界亦有割棄。十二年十月，回匪竄擾是部薩巴爾山地方，劫掠牲畜衣物，烏素圖等三台逃散。十二月，參贊大臣英廉奏匪已遠竄，飭策林拉布坦等妥爲安插被難蒙民，一面將原設七台照舊安設。尋論設台站之勞，予黃韁。

宣統元年，以阿爾泰烏梁海復在是部薩里山陰度冬，提每年租馬十成之一給是部三旗作水草之租。是部金鑛頗著名，地雜耕牧。有佐領十四。

東路凡二旗，跨濟爾哈朗河。東奎屯河，接甘肅綏來，南南山，西庫爾喀喇烏蘇，北戈壁。渥巴錫族弟巴木巴爾等從渥巴錫來歸。乾隆三十七年，入覲熱河，封扎薩克多羅畢錫埒勒圖郡王，弟奇布騰固山依特格勒貝子，盟名亦曰烏訥恩素珠克圖。初隸庫爾喀喇烏蘇大臣，統受伊犂將軍節制。同治末，俄人以北路舊土爾扈特取所屬哈薩克馬駝，執是部貝子普爾普噶丹爲質，尋釋之。光緒初，給撫恤銀一萬兩。十一年，設庫爾喀喇烏蘇同知兼理事銜，釐是部民、蒙交涉事件。清末，襲郡王者帕勒塔嘗請出洋，又入貴冑學堂，以本旗事爲伊犂將軍廣福劾，議處。是部共有佐領七。

西路一旗，當天山之北精河東岸。東精河屯田，南哈什山陰，西托霍木圖台，北喀喇塔拉額西柯淖爾。渥巴錫族叔父默們圖從渥巴錫來歸。乾隆三十七年，入覲熱河，封扎薩克濟爾噶朗貝勒，賜牧精河，受伊犂將軍節制。咸豐十年，貝勒鄂齊爾以捐餉予雙眼花翎。光緒初，以被擾，予撫恤銀一萬兩。十三年，設精河同知兼理事銜，釐是部民、蒙交涉事。有佐領四。

新土爾扈特，在科布多西南，當金山南烏隆古河之東。東新和碩特，南胡圖斯山，西與北均阿爾泰烏梁海，東南扎哈沁。

土爾扈特翁罕十四世孫舍稜率諸昆弟附牧伊犁，爲準噶爾屬台吉。大軍征準噶爾，獲達瓦齊，阿睦爾撒納等以叛相次誅滅，舍稜獨抗不降，竄匿庫庫烏蘇、喀喇塔拉境。乾隆二十三年，詔定邊將軍成衮扎布等勦之。舍稜奔俄羅斯，我軍追及之於勒布什河源，舍稜乃詭約降，計戕我副都統唐喀祿，馳踰喀喇瑪嶺，歸額濟勒土爾扈特游牧。三十六年，復誘其汗渥巴錫來踞伊犁，抵他木哈，知內備固，計無所出，不得已，隨渥巴錫歸順。詔宥舍稜罪。三十七年，與從子沙喇扣肯入覲熱河，封舍稜多羅弼里克圖郡王，沙喇扣肯烏察喇勒圖貝子，均授扎薩克。舍稜所部曰左翼旗，沙喇扣肯曰右翼旗，定盟名曰青色特啓勒圖，舍稜充盟長，沙喇扣肯副之。四十八年，詔世襲罔替，隸科布多參贊大臣。

道光六年，回疆軍興，是部輸馬駝助軍。咸豐三年，是部王、貝子等請捐助軍需，溫旨卻之。

同治三年，徵是部兵援古城等城，以散潰，撤之。六年，於是部之布倫托海地方設辦事大臣，以李雲麟爲之。七年五月，布倫托海兵民潰變，李雲麟走青格里河。諭福濟、錫綸前往查辦明瑤、棍噶扎拉參，曉諭解散。七月，布倫托海變民竄烏龍古河。九月，以棍噶扎拉參挑噶爾爲喇嘛成軍，諭福濟等督率進剿布倫托海變民，撥部庫銀十萬兩解科布多，爲布倫托海剿匪及賑濟難民之用。調福濟爲布倫托海辦事大臣。十月，以守科布多城出力，予是部郡王淩扎棟魯布親王銜。十二月，以是部仍屬科布多管轄。八年二月，以哈薩克圍殺布倫托海變民，命是部郡王淩扎棟魯布進剿。四月，福濟遷烏里雅蘇台將軍，文碩代之。七月，布倫托海變民傷俄國卡兵，棍噶扎拉參營于克林河，諭福濟等疾籌進剿，飭知遵行。是月棍噶扎拉參剿變民于和博克托里，勝之。八月，棍噶扎拉參復布倫托海，變民降，收撫之，賊首張懇等伏誅。諭福濟等籌給布倫托海難民口食。九月，命塔城額魯特暫安舊居，阿爾泰山俗衆居青格里河。十月，徙布倫托海人衆于阿爾泰山，予布倫托海在防之索倫及綠營官兵銀兩。十一月，裁新設布倫托海辦事大臣，撤回旗、綠官兵，命索倫、額魯特領隊大臣及棍噶扎拉參應辦事宜統歸科布多參贊大臣經理，改派奎昌辦布倫托海與俄分界事宜。

十二年九月，肅州回匪竄是部貝子旗布拉噶河一帶，科布多參贊大臣托倫布等調回駐察罕淖爾之黑龍江馬隊暨蒙古馬隊，分赴布拉噶河防剿。十一月，烏魯木齊領隊大臣錫綸奏：「七月十六日，率所募民勇自阿爾泰山南移營烏龍古河南岸，聞東路布爾根河一帶有警，科布多屬之扎哈沁及和碩特、土爾扈特邊界皆被擾，阿爾泰附近之烏梁海台站逃散，匪由和碩特、土爾扈特等喇嘛營子西竄至青格里河。」十二月，錫綸奏：「回匪擾及烏梁海部落，臣帶民勇民團追匪至噶扎爾巴爾淖爾，匪已由薩勒布爾山南竄沙山子，卽由山北取道布淩河，疾馳至霍博克河上游之庫克辛倉，探得匪在河下游之科科罨頓林木中紮營五座，於夜分潛師進薄賊壘，擊潰賊三營，又取後一營，匪衆敗遁，尋由阿雅爾淖爾竄綏來縣之大小拐，回瑪那斯。」科布多幫辦大臣保英奏：「十月十九日，親率馬隊由吉慶淖爾西行，二十七日抵土爾扈特之青格里河。賊竄布倫托海，經錫綸進剿，斬獲甚多。匪已西竄，臣將官兵駐青格里河，檄飭烏梁海、土爾扈特、和碩特、扎哈沁速將軍台移回原處安設。」其後烏魯木齊、瑪納斯諸城克復，是部始息警。

光緒九年，劃科城中、俄界幫辦大臣額爾慶額安插歸中國之哈薩克，以奎峒山左右暨哈巴河源諸山爲夏季游牧，以阿拉別克河東暨果里子克河、哈巴河、阿拉克台爲冬季游牧。實皆是部地。二十九年，瑞洵奏創修布倫托海渠工，開辦屯田，給土爾扈王旗、貝子旗借用駝隻幫價銀，飭扎哈沁、土爾扈特、烏梁海左右翼擇水草較好地，從扎哈沁沙紮蓋台起，至布倫托海止，安設十三台。二十九年閏五月，錄科布多所屬各旗保護俄商遺棄貨物有裨大局之勞，予土爾扈特正盟長扎薩克郡王密錫克棟古魯布紫韁，副盟長扎薩克貝子瑪克蘇爾扎布雙眼花翎。三十二年十二月，劃科布多、阿爾泰分轄之界，以是部二旗及新和碩特一旗、阿爾泰烏梁海七旗均隸阿爾泰。

是部地兼耕牧，有金鑛。布爾津河通輪船。共有佐領三。

近是部者，有哈弼察克新和碩特。乾隆三十六年，和碩特台吉巴雅爾拉瑚之族蒙袞率屬來歸，願附新土爾扈特貝子沙喇扣肯之旗。詔予一等台吉，給半佐領，令其附居。五十七年，移杜爾伯特近處哈密察克游牧。嘉慶元年，科布多參贊大臣奏蒙袞妻察彥率子布彥克什克詣言生齒日繁，求給扎薩克印，不食俸。道光六年，回疆軍興，後至咸豐初，是部皆偕杜爾伯特諸部捐馬駝、捐餉助軍。同治末，回匪北竄，是部與新土爾扈特同被擾。署伊犂將軍榮全以商論伊犂事，自科布多西行，是部設台供支。光緒二十九年，錄庚子舉辦防團保護俄貨之勞，予扎薩克台吉布彥克什克鎮國公銜。三十三年正月，卒，以子達木鼎第得恩襲。初有出缺請旨之例，實亦世襲。牧地東扎哈沁，南與西皆新土爾扈特，北阿爾泰烏梁海。有佐領一。

和碩特部，在新疆焉耆府北。東烏沙克塔爾，南開都河，西小珠勒都斯，北察罕通格山。舊爲四衞拉特之一，系出元太祖弟哈布圖哈薩爾。有博貝密爾咱者，始稱汗。子哈尼諾顏洪果爾嗣之，有子六，牧青海、西套、伊犂諸境。詳青海厄魯特部傳。其第三子昆都倫烏巴什，第四子圖魯拜琥，裔蕃衍。圖魯拜琥號顧實汗，其裔或稱青海厄魯特，設扎薩克二十有一；或稱阿拉善厄魯特，設扎薩克一；或隸察哈爾旗，設爵三，皆不著。和碩特部昆都倫烏巴什，號都爾格齊諾顏，子十六：長邁瑪達賴烏巴什，次烏巴什琿台吉，次多爾濟，次額爾克岱青鄂克綽特布，次第巴卓哩克圖，次噶布楚諾顏，次蒙固，次青巴圖爾，次伊納克巴圖爾，次伊勒察克，次賽巴克，次哈喇庫濟，次羅卜藏達什，次塔爾巴，次色稜，次朋素克。今和碩特設扎薩克四，皆多爾濟及額爾克岱青鄂克綽特布裔。

崇德七年，昆都倫烏巴什遣索諾木從達賴喇嘛使貢駝馬，賜布幣及朝鮮貢物。順治八年，貢所產馬及黑狐皮。九年，復貢駝馬。嗣數遣使至。康熙十六年，邁瑪達賴烏巴什子丹津琿台吉遣達爾漢宰桑入貢。二十一年，復遣杭勒岱等至，諸昆弟遣使從，凡百餘人。二十四年，定四衞拉特貢例，使入關以二百人爲額，諭所部知之。詳杜爾伯特部傳。

時準噶爾稍強，和碩特族懼其威，咸奉令。後噶爾丹亂定，顧實汗諸子姓游牧青海者咸內附。噶爾丹從子策妄阿喇布坦偪和碩特族與同處，表請青海復舊業如噶爾丹時，將陰謀爲己屬。上燭其奸，諭責之，令遣和碩特歸舊牧，勿私據，不從。有羅卜藏車凌者，多爾濟曾孫也，策妄阿喇布坦以女妻之。雍正八年，靖邊大將軍傅爾丹屯科布多，將擊準噶爾。或告曰：「噶爾丹策凌以兵萬授羅卜藏車凌，遣禦哈薩克，設汛阿里馬圖沙拉伯勒境。羅卜藏車凌棄之，率戶三千餘由噶斯走青海，將內附。噶爾丹策凌遣宰桑烏喇特巴哈曼集等追之，爲所敗。復遣喀喇沁宰桑都噶爾往襲，不之及也。」傅爾丹以聞，詔副都統達鼐：「偵防噶斯路。俟羅卜藏車凌降，遣入覲，以兵監從衆，置內汛，勿墮詭降計。」久之，羅卜藏車凌不至。

乾隆二十年，大軍征達瓦齊，抵伊犂。有善披嶺集賽之得木齊蘇克都爾格齊霍什哈及古里特鄂拓克之得木齊和通喀喇博羅莽鼐、伊什克特咱瑪博勒等，告舊爲羅卜藏車凌屬，獻籍六百餘戶。羅卜藏車凌子曰諾爾布敦多克，游牧額琳哈畢爾噶，遣長子鄂齊爾馳降。定北將軍班第遣招其族，台吉三濟特聞之，獻籍三百戶。

丹津琿台吉子曰阿喇布坦，有子二：長噶爾丹敦多布，生沙克都爾曼濟；次敦多布車凌，生明噶特。達瓦齊善沙克都爾曼濟，倚任之。小策凌敦多卜孫訥默庫濟爾噶爾與達瓦齊構兵，沙克都爾曼濟擊之，殲其孥。班第等至，達瓦齊竄格登，沙克都爾曼濟乃降。有班珠爾者，顧實汗裔也，與輝特阿睦爾撒納異父同母，陰比之。前避達瓦齊亂來歸，授多羅郡王。詔俟厄魯特定，將以爲和碩特汗。時從大軍抵伊犂，私奪諾爾布敦多克、沙克都爾曼濟諸台吉屬產。班第禁之，乃稍戢。尋定入覲次，以沙克都爾曼濟及班珠爾列初班，三濟特、鄂齊爾次之。阿睦爾撒納阻其行，詭稱沙克都爾曼濟將叛迎達瓦齊，請以班珠爾屯特穆爾圖諾爾護降衆，班第斥詞妄。班珠爾詭入覲，赴塔密爾牧，取阿睦爾撒納孥，謀偕遁，參贊大臣阿蘭泰擒之。沙克都爾曼濟入覲避暑山莊，上御澹泊敬誠殿受朝，詔封和碩特汗，授盟長，諭董所屬勤養教，圖生聚。三濟特、鄂齊爾繼至，詔授三濟特扎薩克一等台吉，鄂齊爾閒散一等台吉，遣歸牧。

定西將軍策楞將以大兵剿阿睦爾撒納，詔沙克都爾曼濟往會，甫就道，諜者以阿睦爾撒納據伊犂告。諭遣親信宰桑馳諭所部備兵，勿爲逆煽，而以身從大軍擊賊。班珠爾械至禁獄所，請遣三濟特、鄂齊爾書，令和碩特衆分剿阿逆。三濟特既得書，言諾爾布敦多克、沙克都爾曼濟皆鄰牧，且族台吉瑪尼巴圖、巴蘇泰、瑪賚烏巴什、努庫特圖魯孟克、阿穆爾努斯海、薩望等皆無異志，當以書遺之。鄂齊爾稱願歸告父共剿逆。而我副將軍薩拉爾集伊犂宰桑等定議，約諾爾布敦多克及沙克都爾曼濟子圖捫以兵至博囉塔拉、布爾哈蘇臺、闥勒奇嶺剿阿睦爾撒納。諾爾布敦多克、圖捫各遣使至巴里坤告故，諾爾布敦多克表曰：「臣父羅卜藏車凌，前噶爾丹策凌時謀內附，不獲間。大軍征達瓦齊，臣族班珠爾倚阿睦爾撒納奪臣屬，臣願奮志剿賊。」上嘉其誠，詔封公爵，以班珠爾所奪給之。班珠爾尋伏誅。

二十一年，諾爾布敦多克來歸。薩拉爾等既定謀，阿睦爾撒納偵知之，先備。諾爾布敦多克以兵擊諸伊犂之諾羅斯哈濟拜甡，不勝，偕薩拉爾間道行，由珠勒都斯至巴里坤。

時沙克都爾曼濟抵策楞軍，詔令遣書其子圖捫，以兵護牧。書未達，明噶特附阿睦爾撒納叛，脅所部衆。圖捫不之從，挈戚屬抵珠勒都斯，請內徙，上憫之，詔封多羅貝勒，賜銀千兩，賞雙眼孔雀翎，諭由額琳哈畢爾噶往會沙克都爾曼濟。有圖什墨勒厄爾哲者，從大軍勦阿睦爾撒納，中道強取諾爾布敦多克屬，詔責之，察所取以歸。

諾爾布敦多克及子鄂齊爾尋相繼卒，詔以鄂齊爾弟博爾和津襲公爵，諭曰：「諾爾布敦多克舊牧與哈薩克接壤，恐或掠之。若欲徙歸額琳哈畢爾噶，惟其便。」沙克都爾曼濟攜子圖捫及博爾和津等由珠勒都斯至巴里坤，乞屯牧近地。副都統雅爾哈善以聞，諭曰：「沙克都爾曼濟以舊牧乏生計，跋涉遠至，殊堪憫惻。準噶爾頻年不靖，諸部生計維艱。然使台吉等各收其屬，安處游牧，以耕畜爲業，善自謀生，不數年間，可復舊業。今沙克都爾曼濟等雖暫處巴里坤，究非故土，難以久處。又喀爾喀附近之和碩特、杜爾伯特、輝特等，俱將遣歸舊牧，且諭令各安生業，嚴戢盜賊。沙克都爾曼濟等自宜仍歸舊牧，但甫從遠道至，遽令之歸，不免困頓，可令暫處巴里坤附近地，賞給糧米如戶口數。」復遣使諭沙克都爾曼濟及綽囉斯汗噶爾藏多爾濟、輝特汗巴雅爾曰：「爾等自入覲歸牧後，遵朕諭旨，約束所屬，守分安居，已踰一載，甚勞遠念。今特遣官存問，幷令齎賜食物佩飾，以示優眷。逆賊阿睦爾撒納現竄匿哈薩克，苟延殘喘。朕遣官兵征勦經年，時屆寒冬，暫行撤還。第逆賊狡詐百出，儻遣人赴爾等游牧，詭計煽惑，爾等卽行擒獻。至沙克都爾曼濟奏請游牧巴里坤附近地，已諭酌賜口糧，俟明春復賞給籽種，耕耨廋集額卜齊布拉克地，秋收後遣歸舊牧。爾等其善自謀生，永享昇平之福。」沙克都爾曼濟尋獻所部盜馬者請論罪，諭曰：「厄魯特劫奪成風，不可不嚴加懲創。爾等擒獲竊賊，解送內地，甚屬恭順。嗣後可自治之。」復以博爾和津幼不更事，諭沙克都爾曼濟留心護視，幷令其族摩羅及宰桑新登等暫理牧務。

既而諸衞拉特復不靖，巴雅爾詭稱沙克都爾曼濟掠所部牧，將以兵襲巴里坤。噶爾藏多爾濟及兄子扎納噶爾布叛擾邊境，有普爾普者，以其主沙克都爾曼濟私通扎納噶爾布告，詔雅爾哈善察之。時沙克都爾曼濟設汛哨內防禦，遣諜赴巴里坤偵大軍狀，子圖們死，不以告。雅爾哈善召之，稱病不至，疑果叛，宵抵其營殲之，斬衆四千餘，察獲博爾和津。奏請安置地，詔徙京師，停襲公爵。沙克都爾曼濟弟桑濟竄徙額爾齊斯境，掠奉使杜爾伯特之侍衞佛保駝馬，佛保奮擊之，乃逸。杜爾伯特汗車凌遣親王車凌烏巴什等追剿，桑濟走死，和碩特叛黨始靖。

而其族多爾濟之裔恭格等，有偕土爾扈特部游牧俄羅斯之額濟勒河境者，三十六年，從土爾扈特汗渥巴錫自俄羅斯來歸。尋入覲，詔封恭格爲土謝圖貝勒，族叔父雅蘭阿穆爾聆貴爲貝子，授族弟諾海及巴雅爾拉瑚一等台吉，均爲扎薩克，各編一旗，賜盟名曰巴圖色特啓勒圖，餘悉如土爾扈特例。三十七年，賜牧珠勒都斯。四十年，設正副盟長各一。嘉慶二年，恭格從子博騰特克卒，無嗣。十一月，以所管佐領分給貝子鄂齊爾二，扎薩克台吉齊業齊三，烏爾圖那遜一，除其爵。

道光六年，回疆軍興，徵是部兵協剿。敗回匪于阿克蘇之渾巴什河，予緞疋、銀兩及翎頂各有差。自是回疆有事，皆偕土爾扈特兵應徵調，統隸於伊犂將軍。

同治三年，回亂，是部被蹂躪，戶口散失大半，中路左旗扎薩克台吉喇什德勒克率餘衆避居博爾圖山中，竭力保守。光緒三年，劉錦棠收復托克遜，喇什德勒克謁劉錦棠。八月，進兵，以後隨同官軍馳驅，於地勢險夷，賊情虛實，水道深淺，具陳實狀。師逾開都河，遂還其部於河東。欽差大臣左宗棠請奬，疏入，予花翎。先是中旗貝子多爾那齊那木札勒、右旗扎薩克洞魯布旺扎勒皆避出，至是始歸所牧。是部佐領尙呈左宗棠，請以其兩旗人衆隸喇什德勒克。事尋寢。八年，設喀喇沙爾直隸同知兼理事銜，釐是部蒙、民交涉事。二十二年，甘肅回匪竄出關，伊犂將軍長庚檄是部貝子棍布扎普派扎薩克台吉貢噶那木扎勒統兵駐都木達塔什哈地方，扼博斯騰淖爾通羅布淖爾之徑，事定，撤歸。

其地出產同舊土爾扈特南部落。佐領共十一。

清史稿卷五百二十四

列傳三百十一

藩部七

唐努烏梁海　阿爾泰烏梁海　阿爾泰淖爾烏梁海

唐努烏梁海，在烏里雅蘇台之北，東南土謝圖汗部，南賽音諾顏部，西阿爾泰烏梁海，西南扎薩克圖汗部，北俄羅斯。有總管五：曰唐努，曰薩拉吉克，曰托錦，曰庫布蘇庫勒諾爾，曰奇木奇克河。

康熙五十四年，扎薩克圖汗部和托輝特輔國公博貝隨大軍赴推河防準噶爾策妄阿拉布坦，言：「準噶爾不靖，恃烏梁海障之。乞往招，若抗卽以兵取。」九月，烏梁海頭目和羅爾邁里雅及根敦羅卜藏克兵俱習戰，請與同往。」上韙其議，從之。扎薩克台吉濟納彌達阿率屬降。先是和羅爾邁居吹河，嘗以越界射獵爲博貝縛獻，上宥其罪，諭還巢。至是將遣子瑚洛處納請降。博貝至，因還其游牧赴特斯。冬，和羅爾邁遁，博貝追至呼爾罕什巴爾，執之。五十九年，博貝擒烏梁海逃衆，晉貝勒。時從征西將軍祁里德軍。六十年六月，議政王大臣議覆祁里德，新收烏梁海二千五百三十名，應送至巴顏諾爾克地方居住，令車臣汗等旗分派兵三百名，並派台吉協同駐紮防守。雍正二年，諭曰：「朕詢貝勒博貝，管轄烏梁海何以資生。據奏在將軍祁里德處借餉一萬八千餘兩，買牲分給，各得產業，今勝於昔。所有借項，自以貝勒俸逐年扣抵。朕思烏梁海俱朕之百姓，豈有朕之百姓而借餉於朕之理？所借銀兩，不必扣還。諭祁里德知之。」三年，烏梁海和羅爾邁復遁，由阿哩克竄準噶爾界，博貝遣子額璘沁由托濟邀擒，而自赴克木克木齊克緝叛黨，誅之。

初額魯特與喀爾喀搆兵時，錯處科布多、烏蘭固木。噶爾丹既滅，喀爾喀西境直抵阿爾泰，自唐努山陰之克木克木齊克至博木等處，皆博貝及來歸之額魯特貝凌旺布所屬烏梁海游牧。四年，策旺阿拉布坦言克木克木齊克舊隸準噶爾，乞還，上不許，慮伺間略烏梁海，詔博貝率所部兵千，隨前鋒統領定壽駐唐努山陽特斯地方防護之。尋諭理藩院曰：「朕詳思克木克木齊克烏梁海皆博貝所屬，和羅爾邁既已就擒，交博貝撫恤，居之公所。但念此等人向在喀爾喀邊外林木中射獵為生，與準噶爾所屬烏梁海接壤，又與俄羅斯連界。宜令博貝等同大臣前往曉諭，令自為預備，以防不虞。」三月，命大臣一員帶布帛茶葉賞克木克木齊克地方烏梁海，並令揀老成服衆之人作爲首領。

五年，額駙策凌等與俄羅斯訂約，自恰克圖、鄂爾輝圖兩間爲界，所立之鄂博，迤西至肯哲馮達霍呢音嶺、克木克木齊克之博木、沙弼納嶺。循此山梁，由正中分中劃界，其兩邊各取五貂之烏梁海，仍令照舊各歸其主，彼此各徵一貂之烏梁海。自定界之日，將各取一貂之處停止。

乾隆十六年，以和托輝特扎薩克貝勒青衮咱卜縱所屬人私出汛界與準噶爾回衆貿易，致潛居烏梁海，奪貝勒，詔額璘沁襲其爵，定烏梁海出入汛界例。二十一年，青衮咱卜脅烏梁海叛，大兵至，皆棄去。二十五年，鑄唐努烏梁海總管印給之。嘉慶二年，烏里雅蘇臺參贊大臣額樂春以需索烏梁海奪職治罪。道光三年，定禁烏梁海與商民貿易例，以山西民人私向烏梁海買取羊隻涉訟。二十四年六月，烏里雅蘇臺將軍桂輪劾總管垂敦扎布需索無厭，奪職。咸豐年，奏唐努烏梁海界址。

十年，與俄國定界約，是部之沙賓達巴哈實爲西疆劃界之第一地段。同治三年十一月，烏里雅蘇臺將軍明誼等奏：「唐努烏梁海游牧內，俄使前開議單，載唐努鄂拉達巴哈即係唐努山嶺，自沙賓達巴哈界牌起，先往西，後往南。亦據該使呈繪圖誌，有順薩彥山嶺至奎屯鄂博所有界限地名。我國舊存圖內雖無其地名，然據該使所指方向，續經庫倫辦事大臣文盛送雍正五年已定交界圖誌，名目雖殊，界限大致相似。唐努烏梁海游牧雖有被俄人包去之嫌，與西二盟游牧無礙。明年立界時，俟與麟興、車林敦多布等妥商辦理。」四年八月，麟興等奏：「據委員岳嵩武稟報，與唐努烏梁海總管凡齊爾馳赴博果素克大壩履勘起，沿站按圖詳查，行至唐努鄂拉達巴哈，核與俄國所畫唐努鄂拉達巴哈邊界相符。除薩彥山因無路徑不能履勘，其唐努鄂拉達巴哈及邊境應分之珠嚕淖爾、塔斯啓勒山、哈喇塔蘇爾山、德布色克哈山數處，擇擬立界處所，繪會勘圖誌呈閱。」時俄立界使臣以事不能至。九月，明誼等以軍務緊急，請緩約俄使立界。

六年，俄人遂越界至總管邁達爾游牧內烏克果勒地方建屋種地。總理各國事務衙門照會俄使，始由庫倫俄官行文令送之回國。是年，廷旨促麟興等建立西疆毗連俄境界牌鄂博。六月，專命榮全迅與俄官會立烏里雅蘇台邊卡界牌鄂博。八年五月，榮全與俄使穆魯木策夫至是部西南之賽留格木山嶺會立牌博，於是月二十六日起行，順賽留格木嶺至是部西南邊境盡處之博果蘇克壩，立第一界牌鄂博，科城立牌博於南，俄國立牌博於西。由此向東北約八十里，名塔斯啓勒山，於山頂立第二牌博。又向東北約九十里，至珠嚕淖爾，俄使言只就珠嚕淖爾迤北數十里唐努山之察布齊雅壩止，建立鄂博，由此直向西北，統至沙賓達巴哈，路既便捷，尤易行走。榮全以俄使所指之路俱係是部游牧內地，若照俄使所議，不惟與原圖大不相符，且將是部游牧包去大半，向俄使反復開導，仍如原圖，於珠嚕淖爾東南之哈爾根山立第三牌博。順淖爾北岸約二十餘里，至唐努山南察布齊雅𡎚，立第四牌博。沿唐努山南，向西過莫多圖河、扎勒都倫河、烏爾圖河、察罕扎克蘇圖河，順哈喇塔蘇爾海山，至沙克魯河，轉向東北約二百五十餘里，至庫色爾𡎚，係是部西方邊界，立第五牌博。向西北九十餘里，至唐努鄂拉達巴哈末處，過哈喇河偏西山下楚拉察水流之處，立第六牌博。向北又東，順薩彥山過瑪納瑚河、蒙納克河、浩拉什河，由喀喇淖爾至蘇爾大𡎚，約一百五十里，立第七牌博。向北又東約三百六十餘里，山脉連貫，直至沙賓達巴哈，於舊牌博之東山頂上立第八牌博。照原圖至賽留格木山博果蘇克𡎚上，紅線以左爲中國地，紅線以右爲俄國地。至六月二十二日竣事，而是部阿爾泰河、阿穆哈河區域皆入于俄。

光緒五年，烏里雅蘇台將軍以奇木齊克河總管報俄商在唐努烏梁海屬建蓋行棧數處，及春季以來，有俄人或三五十人或八九十人不等，在奇木齊克河北一帶中唐努山內刨挖金砂，例應禁止，咨總理各國事務衙門照會俄署使凱陽德轉飭邊官查禁。七年五月，烏里雅蘇台將軍以俄人在薩爾魯克地方居住，紮立木棚十處，附近挖過金砂大小凡一百餘處，照會俄駐庫領事迅飭邊界官嚴禁。

十四年四月，烏里雅蘇台將軍杜嘎爾奏稱：「所轄唐努烏梁海屬地邊外自柏郭蘇克西北至沙賓達巴罕，中國設立界牌，每年夏季派員會同查閱。其嶺一東一南，至烏里雅蘇台，即嶺之左，歸中國屬，載在條約。乃俄人竟於沙賓達巴罕以東，霍呢章達巴罕以西，唐努所屬爾里黨、薩布塔爾、都不達果勒、車爾里克、荆格等河岸地方，前經查驗過俄人挖金共四十五處，至今仍在薩布塔爾、車爾里克兩處附近河岸開挖甚多。烏克、多倫兩河地方，俄人明固賴等任意開墾地畝，長一千三百餘廣尺，寬八百二十餘廣尺。俄人雅固爾等於薩拉塔木、博木、額奇布拉克、多倫、烏克、車爾里克、托勒博、薩斯多克、密崗嚕勒、扎庫勒、哈達努額奇依斯克、木阿瑪、阿克河口、吉爾噶琥河口、吉爾扎拉克等十五處建蓋堅屋，南入我境至數百之多。本年派佐領榮昌等往烏梁海吉爾拉里克地方會俄官辯論挖金、蓋房、種地各案，俄官一味支吾，執意不辦，應由總理各國事務衙門逐件查覆。」旋由總理事務衙門覆奏：「請飭將軍等詳勘界限，研究根由，援據約章，與俄酋竭力辯論。倘彼堅執，或應知照駐俄使臣，嚴請外部妥籌辦法，或即估給蓋房之費，令從速遷徙，由將軍等就近相機籌定，奏明辦理。」十月，祥麟等奏覆派吉玉等由烏梁海印務處於六月自蔭木噶拉泰起程，履勘車爾里克等處，往返兩月有餘，已將俄人在境內挖金、蓋房、種地三事詳細查明，繕單入告。命總理各國事務衙門照會俄使，將越界在唐努烏梁海挖金、蓋房、種地之背約俄人遷回本國。

二十五年八月，烏里雅蘇台參贊大臣志銳以奇木齊克河總管請給印奏入，命連順察看情形，奏明辦理。尋覆奏，以「奇木齊克河與唐努總管相隔實在千里之外，中間橫亙賽音諾顏部之額魯特扎薩克貝子達克丹多爾濟所屬烏梁海，遇有齟齬，文報不通，凡事轉報總管，未能直達烏城。奇木齊克河實有二千一十三戶，丁口已幾萬人。唐努總管每年勒派各情，亦所恆有。其他毗連俄界，交涉事多。既，十蘇木連結懇求，是與唐努總管其心已離，兩不相下，倘有事故，亦難收拾。若將數十年仰希朝廷之恩，一旦下頒，必能自固藩籬，為我屏蔽。況有東烏梁海請印在前，似難以不符體制為解，請仍賞給印信」。得旨，如所請。

二十六年，詔連順等備邊。時拳匪事起，中外人心惶惑。連順檄唐努烏梁海總管棍布多爾濟、薩拉吉克烏梁海總管巴勒錦呢瑪、托錦烏梁海總管凌魁、庫布蘇庫勒諾爾烏梁海總管克什克濟爾噶勒、奇木齊克河烏梁海總管海都布調兵練團，嚴密舉辦。棍布多爾濟等均能刻日成軍。復籌幫軍食，擇要加兵防守，善待俄商，毋生邊衅。二十八年十二月，連順等再請獎敍，疏入，予克什克濟爾噶勒二品頂戴，海都布二品花翎。是年，連順以「烏梁海向風沐化幾二百年，直與喀爾喀蒙古無異。我國商民仍守舊規，不敢違禁潛往貿易。至俄商之在烏梁海貿易者，不計其數，建蓋房屋，常年居住，每年收買鹿茸、狐、狼、水獺、猞猁猻、貂皮、灰鼠，為款甚鉅，致烏梁海來烏城呈交貢皮時，竟至無貨可以貿易。惟有變通辦理，如在烏城貿易商民願赴烏梁海貿易者，准即報官前往，仍由將軍衙門照章酌給六個月限票，並嚴飭守卡官兵認眞稽查，不准挾帶違禁之物」。允之。

宣統元年，烏里雅蘇台將軍堃岫等以奇木齊克河總管海都布率奏本旗十蘇木公揀海都布長子達魯噶布音巴達爾琥辦事勤能，衆心傾服，請補總管，允之。

是部天和土腴，有灌溉之利，宜麥。有金、銅、石棉諸礦，林木亦富。達布遜山產石鹽，是部全境及科布多北部皆資之。唐努、薩拉吉克、托錦三總管各有佐領四，庫布蘇庫勒諾爾總管佐領二，奇木齊克河總管佐領十。薩拉吉克別名薩爾吉格，托錦別名陶吉，總管皆無印。庫布蘇庫勒諾爾別名庫蘇古淖爾，奇木齊克河別名肯木次克，有印。此外扎薩克圖汗部右翼右旗有五佐領：一在庫蘇古爾泊北，一在華克穆河東北，一在格德勒爾河西，一在謨什克河西，一在扎庫爾河源。賽音諾顏部額魯特貝子旗佐領十三，皆南依鄂爾噶汗山，西接阿爾泰淖爾烏梁海。哲布尊丹巴呼圖克圖徒衆所屬佐領三，西臨華克穆河。

阿爾泰烏梁海，在科布多之西，東額魯特，東南扎哈沁及布勒罕河新土爾扈特、哈弼察克新和碩特，南和博克薩里舊土爾扈特，東北杜爾伯特，北阿爾泰淖爾烏梁海。分左右翼，左翼旗四，右翼旗三。

初屬準噶爾。乾隆十八年，喀爾喀扎薩克圖汗等台吉達什朋素克隨北路軍營參贊大臣薩喇爾擒私入科布多汛之烏梁海人扎木圖等。十九年正月，命薩喇爾等統兵征入卡之準噶爾屬烏梁海。釋北路軍營誘捕之烏梁海庫木來降。三月，命舒赫德赴卓克索地方會薩喇爾招撫烏梁海。尋以烏梁海徙牧額爾齊斯等地，令暫撤兵。是月，以收撫烏梁海，移北路軍營於烏里雅蘇台。七月，賽音諾顏貝子車木楚克扎布暨班第、薩喇爾等擊烏梁海宰桑於察罕烏蘇，降之。十月，班第、薩喇爾進兵降阿爾泰居住之準噶爾烏梁海宰桑瑪木特及通瑪木特，收戶口千餘。復由阿爾泰赴索爾畢嶺，進至布爾漢之察漢托輝額貝和碩地方，獲宰桑庫克新等。十一月，以收撫烏梁海，加和托輝特貝勒青袞咱卜郡王銜，編設烏梁海人戶旗分佐領，諭授宰桑車根、赤倫、察達克總管，命庫克新於額爾齊斯屯田。

二十年正月，察達克等兵至華額爾齊斯河收獲包沁宰桑等。授察達克副都統，予烏梁海總管赤倫副都統銜，命招撫汗哈屯之烏梁海人衆。免烏梁海等貢賦一年。二月，編察達克、赤倫所屬烏梁海爲佐領七。三月，烏梁海宰桑都塔齊以指示投順之人逃竄正法，命扎薩克圖汗部扎薩克台吉根敦等駐防海喇圖、科布多等處，管烏梁海游牧，接收降人。四月，汗哈屯地方烏梁海歸順。五月，授歸順之烏梁海宰桑圖布新爲總管。十月，以烏梁海出牲畜接濟哈達哈西進之軍，嘉賚之。二十一年三月，以阿逆煽動烏梁海，哈薩克道梗。詔哈達哈剿烏梁海叛賊。有固爾班和卓者，奇爾吉斯宰桑，擕千餘戶潛赴烏梁海，賽音諾顏郡王車布登扎布及車登三丕勒邀擒之。六月，青衮咱卜叛，誘新舊烏梁海附己。大兵至，皆來効順。十月，以新舊烏梁海等備兵請討青衮咱卜，嘉賚之，授察達克內大臣。

二十二年二月，命察達克等防範準部叛賊達什車凌等逃入烏梁海。四月，以額魯特叛賊車布登多爾濟屬人分給察達克等。論察達克等俘輝特賊人功，予其子侍衞賚圖布愼、赤倫、洪郭爾等緞茶各有差。九月，命車布登扎布等防範阿逆等擾烏梁海。十月，以阿爾泰淖爾烏梁海內附，諭授官加賞，定察達克所屬烏梁海每戶歲納二貂，給俸如內地官吏之半。十一月，命烏梁海、扎哈沁人等歸還馬駝。烏梁海博和勒復降，仍授總管。二十三年二月，歸併烏梁海管轄人戶編入之，允新舊烏梁海均于烏蘭固木種地，於吹河、勒和碩等處游牧。尋命移科布多烏梁海徙就阿爾泰山陽。二十四年三月，仍命郡王車布登扎布總理烏梁海事。八月，烏梁海副都統莫尼扎布等招降鄂爾楚克人戶，附入烏梁海大臣管轄，授官有差。是年，定阿爾泰山之南額爾齊斯爲是部牧地。十二月，以哈薩克人掠烏梁海，諭察達克等防剿。二十五年四月，以收撫烏梁海原任總管阿喇逃散屬人交察達克等兼管。烏梁海總管扎布罕疏脫賊犯，上以年幼宥之，命察達克派員協同辦事。

二十六年七月，禁烏梁海私向哈薩克貿易。二十七年三月，允展烏梁海卡坐。九月，嚴禁阿爾泰烏梁海竊取哈薩克馬匹。十月，以前經內附續逃入俄羅斯之烏梁海庫克新假我烏梁海名劫掠哈薩克，命察達克等領兵捕治之。十二月，鑄烏梁海左、右翼總管印，分給察達克、圖克愼，銷原領阿爾泰烏梁海總管印。二十八年正月，庫克新就擒，戮之，以招撫人戶給察達克等分轄。三十八年十二月，以新土爾扈特郡王舍楞與是部散秩大臣烏爾圖那遜爲婚，諭烏梁海緊接俄羅斯，瑚圖靈阿等嗣後詳爲留意。四十九年六月，給阿爾泰台站內大臣察達克轄烏梁海官兵協濟銀兩。

道光十八年，以哈薩克潛闌入阿爾泰烏梁海，命烏里雅蘇台參贊大臣車林多爾濟領蒙兵逐之。科布多參贊大臣毓書遣科布多主事職銜哈楚暹領兵逐入烏梁海之哈薩克依滿等于烏里雅蘇台。八月，追敗之于沙拉布拉克。九月，又逐再入烏梁海之哈薩克，使過于庫克伸阿林，予獎。十一月，車林多爾濟奏前入烏梁海土爾扈特之哈薩克驅逐已淨，獲十餘人釋之。十二月，予烏梁海副都統車伯克達什等花翎，以論驅逐潛入游牧哈薩克勞。十九年四月，哈薩克復入烏梁海，命車林多爾濟復調兵逐之。八月，以阿爾泰烏梁海右翼散秩大臣達什濟克巴調營未到，嚴議。予驅逐哈薩克妥速之阿爾泰左翼散秩大臣達爾瑪阿扎拉頭品頂戴，仍下部優敍。二十二年，科布多參贊大臣固慶奏：「達爾瑪阿扎拉時常稱疾偷安，不善撫馭。所任散秩大臣管烏梁海四旗事務煩，游牧遼闊，且與俄羅斯接壤，責任綦重，請令離任，以參領唐嘎祿署之。」

咸豐十年，與俄羅斯定西疆界約。同治三年八月，科布多參贊大臣廣鳳等奏：「卡倫以內阿爾泰烏梁海境內奇林河等地方十七處，有哈薩克公阿吉屬下之哈濟克居住。當分界未終之際，未便一旦驅逐。倘分界後，萬不得已必須內遷，宜由塔爾巴哈臺參贊大臣酌擇地方安置。」十一月，俄人闌入是部庫什業莫多及塔布圖地方滋擾。明誼照會俄悉畢爾總督，先爲查辦來我邊卡滋事官兵，俟明年兩國立界大臣會同建立牌博後，再派兵駐守。四年，以伊、塔諸城回變，命設烏梁海台站，遞送科城至塔城文報軍餉。十二月，塔爾巴哈台參贊大臣錫霖劾廣鳳裁撤烏梁海台站，致文報軍餉阻滯。諭廣鳳等議處，仍令復設。五年五月，塔爾巴哈台失守，領隊大臣圖庫爾領額魯特兵移至是部。

七年三月，命奎昌會同俄官建立科布多毗連俄境界牌鄂博。九月，奎昌等以俄使未到，奏俟明年會辦立界。八年，奎昌與俄立界使臣巴布闊福勘明自科布多東北邊界賽留格木山適中之布果素克達巴哈起，向西南順賽留格木山至奎屯鄂拉，往西沿大阿爾泰山至海留圖兩河之山；轉往南，順是山直至察奇勒莫斯鄂拉；轉往東南，沿齋桑淖爾之邊，循喀喇額爾齊斯河岸，至瑪尼圖噶圖勒幹卡倫，分爲兩國交界。建牌博凡二十：首曰布果素克達巴哈，次曰杜爾伯特達巴哈，曰塔布圖達巴哈，曰博勒齊爾，曰察幹布爾哈蘇，曰烏蘭達巴哈，曰巴哈那斯達巴哈，曰薩爾那開，曰巴爾哈斯達巴哈，曰拜巴爾塔達巴哈，曰庫爾楚木，曰特勒克梯，曰固洛木拜，曰薩拉陶，曰薩勒欽車庫，曰特勒斯愛哩克，曰鄂里雅布拉克，曰奇音克里什，曰察奇勒莫斯，末曰瑪呢圖噶圖勒斡。自五月二十五日至七月三日竣事。十月，命棍噶扎拉參赴阿爾泰山收集徒衆，妥辦安插事宜，並免是部本年例貢貂皮。其後伊犂索倫營兵移至阿爾泰山，與塔城額魯特兵皆由棍噶扎拉參暫統之。十年，署伊犂將軍榮全奏，以由科布多屬扎哈沁五台以西至霍博克薩里一、二千里，非就地設台，後路必斷。令烏梁海章蓋等於西翼設察罕通格、托克鄂博、德格圖阿滿三台，於東翼設多魯圖阿滿、額爾奇賽罕、烏里雅斯三台。自是爲科、塔兩城孔道。十一年，調棍噶扎拉參所部索倫、額魯特兵赴塔城。

十二年十一月，回匪竄新土爾扈特之布爾根河，擾是部境，台站官兵紛紛逃散。烏魯木齊領隊大臣錫綸率所部民勇自阿爾泰山南移營烏龍古河南岸，追至霍博克河下游，擊破之。匪竄綏來縣北境，科布多參贊大臣保英等飭烏梁海速將軍台移回原處安設。

光緒七年七月，以棍噶扎拉參在烏梁海達彥地方收撫哈薩克，擅殺頭目柯伯史之子，諭錫綸飭棍噶扎拉參卽回籍。八年，俄人議重劃科、塔中俄之界，欲占哈巴河一帶。科布多參贊大臣清泰等奏：「俄人數百名突至哈巴河。查新條約內，奎峒山卽阿爾泰山。任其勘改，實有關礙。」八月，阿爾泰左翼散秩大臣等復呈清泰等以「前次界劃烏梁海西北境侵占已多，此次若再佔哈巴河，蒙民無地自容，誓死不能退讓」。諭清安、額爾慶額會商金順、升泰妥籌。九年，額爾慶額偕參贊大臣升泰先期馳赴塞上，察邊塞衝要，辨山川主名。以棄哈巴河、奎峒山二要地烏梁海、哈薩克之衆均無所依，與俄官抗爭，相持兼旬，改以哈巴河以西阿拉喀別河爲界，得展地百三十餘里，分道安設新界牌博。旣竣事，額爾慶額又繞北山道大彥淖爾安插烏梁海兩翼部落，以和里木圖河、雅瑪圖、喲洛圖、西里布拉克爲夏季游牧，以罕達蓋圖河、塔里雅圖、青格里河、烏龍古河爲冬季游牧，而哈巴河仍由塔城置戍。以金順奏，諭阿爾泰山烏梁海屬一帶游牧地方，請飭棍噶扎拉參交回安插蒙民。十二年七月，以沙克都爾扎布等奏，復催棍噶扎拉參將徒衆仍回塔城。十三年，諭劉錦棠等於新疆擇安插棍噶扎拉參之地。十五年二月，劉錦棠奏移棍噶扎拉參徒衆于庫爾喀喇烏蘇屬之八英溝，讓還科布多借地。承化寺就近所招徒衆，聽留居其寺哈巴河一帶。塔城自借地以來，卽已派兵駐守，未便委去，俾俄人得乘便南下，從之。十八年六月，沙克都爾扎布、額爾慶額、魁福會勘，奏哈巴河借地暫難歸還，以塔城兩次分界後，蒙、哈不敷分住，請將借地展緩三年交割。烏梁海困苦，擬令塔城哈薩克酌給牲畜，並籌安插逃戶，派兵駐守，允之。其後科城屢請收回哈巴河，塔城爭之，迄未決。

二十六年，邊防戒嚴，參贊大臣瑞洵檄烏梁海每旗挑兵二百名，半馬牛步，駐防本旗。事定，撤之。以烏梁海各旗保護俄商貨物，安全游牧，一再請奬。二十九年閏五月，予烏梁海左右翼散秩大臣額爾克、舒諾三音博勒克均頭品頂戴，左翼總管倭齊爾扎布、桑敦扎布、右翼總管棍布扎布、瓦齊爾扎布均二品頂戴，左翼副都統察罕博勒克亦予奬。二十九年，塔城以哈巴城地交還科城。三十年五月，改設科布多辦事大臣駐阿爾泰山，以錫恆爲之，仍駐承化寺。三十二年七月，定阿爾泰練陸軍馬隊一標、炮隊一營，設哈巴河防營委員，及沙棨蓋台至承化寺馬撥十六處，每處設蒙古馬兵五名，馬十匹。開辦承化寺、庫克、呼布克木、哈巴河四處屯牧，建城署房屋，撥常年經費十三萬兩，開辦經費三十一萬兩有奇。十二月，是部七旗劃隸阿爾泰。三十四年四月，錫恆奏停辦布倫托海上渠，下渠距水較近，擬再試種一年，克木奇官屯暫撥民辦。宣統三年二月，署辦事大臣延年奏開距承化寺七十里之紅墩渠，安插農民。下部知之。

地兼耕牧，有鑛，有鹽。是部有佐領七，副都統暨左右翼散秩大臣均兼一旗總管。卡倫自再劃界後，南起右翼散秩大臣旗之阿拉克別克，而北曰阿克塔斯，又東北曰克雜那阿斯，曰薩斯，曰呼吉爾圖布拉克，曰烏松呼吉爾圖，轉東曰胡布蘇，訖羅蓋布，東北至左翼散秩大臣旗之霍洞淖爾止，凡八卡倫。山之著者：西吉克圖山、荄拉圖山、霍穆達山、哈喇溫爾常山。水之著者：察罕西魯河、薩格賽河、薩克布多河、青格里河、額爾齊斯河。

阿爾泰淖爾烏梁海，在科布多之西北，東唐努烏梁海，南阿爾泰烏梁海，西與北均俄羅斯。

初屬準噶爾。乾隆二十二年九月，賽音諾顏扎薩克貝勒車木楚克札布招撫阿爾泰山烏梁海。有特勒伯克扎爾納克者，阿爾泰淖爾之烏梁海宰桑，攜屬至。詔車木楚克扎布定貢賞例，宣示德意。十二月，授阿爾泰淖爾烏梁海宰桑特勒伯克等爲總管。二十三年秋，烏梁海總管阿拉善、恩克等叛，車木楚克扎布剿阿拉善等，就擒。恩克竄哈屯河，冬，擒之。尋定是部爲二旗，各設總管一，歲貢貂皮如例，隸科布多參贊大臣。道光中，查邊之政漸弛，俄人始築城於是部之吹河，我查邊界鄂博者往往不至其地。

咸豐十年，定西疆界約，俄國畫界清單遂將是部包去。同治六年七月，科布多參贊大臣廣鳳等奏俄雅什達喇城衙門給阿爾泰淖爾兩旗總管文，言阿爾泰淖爾、綽羅什拜、巴什庫斯、吹河均係俄羅斯游牧。如有人言係中國游牧，拿送俄城。又俄人來綽羅什拜地方伐木，已飭總管察罕等善言開導，靜候兩國分界大臣將疆界議定換約，立界後，再按照所分界限遵行，此時不可伐木蓋房，致滋事端。時俄國官兵執去我查閱哈屯河扎薩克扎那扎布及台吉差官、蒙古員兵等，阻我查邊道路，稱是部游牧爲俄國地面，不許中國人往來。十月，阿爾泰淖爾總管莽泰等報俄官取莽泰旗下一百四十餘人及總管察罕旗下二百四十餘人手印。九月，明誼、錫霖、博勒果索與俄分界大臣照議單勘分西界，是部地遂非清有。初議遷是部誠心內附者於卡內，而總管莽泰等言兩旗人丁祈全入卡內住牧。廣鳳等諭以「所被俄國分去地面舊住人丁，隨地歸爲俄國，務令安居故土，各守舊業，立界後斷不致仍前擾害」。隨令莽岱等出卡回牧，幷內徙之議亦輟。

是部有佐領四。

清史稿卷五百二十五

列傳三百十二

藩部八

西藏

西藏，禹貢雍州之域。漢爲益州沈黎郡徼外白狼、槃土諸羌地。魏、隋爲附國、女國及左封、昔衞、葛延、春桑、迷桑、北利、模徒、那鄂諸羌地。唐爲吐蕃，始崇佛法。既而滅吐谷渾，盡臣羊同、党項諸羌，西鄰大食，幅員萬餘里。唐末衰弱，諸部分散。宋時朝貢不絕。元世祖時，置烏思藏、納里、速古、魯孫等三路宣慰司，都元帥府，仍置管民萬戶諸官撫輯之。以吐蕃僧帕克斯巴爲大寶法王、帝師，嗣者數世。弟子號司空、國公，佩金玉印者甚衆。

明洪武年，以攝帝師納木嘉勒藏博爲熾盛佛寶國師，給玉印。置烏斯藏指揮司及宣慰司、招討司、萬戶諸官，多沿元舊，以元國公納木喀斯丹拜嘉勒藏等領之。尋改烏斯藏爲行都指揮司，以班竹兒藏爲烏斯藏都指揮使，自下皆令世襲。未幾，改烏斯藏俺不羅衞爲行都指揮司。永樂中，增置烏斯藏牛兒宋寨行都指揮司及必里、上卭部二衞，復分封番僧爲大寶法王、大乘法王、大慈法王、闡敎王、闡化王、輔敎王、贊善王、護敎王，凡八王，比歲或間歲朝貢。宣德、成化間，又累加封號。其地有僧號達賴喇嘛，居拉薩之布達拉廟，號前藏；有班禪喇嘛，居日喀則城之扎什倫布廟，號後藏：番俗崇奉又在諸番王之上。西藏喇嘛舊皆紅敎，至宗喀巴始創黃敎，得道西藏噶勒丹寺。時紅敎本印度之習，娶妻生子，世襲法王，專指密咒，流極至以呑刀吐火炫俗，盡失戒定慧宗旨。黃敎不得近女色，遺囑二大弟子，世以呼畢勒罕轉生，演大乘敎。呼畢勒罕者，華言「化身」。達賴、班禪卽所謂二大弟子，達賴譯言「無上」，班禪譯言「光顯」。其俗謂死而不失其眞，自知所往，其弟子輒迎而立之，常在輪迴，本性不昧，故達賴、班禪易世互相爲師。其敎皆重見性度生，斥聲聞小乘及幻術小乘。當明中葉，已遠出紅敎上。

達賴第一輩曰羅倫嘉穆錯，吐蕃贊普之裔，世爲番王。二十歲至前藏，宗喀巴以爲大弟子。年八十四。第二輩曰根登嘉木錯，在後藏札朗轉世，登布達拉、色拉、扎什倫布講經之坐。年六十七。三輩曰鎖南嘉木錯，爲達賴中最著名者。置第巴，代理兵刑賦稅。弟子稱呼圖克圖，分掌教化。時黃教尚未行於蒙古。元裔俺答兼併諸部，侵掠中國，用兵土伯特，收阿木多、喀木康等部落。年老厭兵，納其姪鄂爾多斯部碩克濟農諫，往迎達賴，勸之東還。自甘州移書張居正，求通貢饋。萬曆年，遂納鎖南嘉木錯之貢，予封賚。達賴應俺答之迎，至青海，爲言三生善緣。諸台吉言：「願自今將湧血之火江，變溢乳之靜海。」俺答許立廟，一在歸化城，一在西寧，於是黃教普蒙古諸部。而藏中紅教之大寶、大乘諸法王，皆俯首稱弟子，改從黃教。化行諸部，東西數萬里，熬茶膜拜，視若天神，諸番王徒擁虛位，不復能施號令。年四十七。四輩曰榮丹嘉穆錯，年二十八。五輩曰阿旺羅布藏嘉木錯。

初，西藏俗稱其國曰圖伯特，亦曰唐古特。自達賴、班禪外有汗，則蒙古部長爲之。時藏之藏巴汗與達賴所用第巴不協。額魯特部和碩汗者，名圖魯拜琥，元太祖弟哈布圖哈薩爾十九世孫也。後兼併唐古特四部，改號顧實汗。以青海地廣，令子孫游牧，而喀木、康輸其賦。衞地則第巴奉達賴居之，藏地則藏巴汗居之。第巴桑結與藏巴汗不相能，謂其虐部衆、毀黃教，乞師於顧實汗翦滅之。顧實汗遂以藏地居班禪，留長子鄂齊爾汗轄其衆，次子達賚巴圖爾台吉佐之，皆崇德年事也。

先是天聰年間，大兵取明之東省，天現明星祥瑞。顧實汗曰：「此星係大力汗之威力星。由是觀之，非常人也。」於是遐邇蒙古共遵太宗文皇帝爲和爾摩斯達額爾德穆圖博克達撤辰汗。迨崇德二年，奏請發幣使延達賴。四年，遣使貽土伯特汗及達賴書，謂「自古所制經典，不欲其泯滅不傳，故遣使敦請」云。嗣以喀爾喀有違言，不果。顧實汗復致書達賴、班禪、藏巴汗，約共遣使朝貢。達賴、班禪及藏巴汗、顧實汗遣伊喇固散胡圖克圖等貢方物，獻丹書，先稱太宗爲曼殊師利大皇帝。曼殊者，華言「妙吉祥」也。使至盛京，太宗躬率王大臣迓於懷遠門。御座爲起，迎於門閾，立受書，握手相見，升榻，設座於榻右，命坐，賜茶，大宴於崇政殿。間五日一宴，命王、貝勒以次宴。留八閱月乃還。八年，報幣於達賴曰：「大清國寬溫仁聖皇帝致書於金剛大士達賴喇嘛。今承喇嘛有拯濟衆生之志，欲與扶佛法，遣使通書，朕心甚悅，茲恭候安吉。凡所欲言，令察罕格龍等口授。」復貽書於班禪及紅帽喇嘛濟東胡圖克圖等，亦如之。是爲西藏通好之始。於是闡化王及河州弘化、顯慶二寺僧，天全六番，烏斯藏董卜、黎州、長河西、魚通、寧遠、泥溪、蠻彝、沈村、寧戎等土司，莊浪番僧，先後入貢，獻前明敕印，請內附矣。

明年，世祖定鼎燕京，混一宇內。顧實汗復奏：「達賴功德無量，宜延至京，令其諷誦經咒，以資福佑。」乃遣使往迎。順治四年，達賴、班禪各遣使獻金佛、念珠，表頌功德。五年，遣喇嘛席喇布格隆等齎書存問達賴，並敦請之。達賴覆書，許於辰年朝覲。九年十月，達賴抵代噶，命和碩承澤親王碩塞等往迎。十二月，達賴至，謁於南苑，賓之於太和殿，建西黃寺居之。達賴辭以水土不宜，告歸，賜以金銀、緞幣、珠玉、鞍馬慰留之。十年二月，歸，復御殿賜宴，命親王碩塞偕貝子顧爾瑪洪、吳達海率八旗兵送至代噶，命禮部尚書覺羅朗球、理藩院侍郎達席禮賫金册印，於代噶封達賴爲西天大善自在佛領天下釋教普通瓦赤喇怛喇達賴喇嘛。達賴歸，興黃教，重建布達拉及前藏各寺院六十二處，又創修喀木、康等處廟，計三千七十云。

是時顧實汗先卒，達賴又年老，大權旁落於第巴桑結。桑結詭遣內安島人冒闡化王貢使，實則闡化王久經殘破，廢爲喇嘛，而屢次進貢仍書王名，幷請換敕印。廉得其實，斥之。吳三桂王雲南，歲遣人至藏熬茶。康熙十三年，三桂反，詔青海蒙古兵由松潘入川。桑結使達賴上書尼之，且代三桂乞降。及大兵圍吳世璠於雲南，世璠割中甸、維西二地乞援於藏，其書爲貝子章泰軍所獲。朝廷但駐守中甸，未深問也。康熙二十一年，在布達拉寺圓寂，年六十二。

當五世達賴之卒也，第巴桑結以議立新達賴故，與拉藏汗交惡。桑結既以己意立羅布藏仁青策養嘉錯爲六世達賴，乃秘不發喪，僞言達賴入定，居高閣，不見人，凡事傳達賴命行之，自是益橫。旣祖準噶爾以殘喀爾喀蒙古，復唆準噶爾以闕中國，又外搆策妄阿喇布坦，內閧拉藏汗，遂招準兵寇藏之禍。凡西北擾攘數十年，皆第巴一人所致。

噶爾丹者，亦四額魯特之一，曾入藏爲喇嘛，與第巴暱。歸篡其汗，自言受達賴封爲準噶爾博碩克圖汗。又喀爾喀蒙古以入藏隔於額魯特，乃自奉宗喀巴第三弟子哲卜尊丹巴胡圖克圖之後身爲大胡圖克圖，位與班禪亞，凡數十年矣。至喀爾喀車臣汗與土謝圖汗搆兵，聖祖遣使約達賴和解之。桑結奏使噶爾丹西勒圖往。蒙語喇嘛坐牀者爲「西勒圖」，達賴大弟子也。而哲卜尊丹巴胡圖克圖亦奉詔蒞盟壇，與噶爾丹西勒圖抗禮。噶爾丹使其族弟隨之觀釁，因責喀爾喀待達賴無加禮，詬責之，爲土謝圖汗所殺。噶爾丹遂以報仇爲名，襲侵其部落。喀爾喀集衆議投俄羅斯與投中國孰利，哲卜尊丹巴曰：「俄羅斯持教不同，必以我爲異類，宜投中國與黃教之地。」遂定計東走。聖祖申命桑結遣使罷兵。桑結使濟隆胡圖克圖往，反陰嗾之。二十九年，遂入寇漠南，我兵敗之烏闌布通。噶爾丹託濟隆代乞和，頂威靈佛，立誓而遁。桑結內慚，乃託達賴意，合青海蒙古及額魯特各台吉上尊號，聖祖不受，詔曰：「朕與達賴，期于撫育衆生，而所遣堪布等故違意旨，以致喀爾喀、額魯特兩傷。如能令其修和，朕方欲加達賴嘉號，此皆任事行人不能仰副朕心及達賴意，致喀爾喀殘破，額魯特喪敗，朕心實爲隱痛，復何尊號之可受乎？來使貢物其發還！」屢遣京師喇嘛入藏探之。三十四年，達賴入貢，言己年邁，國事決第巴，乞錫封爵。詔封第巴桑結爲土伯特國王。

三十五年，聖祖親征噶爾丹，至克魯倫河。噶爾丹敗竄，慰其部下曰：「此行非我意，乃達賴使言南征大吉，是以深入。」上謂達賴存必無是事，乃遣使第巴桑結書曰：「朕詢之降番，皆言達賴脫緇久矣，爾至今匿不奏聞。且達賴存日，塞外無事者六十餘年，爾乃屢唆噶爾丹與戎樂禍，道法安在？達賴、班禪分主教化，向來相代持世。達賴如果厭世，當告諸護法主，以班禪主宗喀巴之教。爾乃使衆不尊班禪而尊己，又阻班禪進京，朕欲和解準噶爾部，爾乃使有虧行之濟隆以往。烏闌布通之役，爲賊軍卜日誦經，張蓋山上觀戰，勝則獻哈達，不勝又代爲講款，以誤我追師。繫爾祖庇噶爾丹之由，今爲殄滅準夷告捷禮，以噶爾丹佩刀一及其妻阿奴之佛像一、佩符一，遣使賚往，可令與達賴相見，令班禪來京，執濟隆以畀我。如其不然，朕且檄雲南、四川、陝西之師見汝城下。汝其糾合四額魯特人以待，其毋悔！」

桑結惶恐，明年密奏言：「爲衆生不幸，第五世達賴於壬戌年示寂，轉生靜體，今十五歲矣。前恐唐古特民人生變，故未發喪。今當以丑年十月二十五日出定坐牀，求大皇帝勿宣泄。至班禪，因未出痘，不敢至京。濟隆，當竭力致之京師。乞全其身命戒體，幷封達賴臨終尸鹽拌像。」聖祖許爲秘之，待十月宣示內外。而第巴使者歸，途遇策妄阿喇布坦會擒噶爾丹之兵，復宣言：「達賴已厭世，爾部落兵毋得妄行。」策妄阿喇布坦哭而歸。聖祖以第巴始終反覆持兩端，乃追還其使，傳集各蒙古，宣示密封，則像首已墮，第巴使驚仆於地。

桑結忌策妄阿喇布坦盡收準部故地，致噶爾丹無所歸，奏防其猖獗，而策妄阿喇布坦亦奏第巴奸譎，及所立新達賴之僞，欲藉詞侵藏。聖祖以二人皆叵測，不之許也。四十四年，桑結以拉藏汗終爲己害，謀毒之，未遂，欲以兵逐之。拉藏汗集衆討誅桑結，詔封爲翊法恭順拉藏汗，因奏廢桑結所立達賴，詔送京師。行至青海，道死，依其俗，行事悖亂者拋棄屍骸。卒，年二十五。時康熙四十六年也。論者謂達摩創法震旦，有一花五葉之讖，至六世啓衣鉢之爭，故六祖不復傳衣鉢，與宗喀巴至第六世達賴之事若一轍。天數所極，佛法不能違，而況第巴詐僞出之，以尊己擅權，卒釀拉藏汗、準噶爾相尋之禍。

七輩羅布藏噶爾桑嘉穆錯於康熙四十七年在裏塘轉世。生有異表，右臂紋如法輪。七歲與衆喇嘛談經，均莫能難，蓋有夙慧也。初拉藏汗既奏廢羅布藏仁青策養嘉穆錯，別立博克達山之呼畢勒罕阿旺伊什嘉穆錯爲達賴，聞其名忌之，將以兵戕之，其父索諾木達爾扎襁負走，乃免。青海衆台吉以不辨眞僞爭，詔遣官率青海使人往視。拉藏汗奏：「前解僞達賴時，曾奉旨尋眞達賴，訪得博克達山呼畢勒罕，以班禪言坐牀。」廷議以呼畢勒罕尙幼，俟再閱數年給封，又以拉藏汗與青海台吉不睦，遣侍郎赫壽協理藏務。是爲西藏設官辦事之始，然猶不常置也。四十九年，班禪、拉藏汗會同管理藏務赫壽奏：「阿旺伊什嘉穆錯熟諳經典，青海台吉信之，請給册印。」詔依其請。而青海實不之信，與藏中所奏互相是非。五十三年，青海諸台吉等遣兵取道德格，迎羅布藏噶爾桑嘉穆錯至青海坐牀，請賜册印。聖祖恐其搆釁，詔徙至京，不果行。復令送紅山寺，繼請送西寧宗喀巴寺。青海貝勒察罕丹津等復尼之，且以兵脅異己者。詔大兵護送，乃居宗喀巴寺。聖祖以拉藏汗年近六旬，一子青海駐紮，一子策妄阿喇布坦就婚，恐託詞愛婿，羈留不歸，勢頗孤危。況自殺第巴，彼處人難保不生猜忌。額魯特秉性多疑，又甚疏忽，倘事出不測，相隔萬里，救之不及。諭令深謀防範。

五十六年，策妄阿喇布坦遣台吉策凌敦多布等率兵六千，徒步繞戈壁，踰和闐南大雪山，涉險冒瘴，晝伏夜行，赴阿里克，揚言送拉藏汗長子噶爾丹忠夫婦歸。拉藏汗不知備，賊至達木始覺，偕仲子索爾扎拒，交戰兩月，不敵，奔守布達拉，始來疏乞援。賊誘噶卜倫沙克都爾扎卜，將小招獻降，唐古特台吉納木扎勒等開布達拉北城入，戕拉藏汗，拘其季子色布騰及宰桑等，搜各廟重器送伊犂，禁阿旺伊什嘉穆錯于扎克布里廟。索爾扎率兵三十人潰走，爲所擒，其妻間道來奔，詔優養之。

西安將軍額倫特率西寧、松潘、打箭鑪、噶勒丹，會同青海諸台吉及土司屬下赴援，至喀喇河，遇伏，敗歿。賊復誘裹塘營官喇嘛歸藏，於是巴塘、察木多、乍雅、巴爾喀木皆爲所搖惑矣。尋詔都統法喇移打箭鑪兵屯裹塘護呼畢勒罕，復令索諾木達爾扎傳諭營官喇嘛，將抗不就撫者誅之，傳檄巴塘、察木多、乍雅各籍其土及民數，遂進屯巴塘。策凌敦多布懼，返所掠。而兵自巴爾喀木歸，言唐古特有瘴癘，浮腫，難久處，青海蒙古皆憚進藏，慫恿達賴奏可隨地安禪，與大兵恐擾衆。王大臣懲前敗，亦皆言藏地險遠，不決進兵議。聖祖以西藏屏蔽青海、川、滇，若準夷盜據，將邊無寧日。且賊能衝雪縋險而至，何況我軍。策凌敦多布聞我師至，自必望風遠遁。俟定立法教後，或暫留守視，或久鎮其地。唐古特衆皆爲我兵，準夷若再至，以逸待勞，何難剿滅。安藏大兵，決宜前進。詔封羅布藏噶爾桑嘉穆錯爲弘法覺衆第六輩達賴喇嘛。命皇十四子允禵爲撫遠大將軍，屯青海之木魯烏蘇治軍餉，平逆將軍延信出青海，定西將軍噶爾弼出四川，兩路擣藏。藏人亦知青海達賴之眞，藏中舊立之贋，合詞請於朝，乞擁置禪榻，詔許給金册印。於是蒙古汗、王、貝勒、台吉各自率所部兵，或數百，或數千，隨大兵扈從達賴入藏。

策凌敦多布由中路自拒青海軍，分遣其宰桑以兵三千六百拒南路。將軍噶爾弼招撫裹塘、巴塘番衆，進至察木多，奪洛隆宗嘉玉橋之險。旋奉大將軍檄，俟期並進。噶爾弼恐期久糧匱，用副將岳鍾琪以番攻番計，招土司爲前驅，集皮船渡河，直擣拉薩，降番兵七千。

宣諭大小第巴及喇嘛，封達賴倉庫，分兵塞險，扼賊餉道。而青海亦三敗其中途劫營之賊，斬俘千計。額魯特進退受敵，遂大潰，不敢歸藏，由克庇雅北竄，崎嶇凍餒，得還伊犂者不及半。

五十九年九月十五日，達賴至布達拉坐牀，出阿旺伊什嘉穆錯於禁所，發回京師廢之，盡誅額魯特喇嘛之助逆者。留蒙古、川、滇兵四千，命公策旺諾爾布總統戍藏，額駙阿寶、都統武格參贊軍務。以藏遺臣空布之第巴阿爾布巴首向効順，同大兵取藏，阿里之第巴康濟鼐截擊準噶爾回路，俱封貝子；隆布奈歸附，授輔國公，理前藏務，頗羅鼐授扎薩克一等台吉，理後藏務，各授噶卜倫。於是裏塘所屬之上下牙色，巴塘所屬之桑阿、壩林、卡石等番，次第歸順；郭羅克之吉宜卡、納務、押六等寨先後剿撫矣。

雍正元年，召回允禵等，撤駐藏防兵，設戍於察木多。二年，青海喇嘛助羅卜藏丹津之叛。青海諸寺喇嘛衆各數千，羣起騷動。章嘉胡圖克圖之呼畢勒罕拒戰於郭隆寺，察汗諾們汗亦黨賊助戰。石門寺喇嘛陽稱投順，陰肆劫掠，夾木燦堪布將竄藏，年羹堯等討平之。世宗謂「玷辱宗門，莫斯爲甚」，乃收各寺明國師、禪師印，并定廟舍毋逾二百楹，衆毋逾三百人。

五年七月，阿爾布巴、隆布奈、扎爾鼐特與達賴姻，爭貝子康濟鼐之權，聚兵害之，欲投準噶爾。詔吏部尚書查朗阿率川、陝、滇兵萬有五千進討。未至，而台吉頗羅鼐率後藏及阿里兵九千，自潘玉口至喀巴，先遣兵千餘衝破喀木卡倫，與隆布奈兵交綏。夜，西藏斥堠俱歸順，頗羅鼐卽率兵直抵拉薩。駐藏大臣馬喇、僧格往布達拉護達賴，各寺喇嘛將阿爾布巴等擒獻送馬喇所。查朗阿至，誅首逆及其孥。詔以頗羅鼐爲貝子，總藏事。賜犒兵銀三萬兩。留大臣正副二人，領川、陝兵二千，分駐前後藏鎭撫，是爲大臣駐藏三年一代之始。收巴塘、裏塘隸四川，設宣撫司治之；中甸、維西隸雲南，設二廳治之。

是年策妄阿喇布坦死，子噶爾丹策零立，請赴藏熬茶，又聲言欲送還所虜拉藏汗二子。詔嚴兵備之，移達賴於裏塘之惠遠廟。八年，還於泰寧，護以兵千。每年夏初，西藏官兵赴防北路騰格里海之隘，以備準夷，冬雪封山，撤兵。蓋通準夷之路有三：其極西由葉爾羌至阿里，中隔大山，迂遠易備；其東路之喀喇河又有靑海蒙古隔之；中路之騰格里海逼近衞地，故防守尤要。幷以頗羅鼐子珠爾默特策布登統阿里諸路兵，保唐古特，授爲扎薩克一等台吉。追念康濟鼐前勳，無嗣，以其兄噶錫鼐色布登喇布陣亡阿里，封其子噶錫巴納木札勒色布騰爲輔國公，尋授噶卜倫。達賴之父索諾木達爾扎亦爲輔國公。晉頗羅鼐貝勒。十年，拉達克汗德忠納木札納奏：「臣理國事，尊釋敎，偵準噶爾情輒以告。」優詔答之。準噶爾請和，詔果親王偕章嘉胡圖克圖送達賴由泰寧歸藏，減戍藏兵四之三。章嘉胡圖克圖爲達賴請巴塘、裏塘還前藏，以其爲達賴所降生，諸土司建寺安禪，制最宏麗也。詔以其地商稅年銀五千兩賜之，地仍內屬。

乾隆四年，以頗羅鼐勤勞懋著，預保子襲郡王爵。頗羅鼐子二：長，珠爾默特策布登，病足；次，珠爾默特納木扎勒。兄弟互讓，而頗羅鼐愛少子，請以次子爲長子，允之。又嘉長子之讓，詔封鎭國公，仍鎭守阿里。頗羅鼐善服衆，爲諸噶卜倫所敬事。有綏奔喇嘛扎克巴達顏者，書其名瘞詛之。事覺，頗羅鼐欲弭變，輕議其罪。十一年，溫諭嘉獎，謂：「鎭壓左道不足患，其偕達賴協輯唐古特衆。」準噶爾使再入藏熬茶，駐藏副都統傅清等遣員率喀拉烏蘇兵監視。十二年，頗羅鼐以暴疾亡，以珠爾默特納木扎勒襲爵，兼理噶卜倫，以班第達協理藏務。高宗恐其少不更事，未能服衆，或以綏奔喇嘛扎克巴達顏故，與達賴搆隙，不肖衆起而間之，不無滋事虞，諭傅清留意體察，而卒有十五年珠爾默特納木扎勒之變。

時準噶爾台吉策妄多爾濟納木扎納復遣使赴藏熬茶，入寺詭避痘，以己卒守門，不令官兵從。詔以準噶爾狡甚，飭嚴防，雖歸巢，勿稍忽。而珠爾默特納木扎勒以駐藏大臣不便於己，乘機奏藏地靜謐，請撤駐防兵。廷議以不從撤兵請，適足滋疑，不如示之信，詔可。諭達賴勿令準噶爾入藏，雖固請弗允。珠爾默特納木扎勒又詭稱準噶爾襲唐古特，至碩翁圖庫爾，遣兵備喀拉烏蘇，徙達木番衆。不數旬，揚言準噶爾至阿哈雅克，自率兵往備。駐藏提督索拜遣旺對赴喀拉烏蘇備之。比至，無蹤。有詔撤喀拉烏蘇兵及達木番歸牧，勿惑衆。初，郡王頗羅鼐以女妻班第達，至是班第達察珠爾默特納木扎勒有逆志，不之附。珠爾默特納木扎勒惡之，奪其孥。駐藏副都統紀山劾珠爾默特納木扎勒妄戾，請檄其兄協理藏務。高宗不允，諭紀山善導之，勿露防範迹。已而珠爾默特納木扎勒以珠爾默特策布登發阿里兵擾藏告，蓋計陷之也。因諭傅清曰：「珠爾默特納木扎勒年幼躁急，性好滋事。若果無他故，兄欲進兵至藏，是特兄弟互相侵犯耳。若其兄並無此事而造言誣搆，則宜相機辦理。」

十五年，珠爾默特納木扎勒以兵戕其兄珠爾默特策布登于阿里，詭以兄暴疾聞，請收葬，幷育兄子。時其兄子朋素克旺布及珠爾默特旺扎勒皆居後藏。珠爾默特納木扎勒以兵往戕朋素克旺布，陽稱逃亡。珠爾默特旺扎勒依班禪爲喇嘛，乃免。傅清、拉布敦以珠爾默特納木扎勒擕兵離藏告。蓋是時珠爾默特納木扎勒既襲殺其兄，復通書餽物準噶爾，請兵爲外應，私擕礮至後藏，誣籍噶卜倫班第達及第巴布隆贊等旋達木，距前藏三百餘里，擁衆二千餘不歸。奏至，詔俟副都統班第自青海赴藏討罪，復諭四川總督策楞、提督岳鍾琪馳兵往會。而賊勢猖獗，驛道梗塞，軍書不通者旬日。傅清偕拉布敦計不急誅，必據唐古特爲變，召珠爾默特納木扎勒至，待諸樓。甫登，起責其罪曰：「爾違天子令，且忘爾父！

無君無父，罪不可赦！」傅淸趨前扼其臂，拉布敦拔佩刀剸之，諭脅從罔治。有羅卜藏扎什者，趨下呼賊，千餘突至，聚圍樓，集藁焚。達賴遣番僧往護，不得入，傅淸、拉布敦死之。上嘉憫傅淸等靖逆遇害，均追贈一等伯，特建雙忠祠以祀。班第達奔守達賴，集兵拒逆。即命班第達以輔國公攝噶卜倫，分其權，而總其成於達賴。設噶卜倫四、戴琫五、第巴三、堪布三，分理藏務，隸駐藏大臣及達賴轄。增駐防兵千有五百戍藏。以達木番歸駐藏大臣轄，視內地例，設佐領、驍騎校各職。幷於準噶爾通藏隘設汛嚴防。二十二年，蕩平伊犂，始永無準夷患。是年，達賴在布達拉圓寂，時年五十。

八輩羅布藏降白嘉穆錯擺桑布，於乾隆二十三年在後藏拖結熱拉岡出世。二十七年，迎至布達拉坐牀。三十年，由班禪班墊伊喜傳授小戒。三十三年，親至前藏攢招，隨登色拉、布賚綳、噶勒丹三大寺講經之座。四十二年，由班禪傳授格隆大戒。四十六年，頒給敕書、金册、金印，賞達賴之兄索諾木達什輔國公。四十八年，頒玉册、玉印，凡遇國家慶典准其鈐用，其尋常奏書文移仍用原印。

五十三年，廓爾喀侵犯藏境。初，第六輩班禪之歿，及京歸舍利於藏也，凡朝廷所賜賚，在京各王公及內外各蒙邊地諸番所供養，無慮數十萬金，而寶冠、瓔珞、念珠、晶玉之鉢、鏤金之袈裟，珍寶不可勝計。其兄仲巴呼圖克圖悉踞爲己有，旣不布施各寺，番兵、喇嘛等亦一無所與。其弟沙瑪爾巴垂涎不遂，憤唆廓爾喀籍商稅增額、食鹽糅土爲詞，興兵擾邊。唐古特私和廓爾喀，朝廷所遣之侍衞巴忠、成都將軍鄂輝、總兵成德等實陰主其議，令堪布等許歲幣萬五千金，於是廓爾喀飽颺而去。巴忠等以賊降飾奏，諷廓爾喀噶箕入貢，受封國王。五十四年七月，廓爾喀遣人至藏表貢，並致駐藏大臣書，請如前約。鄂輝恐發覺私許之欵，屏不奏。次年，藏中幣復爽約。

五十六年七月，廓爾喀復大入寇，占據聶拉木，誘執噶卜倫丹津班珠爾以歸。八月，復占據濟嚨。保泰等遷班禪于前藏。廓匪進擾薩加溝，遂至扎什倫布，仲巴呼圖克圖遁。九月，都司徐南鵬堅守官寨，廓匪大掠扎什倫布財物以歸。巴忠扈從熱河，聞變，沉水死。鄂輝、成德奉命赴藏勦禦，皆逗留不進。

十月，保泰等請移達賴、班禪於泰寧，上嚴斥之，而嘉達賴之拒其議。命嘉勇公福康安爲將軍、超勇公海蘭察爲參贊大臣，率索倫、達呼爾兵及屯練土兵進討。其軍餉則藏以東，四川總督孫士毅主之；藏以西，駐藏大臣和琳主之；濟嚨邊外，則前督惠齡主之。五十七年正月，鄂輝等始復聶拉木。二月，帕克哩營官率番兵收復哲孟雄、宗木地方。是月，陷寇之第巴博爾東自陽布回藏。唐古特私許歲幣事覺，詔以保泰、雅滿泰隱匿不奏，革責枷號。三月，授福康安爲大將軍，逮仲巴呼圖克圖于京。四月，添調川兵三千赴藏。閏四月，福康安自定日進兵趨宗喀。五月，克擦木，復濟嚨。是月十五日，克熱索橋，遂入廓境。二十四日，克脅布魯碉卡。六月，福康安、海蘭察等進攻東覺，並雅爾賽拉、博爾東拉諸處，皆克之，成德等亦攻克扎木鐵索橋。六月，廓酋拉特納巴都爾迭遣大頭人乞降，送出丹津班珠爾及前俘之兵。七月，福康安攻克噶勒拉、堆補木，奪橋渡河，深入廓境七百餘里，將迫其都陽布。都統銜斐英阿等陣亡。成德亦進克利底大山賊卡。廓酋復呈繳唐、廓前立合同，獻所掠扎什倫布財物及沙瑪爾巴之屍。八月，廓爾喀遣使進貢。福康安以廓爾喀屢請投誠奏入，奉旨受降。時以廓境益險，八月後即雪大封山，因允所請。於是福康安率大兵凱旋，撤回藏。議定善後章程：駐藏大臣與達賴、班禪平等；噶卜倫以下由駐藏大臣選授；前後藏番歸我設之遊擊、都司節制訓練；自行設鑪鼓鑄銀幣；設糧務一員監督之。至是，我國在藏始具完全之主權。

初，達賴、班禪及各大呼圖克圖之呼畢勒罕出世，均由垂仲降神指示，往往徇私不公，爲世詬病。甚至哲卜尊丹巴胡圖克圖示寂，適土謝圖汗之福晉有妊，衆即指爲呼畢勒罕；及彌月，竟生一女，尤貽口實。而達賴、班禪親族亦多營爲大呼圖克圖，以專財利，致有仲巴兄弟爭利、唆廓夷入寇之禍。而達賴兄弟孜仲、綏綳等充商卓特巴，肆行舞弊，占人地畝，轉奉不敬黃敎之紅帽喇嘛，令與第穆呼圖克圖、濟嚨呼圖克圖同坐；且與衆喇嘛斂取銀兩，並將商上物件暗中虧缺，來藏熬茶人應得路費皆減半發給，有傷達賴體制，因之特來參見者日減，殊失人心。高宗乘用兵後，特運神斷，創頒金奔巴瓶，一供於藏之大招，遇有呼畢勒罕出世，互報差異者，各書名於牙籤，封固納諸瓶中，誦經三日，大臣會同達賴、班禪，於宗喀巴佛前啓封掣之。至扎薩克蒙古所奉之呼圖克圖，其呼畢勒罕亦報名理藩院與駐京之章嘉呼圖克圖，或喇嘛印務處掌印掣定，瓶供雍和宮，而定東科爾入官之限。

嘉慶九年十月，達賴有疾，命成都副都統文弼帶醫馳往看視。未抵藏，達賴已於是月在布達拉圓寂，年四十有七。九輩阿旺隆安嘉穆錯擺桑布，於嘉慶十年在康巴埶曲科轉世。年二歲，異常聰慧，早悟前身，奉特旨即定爲呼畢勒罕，毋庸入瓶簽掣。十三年九月，迎至布達拉坐牀，賞達賴之叔洛桑捻扎朗結頭品頂戴。十八年，由班禪傳授小戒。時達賴幼穉，噶卜倫乘機舞弊，將達賴莊屋侵占，並將辦事人隨事更換，豢賊自肥，公肆劫掠。命成都副都統文弼、西寧辦事大臣玉寧馳藏查辦，幷究噶卜倫策拔克與成林互訐。經訊噶卜倫策拔克率意更定章程四條，以內地治理民人之法概行禁止，致激衆怨，成林挪移庫欵，分別斥革，發伊犂、烏魯木齊効力贖罪。此藏事之內潰也。至外事之棼亂，則廓爾喀噶箕乃爾興戕其王，被誅。逆黨熱納畢各嚨竄逃至唐古特，又與披楞開戰，求達賴、班禪助欵。布魯克巴部長曲扎曲勒請賞王爵，文弼匿不奏聞。帕克哩營官勒索其進關貨物，逞兇肇釁。

哲孟雄部請賞唐古特莊田，并定邊界。緬甸國男婦私與藏中胡圖克圖文件往來。藏事已岌岌可危矣。二十年二月，在布達拉圓寂，年十一歲。

十輩阿旺羅布藏降擺丹增楚稱嘉穆錯擺桑布，於道光二年三月晦，奏明在大招金奔巴瓶內掣定。八月，迎至布達拉坐牀。遣章嘉胡圖克圖由京馳藏照料。奏定噶勒丹錫埒圖薩瑪第巴克什爲正師傅，噶勒丹舊池巴阿旺念扎及榮增班第達甲木巴勒伊喜丹貝嘉木磋爲副師傅。尋以傳授達賴經典三年有餘，其未得諾們汗之榮增班第達亦賞給諾們汗，賞達賴之父羅布藏捻扎頭品頂戴。十四年，由班禪傳授格隆大戒。十五年，博窩滋事生番降，設曲木多寺四品番目營官一，宿凹宗、舝伊沃、有茹寺三處六品番目各一，宿木宗、普龍寺、湯堆批批三處七品番目各一。

藏西南徼外有哲孟雄者，唐古特之屏藩也。自五輩達賴以來，因其崇信黃教，歸達賴管轄。乾隆五十六年駐藏大臣奏哲卜雄、作木朗二部落每與達賴、班禪通書訊，惟不聽藏中調遣，被廓爾喀侵占已有十年。經福康安檄令協剿，奪回侵地，藉稱天熱，畏懦不前。迨聞廓爾喀歸順，復思藉天朝威勢，斷還六輩達賴所定舊界。經福康安等駁斥，畫分邊界，不能自由入藏，而夏秋之間，該部落因地方炎熱，仍准其來卓木曲批避暑。于七輩達賴時，曾將唐古特界內卓木曲批迤西奪扎之莊田賞給作爲養贍，歷年自行徵收錢糧、青稞。卓木之民常至哲孟雄往來貿易。其部長之妻亦唐古特人，常遣人赴廓部長住所。距藏僅十一站，至卓木曲批避暑處，在帕克哩以外，與藏僅隔一山，不三站，設有鄂博，並無要隘，相安無事者有年。自不准赴藏，而始有請求給地之奏，及請賞卓木雅納綽之民，不得已有請賞給帕克哩營官之缺。前藏商上向與後藏商卓特巴齟齬。時噶勒丹錫勒圖薩瑪第巴克什尤爲貪奸，不公不法，凡後藏代其陳請者，輒責其貪鄙無知。文幹等飭噶卜倫嚴斥，謂無妄求管理藏地所屬職官民人之理，並定八年來藏一次之限。廷臣不知詳情，允之。文幹等僅行文藏內文武嚴查，而不敢譯旨欽遵，蓋恐一經宣布，部長必有理申明也。而其部長每歲瀆請赴藏熬茶及入藏避暑如故。迨道光四年，松廷等始將前奉諭旨專札明示，並隨時嚴行駁飭。五年，班禪據報詳情，謂：「哲孟雄部長楚普郎結訴稱自不准赴界，上年人民病斃者一千有餘。再達賴坐牀已逾數年，各部落俱得赴藏朝見，而舊所屬之人獨抱向隅，實無面目見其部民。」於是始准其暫居避暑，仍令帕克哩營官防範稽查。在當時文幹誤聽前藏一面之詞，不查實情，率行具奏。文幹等既知困難，有失字小之道，而猶遷就其詞，准其來藏熬茶一次，蓋以準噶爾視哲孟雄。而哲孟雄離心離德，甘爲印度屬地，至有捻都納之敗，而西藏之門戶洞開矣。十七年，在布達拉圓寂，年二十二。

第十一輩阿旺改桑丹貝卓密凱珠嘉穆錯，於道光十八年九月朔在噶達轉世。二十一年五月，奏明在金奔巴瓶內掣定，由班禪披鬀授戒，賞其父策旺頓柱公爵。十月，拉達克部落勾結生番佔踞藏境一千七百餘里，奪據達壩、噶爾及雜仁三處營寨。經駐藏大臣派戴琫等率兵攻剿，並將矛手番兵改挑槍兵，收復補仁營寨。又噶爾布倫等帶兵四面夾攻，殄斃森巴及拉達克大小頭目四十餘、賊匪二百餘，拉達克頭人八底部長乞降，公稟投歸唐古特商上；願繳所占凡、湯及達壩、噶爾四處營寨，並准堆噶爾本空金番民酌定五百名，由前後藏番民內擇精壯派往充當金夫，派戴琫一、如琫二、甲琫二，定駐守，教習技藝。二十二年四月，由前藏迤東日中寺迎至布達拉坐牀。二十四年，以濟嚨呼圖克圖阿旺羅布藏丹貞嘉木錯爲正師傅，以降孜曲結喇嘛羅布藏冷竹布爲副師傅。

駐藏大臣琦善奏參噶勒丹錫埒圖薩瑪第巴克什諾們汗阿旺扎木巴勒楚勒齊木巴什擅作威福，貪黷營私，所有被控各款，訊擬結奏聞。經理藩院議得：「已革諾們汗阿旺扎木巴勒楚勒齊木巴什，洮州夷僧，本係入册檔一微末喇嘛，自其前輩歷受三朝重恩，在雍和宮傳經，旋命赴藏坐宗喀巴牀，派充達賴師傅，敕封諾們汗薩瑪第巴克什名號，遞加衍宗翊教靖遠懋功禪師，又加賞達爾汗，屢頒御書匾額以榮之，宜如何清潔潛修，公正自矢。乃竟不知守分，膽敢需索番屬財物，侵占百姓田廬，私拆達賴所建房屋，擅用未蒙恩賞轎轍。更強據商產，隱匿逃人，鈐用印信不在公所，進呈貢物不出己貲，濫支濫取，任性聽斷，恣意侵淩。甚至達賴起居不能加意照料，房內服侍無人，以致達賴頸上帶傷，流血不止，始則忽而不防，繼且知而不問。蓋當達賴受傷時，隨侍只森琫一人，此森琫卽爲該諾們汗之隨侍。近兩輩之達賴，每屆接辦印務以前，輒卽圓寂，不得安享遐齡，其中情節，殆有不可問者。卽放一扎薩克喇嘛，勒取財物，盈千累萬，尤屬駭人聽聞。」詔令將歷得職銜名號全行褫革，追敕剝黃名下徒衆全行撤出，廟內查封，發往黑龍江安置。所有財產，查抄變價，賠修藏屬各廟宇。旋命釋回，交地方嚴加管束。復捐輸銀兩請回前藏，又因廓爾喀軍事，請求開復回藏。均嚴旨不允。迨同治初元，病歿土爾扈特旗，准其留葬，不准轉世。門徒二十三人，留於該旗游牧。至光緒初年，土爾扈特王復請捐輸鉅欵，代求轉世，始曲允其已轉世之呼畢勒罕得令爲僧。

琦善尋奏改章程二十八條，又奏罷稽查商上出入及訓練番兵成例。故事，商上出入所有一切布施金銀，均按季奏報。自琦善奏定後，而中國御藏之財權失。又駐藏大臣及兵丁俸餉，向由福康安在廓爾喀經費內撥交商上生息，以資公用。及琦善議改章程，將生息取銷，一切由商務供給。迨後中國駐藏一切開支，藏人漸吝供給，而不知當日實有貲本發商生息，幷非向商上分肥。總之，乾隆所定制度，蕩然無存矣。

是年十二月，敕諭第十一輩達賴喇嘛曰：「咨爾達賴喇嘛。朕撫綏寰宇，敷錫兆民，期一道以同風，冀九垓之徧德。亦賴洪宣梵義，普結善緣，導引羣生，同參勝果。其有能通上乘，繼闡正宗，使諸部愚蒙悉資開悟者，宜加多楙獎，元沛寵封。茲以爾慧性深沉，經文諳習，旣著靈蹤於齠歲，益堅戒律以壯年。承襲以來，皈依者衆。朕甚嘉之，故特依前輩達賴喇嘛例，封爾爲大善自在佛所領天下釋教普通瓦赤喇呾喇嘛達賴喇嘛，改受金册。爾尙振修黃教，主持烏斯，本利濟以佑民，迓庥祥而護國。所有圖伯特事務，其悉依例董率噶卜倫等，妥協商辦，報明駐藏大臣轉奏，俾圖伯特闔境延釐，衆生蒙福，彌勤啓迪，用副綏懷。茲隨册齎往金銀、綵幣、玻磁器皿，爾其敬承，以光我國家億萬年無疆之休命。欽哉！」

二十六年十二月，琦善以披楞，卽英人，請定界通商聞，詔耆英以守成約拒之。二十七年七月，耆英復以英、德使請於西藏指明舊界派員前往聞。諭駐藏大臣斌良密查，如無流弊，自應照舊奏准允行，倘心懷詭譎，卽當據理駁飭。並諭海善派員往查，事尋中輟。

二十八年，賞公爵策旺頓杜寶石頂、雙眼花翎。咸豐二年，達賴親往布賚綳、色拉、噶勒丹及南海、瓊科各寺院熬茶講經，詔幫辦大臣額勒亨額妥爲照料。三年，達賴以髮逆滋擾各省，虔誠念經，禱賊匪速滅，穆騰額奏駐藏守備童星魁前往護送。尋病歿，由駐藏大臣奉旨嘉獎。四年十月，理藩院議覆，淳齡奏達賴年已及歲，應宜任事。得旨：「達賴明年旣已及歲，一切事務交伊掌管。所有賞給前輩之玉册、玉印，凡遇吉祥之事准其鈐用，如常事仍用金印，以示廣與黃教至意。」五年正月，遵旨掌管政教事務。十二月，在布達拉圓寂，年十八。

十二輩阿旺羅布羅丹貝甲木參稱嘉穆錯，於咸豐六年在沃卡壩卓轉世。八年正月，奏明在金奔巴瓶內掣定。九年七月，迎至布達拉坐牀。賞達賴之父彭錯策旺公爵。先是三年四月，廓爾喀商人與察木多番商索債起衅，聚衆械鬬，互有殺傷，經駐藏大臣穆騰額照夷例分別罰款完案。嗣因多收稅米，阻攔商民，藉端與藏邊失和，唐古特屢戰不勝，宗喀、濟嚨、聶拉木等處均陷於賊。駐藏大臣赫特賀馳往後藏督辦防剿事宜，命成都將軍樂斌統漢土官兵繼進。廓番聞大兵將至，懼，遣其噶箕來藏上表乞和，詔許罷兵。唐古特與廓爾喀議定約十條，唐古特每年給廓爾喀稅課銀一千兩，廓爾喀將所占地方交還唐古特商上管理。同治元年，掌辦商上事務堪徵呼圖克圖因減放佈施，連同色拉寺與布賚綳、噶勒丹兩寺鬨，不勝，藏中僧俗公斥之，攜印潛逃赴京。詔黜其名號，不准轉世。命諾們汗汪曲結布協理商上事務。汪曲結布者，原係俗裝，曾爲噶卜倫，卽俗所謂「沙扎噶隆」是也。因與堪徵忤，辭官削髮爲僧，至是復起用。乃創修拉薩城垣，自西而東，工未竣而歿，遂罷役。初，駐藏官兵自遊擊以下，均聚居扎什敦布營房。時駐藏大臣滿慶以藏中屢不靖，命遷拉薩市，從此僦屋而居。扎什城之營房遂廢。三年，噶勒丹池巴羅布藏青饒汪曲爲達賴傳授小戒。

瞻對逆番久圍裏塘，梗塞驛路，其曾工布朗結復令期美工布大股逆賊至巴塘、裏塘交界之三壩地方，劫去糧員行李，搶奪由藏發出摺報公文。其格吉地方亦有告急夷信。工布朗結曾於道光末，經前任川督琦善帶兵往剿，並未蕩平。以瞻對歸各土司侵地，奏予工布朗結職，罷兵。至是益無畏懼，將附近土司任意蠶食，川、藏商賈不通，兵餉轉運難艱，漢、番均困。駐藏大臣滿慶派番員徵兵借餉，並約三十九族調集各處土兵，防剿瞻對西北，川督駱秉章派員督飭打箭鑪及巴、裏各文武，同明正土司及大小金川等土司兵進攻其東南。而藏中所派之兵甫至巴塘，旋卽搶掠，詔令撤回。至四年，事平。奉旨將上、中、下三瞻地方賞給達賴管理，建廟焚修。賞達賴之兄伊喜羅布汪曲承襲公爵。七年，親至前藏攢招。八年，捐修扎林噶舒金塔。十年，親往布賚綳、色拉二寺熬茶講經。十二年，親至前藏攢招。是年二月，遵旨接管政教事務。十三年及光緒元年，均親至前藏攢招。元年三月，在布達拉圓寂，年二十。

十三世阿旺羅布藏塔布克嘉穆錯，於光緒二年五月在達布中擦營官屬下朗賴家轉世，至是呼畢勒罕訪獲，班禪率同有職各僧俗人等出具圖記公禀，懇請駐藏大臣松溎代奏。奉旨毋庸入瓶簽掣，卽定爲達賴之呼畢勒罕。四年正月，在貢湯德娃夫由班禪披剃授戒，取定法名。六月，迎至布達拉坐牀，銷去呼畢勒罕名號。賞達賴之父工噶仁青公爵，寶石頂、孔雀翎。八年正月，由正師傅濟嚨呼圖克圖傳經授戒。

十年，因攢招，各處喇嘛麕集，與巴勒布商人購物起釁，將巴商八十三家全行劫毀。廓爾喀因索償損失銀三十餘萬兩，並集兵挾制。駐藏大臣色楞額奏派漢、番委員前往開導，曉以恩威，始允減爲十八萬有奇。除唐古特商上捐籌及清出貨物抵價外，尚不敷銀六萬七千餘兩，奉旨由四川撥給。十一年，親至前藏攢招。十四年，工噶仁青故，賞達賴之兄頓柱奪吉公爵。是年親往布賚綳、色拉寺熬茶講經。十五年，親至前藏攢招。

當達賴降生之年，哲孟雄與布魯克巴部長因英併印度，與哲、布接壤，漸有窺藏心，籲請籌備。而廷旨不甚注重，謂披楞頭人現向布魯克巴部長租地修路，意欲來藏通商。惟布魯克巴與哲孟雄毗連，哲孟雄旣已認租修路，難保不暗中勾結引進，詔松溎相機開導，務令各守疆界，勸諭阻回。哲人知中朝不知邊情，反疑其勾結滋事，於是漸昵英人，以捻都納爲英租界，英竟視爲保護地。藏人漸覺英之逼己，訟言哲人私結英約，屢議伐之，哲乃益親英人矣。

光緒十三年，藏人於隆吐設卡，遂與印度兵戰，敗焉。朝旨屢諭駐藏大臣文碩，令藏人撤卡。文碩奏，實藏地，卡無可撤。嚴旨責焉，以升泰代之。總署與英使議邊界通商，戒印兵毋進藏。藏番据新圖，以隆吐、日納宗爲藏地，堅勿讓。文碩據以入告，而中旨謂：「向來西藏圖說藏地與哲、布分界處東西一線相齊，藏境中並無隆吐、日納宗之名。今文碩寄來新圖，隆吐、日納宗在藏南突出一塊，插入哲、布兩界之內，而布、藏分界之處，恰在捻都納修路東西一線之北，新圖以黃色爲藏界，而日納宗官寨之地，註明數十年前喇嘛給與哲孟雄，現仍畫黃色，正與隆吐山相近，難保非藏人多畫此一段飾稱現界也。並著升泰詳細確查，究竟隆吐屬哲屬藏，據實覆奏，毋得稍有揑飾。」時樞廷以都察院劾文碩，革之。而升泰初到任時，猶知藏人理直，奏稱：「隆吐山南北本皆哲孟雄地方。英人雖視爲保護境內，其實哲孟雄、布魯克巴皆西藏藩屬。每屆年終，兩部長必與駐藏大臣呈遞賀禀，駐藏大臣厚加賞賚以撫綏之。在唐古忒，則自達賴喇嘛以次，均有額定禮物，商上亦回賞緞疋、銀、茶，與兩部回信底稿，均呈送駐藏大臣查核，批准照繕，始行回覆。哲、布兩部遇有爭訟，亦禀由藏酌派漢、番辦理。此哲、布爲藏地屬藩實在情形也。」奏上，置弗理。

藏人知文碩被議，不直中朝所爲，遂自動思復仇。諭升泰嚴止之，僉憤。藏人誓衆曰：「凡我藏衆男女，誓不與英人共天地。有渝此誓，衆共殛之！」乃大集兵於帕克哩，將痛擊印軍。升泰搜得乾隆五十三年舊哲孟雄受逼於廓爾喀，達賴乃以日納宗給哲人；今哲私通英人，地應收回。升泰屢諭不從，印兵攻熱勒巴拉山，藏兵傷亡數百。印兵追入徵畢岔，印度政府令勿窮追。諭駐藏大臣赴邊界與印官會晤。英外部告駐英使劉瑞芬商議和平了結。藏人謂英若據有哲地，則誓不共立。十四年八月，印兵大隊收哲孟雄全部，攻藏兵於捻都納，藏兵敗退，咱利、亞東、朗熱諸隘並失，藏兵萬餘盡潰。印兵追噶卜倫等於仁進岡，與駐藏大臣所遣止戰武員蕭占先遇。占先豎漢字阻印兵，印兵止槍，約相見。占先約勿窮追，印兵官欲擊仁進岡民居。占先告以此爲中國土，藏番違旨用兵，中國當嚴爲處置，請勿進兵。印兵官諾之，要約速辦，乃退兵。藏兵既大敗失地，仍志在復仇，升泰屢嚴止之，不聽。藏人目漢官爲洋黨，屢欲暴動，終爲所懾而止。印官以天寒不能再緩，升泰卽至邊界議約，而藏衆以噶卜倫中一二人主和，有壞黃敎，羣議投之藏江，力要駐藏大臣代索回哲孟雄、布魯克巴全境，否則傾衆一戰。藏兵復集大隊備四路。升泰抵藏力阻之，仍百計諭藏僧戒藏番毋妄動，乃馳赴邊界議約。

時冱寒，人馬多凍斃。抵帕克哩，隘外藏兵尚有萬人駐仁進岡。升泰命撤退，藏官言大臣尚未與印官晤，未敢遽撤，乃退紮數十里。哲孟雄部長命其弟來謁，言來見爲印兵所阻。升泰與英官保爾會於納蕩。英官言：「哲孟雄與印度互立約已二十七年，應歸印度保護。藏與印搆兵，藏既屢敗，我兵何難長驅捲藏全土？以邦交故，按兵靜候。」並索藏賠兵費。升泰言：「哲爲藏屬。從前印、哲立約，並未見印督照會。藏番亦未赴印境滋擾，藏費無名。」英人又在布魯克巴及後藏干壩修路，藏人又大震。英官要求甚奢，升泰力折之，藏人漸就範。

升泰屢要英撤兵，英不可。而藏衆已成軍之三大寺僧兵，及駐仁進岡之兵萬餘，皆撤退。噶卜倫及領袖僧官十餘，其他番官數十員，隨升泰至邊，皆駐仁進岡，不敢與英官晤。升泰以哲事未能卽竣，大雪封山，運糧無所，亦退駐仁進岡。總署派英人赫政赴藏充通譯。哲孟雄部長之母率所屬親族連名上稟，言英官當年立約，不得過日喜曲河。哲孟雄租地與英，歲應納一萬二千圓。英人倚其國勢，歲久不給。印、藏搆釁，復致殃及。伊母子親族實不願歸英，乞勿將哲境劃出版圖之外。英人既掠哲地全境，復押哲部長安置噶倫綳，以重兵駐哲境，招印度及廓爾喀遊民闢地墾荒。廷議以哲事無從挽救，慮梗藏議，諭升泰勿許。布魯克巴地數倍哲孟雄，西人呼爲布丹國，光緒間尙入貢。升泰至邊，部長遣兵千七百人護衞。升泰慮爲英口實，謝去。並乞印綬封號，升泰允代請諸朝。藏、哲舊界本在雅納、支木兩山。其後商人往來之咱利爲新闢捷徑，西人稱熱勒巴勒嶺。升泰議於咱利山先分藏、哲界以符前案，其印、哲之界在日喜曲河，擬於約中注明。印、哲立約在咸豐十一年，無案可稽，寘勿論。哲部長土朵朗思，印度稱爲西金王，既被幽於噶倫綳，其母及子尙居春丕，卽英人所稱徵畢也。印營假部長書取其兩子赴噶倫綳，部長母堅不可，挈其兩孫至升泰營哭訴，丙中朝作主，升泰無以援之也。英人又欲易置其部長，升泰婉止之。赫政阻雪久不達。

十五年二月，藏兵盡撤歸，升泰請總署告英電印兵速撤。三月，赫政至邊，藏兵盡撤。藏人言藏、哲本有舊界，日納宗既賜哲孟雄，其隆吐山之格壓傾倉地實有藏人遊牧場，確爲藏、哲舊界。至咱利山本無鄂博，不過上年實於此限止印人耳。通商極非所願，然不敢違朝命。惟咱利以內，洋人萬不可來。赫政赴營與議，英人謂咱利之界萬不可移，至哲孟雄與商上及駐藏大臣舊有禮節，均可仍之。惟西金界內藏番不得有此權，允此方可開議。升泰諾焉。印兵既撤退，英人尚久不訂約。升泰奏云：「聞藏人言，與有仇之英議和，孰若與無仇之俄通好？俄人前次來藏，我等備禮勸阻，俄卽退去。今英謀吾地，偶爾戰勝，遂恣欺凌，實所不甘。查去年俄人有由和闐至藏之請。如英再延宕，則藏更生心。本年蒙古人由草地禮佛，絡繹不絕，隨來者頗類俄人。設藏番私與通欵，則稽查不易。邊事久不定局，俄或私行勾結藏番，英、俄互相猜忌，則後患方長。乞告英使電催印督速定藏約。」十月，升泰奏：「英人擬撤兵之後，悉照向章，不必辦理通商，不必另立新約。通商一事，本英官初次會議卽行提出。又屢言西人欲至藏貿易，答以番情疑詐，萬難辦理，然後許至江孜。力言再四，又許退至帕隘。仍復力拒，英官意拂然。彼時首重通商，否則萬難了結。臣力諭藏番，通商萬不可免，始據藏番出具遵結。今英人忽不言通商，亦自有故。當日英人深知藏番於此事力拒數年，意謂藏番必不遵行，故借以爲難。今知出結遵辦，恐定約以後，他國援以爲請，則藏地不能入其範圍，是以忽議中止。然英人不議通商，藏人實所深願，但能不自啓釁端，未嘗不可暫保無事。俄人亦不能有所干求，目前亦可免生枝節。惟日後防範宜嚴，未可再涉疏懈。現藏、印均已退兵，前怨已釋，自應彼此立約以昭信守。彼族恐一經定約，卽不能狡焉思逞，故任意延緩。惟自入夏至今，曠日持久，虛糜時日，萬難再延。請速商英使，迅電印督，速行議結。」哲孟雄部長言願棄地居春丕，升泰止之。

十六年二月，以升泰爲全權大臣，與印督定約八款：自布、坦交界之支英孳山起，至廓爾喀邊界止，分藏、哲界綫；承認哲孟雄歸英保護；藏印通商、交涉、游牧三款俟議；簽約於印度孟加拉城；鈐印後，由大臣薛福成在倫敦互換。五月，給布魯克巴部長印。十七年三月，升泰奏移設納金要隘。八月，升泰奏稱改闢游歷等部，藏番不遵開導，請仍在亞東立市。下所司知之。

十九年十月，派四川越嶲營參將何長榮、稅務司赫政與英國政務司保爾在大吉嶺議定藏印通商交涉游牧條約九款：開亞東爲商埠，聽英商貿易，添設靖西廳同知監督之，印政府派員駐紮，察看商務；自交界至亞東，任英商隨意來往；藏界內英人與中、藏人民訴訟，由中國邊界官與英員商辦；印度遞駐藏大臣文件，由印度駐哲孟雄之員交中國邊務委員驛遞，藏人至哲孟雄游牧，遵英國定章，與原約一律奉行。此約既訂，藏人以通商事英人獨享權利，而游牧事藏人反受限制，於亞東開埠之事不肯實行。

二十一年正月，榮增正師傅普爾覺沙布曨爲達賴傳授格隆大戒。是年掌辦商上事務前榮增師傅第穆呼圖克圖因病辭退。十一月，遵旨接管政教事務。二十四年，瞻對與川屬明正土司搆釁，四川總督鹿傳霖奏明派兵攻取瞻對，成都將軍恭壽、駐藏大臣文海先後奏陳，而達賴亦密遣喇嘛羅桑稱勒等赴京呈訴。於是朝廷俯順番情，命將三瞻地方仍賞還達賴，毋庸改歸四川管理。是年，親赴色拉、布賚綳、噶勒丹三大寺熬茶講經。二十五年，親往前藏攢招。二十六年，殺其前掌辦商上事務榮增正師傅第穆呼圖克圖阿旺羅布藏稱勒饒結及其弟洛策等。第穆所居之闡宗寺財產，全行查抄入己，並咨請駐藏大臣裕鋼代奏，將第穆呼圖克圖名號永遠革除。是年，親赴南海、瓊科爾結等處熬茶講經。

二十九年，藏、英以爭界故，英兵進藏。初，達賴誤以俄羅斯爲同教，親俄而遠英。雖兩次與英議定條約，迄未實行。俄員某僞作蒙古喇嘛裝束，秘密入藏，爲達賴畫策，購置火器，意圖抗英，英雖偵知之而無如何也。至俄方東困於日本，不暇遠略，英遂藉事稱兵。詔裕鋼往解之。達賴恃俄員爲謀主，不欲和，思與英人一戰，乃止裕鋼行，弗使番民支烏拉夫馬，並調集各路番兵。西藏番兵以乍丫爲強，然無紀律。甫抵拉薩，卽圍攻駐藏大臣衙署，死者數十人。後經藏官彈壓，開往前敵，未交綏，均潰變，由小路逃去。時藏兵屢敗，英兵日迫。詔解裕鋼任，尋革職。駐藏大臣有泰至藏，英軍猶駐堆補，約赴帕克里議和，照十六年條約辦理，顧卽休兵。有泰初與達賴商，顧自往阻英兵，達賴尼之，然亦無他策，惟日令箭頭寺護法誦經詛咒英兵速死而已。既而有泰藉口商上不肯支應烏拉，不能啓程，僅以李福林往，怯不進。英軍至江孜，盼有泰赴議，有泰仍不敢行，藏人怨之。未幾，英人長驅直入，達賴聞知大懼，先一日以印授噶勒丹寺噶卜倫，倉皇北遁至青海。有泰以達賴平日跋扈妄爲，臨時潛逃無蹤，請褫革達賴喇嘛名號。

榮赫鵬既得志，因列條約十款，迫噶勒丹寺噶卜倫羅生戛爾等簽約於拉薩：一、西藏允遵守光緒十六年中、英條約，並允認該第一款哲、藏邊界；二、江孜、噶大克、亞東三處開爲商埠；三、四從略；五、自印邊該江孜、噶大克各通道不得阻礙；六、七從略；八、印邊至江孜、拉薩之礮臺山寨一律削平；九、以下五端，非得英國允許，不能舉辦：（一）西藏土地不准租讓與他國，（二）他國不准干涉西藏一切事宜，（三）他國不得派員入藏，（四）路鑛電線及別項利權不許他國享受，（五）西藏進款貨物錢幣等不許給與各外國抵押撥兌。有泰往見榮赫鵬，自言無權，受制商上，不肯支應夫馬，榮赫鵬笑領之。英人卽據爲中國在藏無主權之證。

其先有泰電外務部，言番衆再大敗，卽有轉機。英軍進拉薩，圖壓服藏衆。及英軍至，與藏定約，誘有泰畫押，朝旨切責之。春丕暫住英兵，俟應償兵費二百五十萬盧比繳清卽行撤退。朝廷以藏約損失之權太甚，命津海關道唐紹儀以三品卿加副都統銜赴藏全權議約。時議以藏事危急，宜經營四川土司，及時將三瞻收回，諭川督錫良等籌辦。錫良擬改土歸流，泰寧寺喇嘛以兵抗。朝命駐藏幫辦大臣鳳全馳往剿辦，至巴塘，爲番衆所戕。錫良奏派四川建昌道趙爾豐會同四川提督馬維騏往。三十一年六月，馬維騏克復巴塘，趙爾豐繼至，接辦善後事宜，並搜捕餘匪，全境肅淸。十一月，以裏塘屬之鄉城桑披嶺寺嘗戕官弁，稔惡不法，派兵往討。翌年閏五月，克之，擒其渠魁，並克同惡之稻壩、貢噶嶺。詔以趙爾豐爲邊務大臣。八月，至裏塘，將裏塘土司改流，以防軍五營分駐裏、巴改流之地。十二月，鹽井河西臘翁寺爲亂，討平之。

三十三年正月，草創學務、農墾、水利、橋梁、採鑛、醫藥諸要政，粗具規模，設裏化、定鄉、巴安等縣，並將應行興革諸大端次第陳奏，得部撥開辦經費一百萬兩。三十四年七月，會同川督趙爾巽奏設康安道，改打箭鑪爲康定府，設河口縣，裏化廳同知，稻成縣、貢噶嶺縣丞，巴安府、三霸廳通判，定鄉縣、鹽井縣，幷招募西軍三營。是秋因德格土司兄弟爭繼，奏明往辦。十二月，至德格，匪黨退保維渠卡，趙軍進攻，至翌年六月降之。德格肅清，土司請納土改流，乃招集百姓議定賦稅。九月，春科、高日兩土司及靈葱土司之郎吉嶺均改流，又渡金沙口巡閱春科地方。十月，三十九族波密內附，八宿請改官，均撫循之，並派兵驅剿類伍齊、碩搬多、洛隆宗、邊壩阻路之番人，遂分兵取江卡、貢覺、桑昂、雜瑜，咸收服之。

宣統二年正月，邊軍越丹達山以西，直抵江達。是時川軍正擬入藏，特爲聲援，並奏請與藏人於江達畫界，設邊北道、登科府、德化州、白玉州、同普縣、石渠縣，遂巡閱乍丫、煙袋塘、阿足，設乍丫委員。定鄉兵變，派鳳山討平之。三巖野番索戰，派傅嵩炑討平之，設三巖委員。二月，以巴塘屬之得榮、浪藏梗命，派兵攻克之，設得榮委員，並收服浪藏寺北之冷石卡。嗣趙爾豐督川，以傅嵩炑代理邊務大臣。五月，趙爾豐、傅嵩炑以兵至孔撒、麻書，收其地，設甘孜委員，並檄靈葱、白利、倬倭、單東、魚科、明正各土司繳印，改土歸流。色達及上羅科野番來投。六月，至瞻對，逐藏官，收其地，設瞻對委員。旋返打箭鑪，檄魚通、卓斯各土司繳印改流，又收復咱里、冷邊、沈邊三土司。魚科土司抗不繳印，擊破之，魚科降。於是傅嵩炑以邊地各土司先後改流，已成行省規模，乃建議，以爲川邊故康地，其地在西，設行省曰西康，建方鎭以爲川、滇屛蔽。以邊務大臣爲西康巡撫，改邊務支局爲度支司，關外學務局爲提學司，康安道爲提法司，邊北道爲民政司。自打箭鑪以西至丹達山，三千餘里，南抵維西、中甸，北至甘肅西寧，四千餘里，均爲西康轄境。既入奏，於是年七月，崇喜、納奪土司先後繳印。八月，又傳檄察木多、乍丫兩呼圖克圖改流設理事官，於是西康全局遂以底定。嗣值鼎革，川局又變，建省之議卒不果行。

當唐紹儀之議約也，於光緒三十一年正月至印度，與英議約專使費利夏會議多次。英使諱言廢約，允商訂修改。紹儀易其七八，費謂無異廢約，堅拒焉。費雖名全權，而約事多主於印度總督冠仁，紹儀面揭之，費乃允商。第九欵又力辨主國、上國之據，狡展不讓，乃借遼瀋議約事奉命回京，留參贊張蔭棠在印接議。英仍堅持初議，卒無結果。會英內閣更易，宗旨稍變，駐京英使薩道義接英政府訓，將條約稿稍有更易，命在京外務部商訂。政府以西藏與英屬印度接壤，歷年邊界交涉，爭端屢起，中國兩次與英訂約，無非以睦鄰之計爲固圉之謀，英新政府既有意轉圜，仍飭該使臣在京續商。在我自當早圖結束，以保主權，因由唐紹儀與英使薩道義訂定藏、印續欵六欵：（一）光緒三十年七月英、藏所立之約暨英文、漢文約本，附入現立之約，作爲附約，彼此允認，切實遵守，並將更訂批准之文據亦附入此約。如遇有應行設法，彼此隨時設法，將該約內各節切實辦理。（二）英國國家允不佔併藏境及不干涉西藏一切政治，中國國家亦應允不認他外國干涉藏境及一切內治。（三）光緒三十年七月英、藏所立之約第九欵內之第四節所聲明各項權利，除中國獨能享受外，不許他國國家及他國人民享受。惟經與中國商定在該約第二欵指明之各商埠，英國應得設電線通報印度境內之利益。（四）所有光緒十六、十九年中國與英國所定兩次藏、印條約，其所載各欵，如與本約及附約無違背者，槪應切實施行。（五）、（六）從略。以挽救前約之失，藏應償兵費一百二十餘萬兩。朝廷允代籌還，英人始無辭，於北京簽押。旋有泰被言官彈劾，詔五品京堂張蔭棠前往查辦。有泰及其隨員均獲罪，褫革謫戍有差。

蔭棠入藏，三十二年，專辦開設商埠事。時英軍尚駐春丕，照約俟三埠開妥、賠欵清交始撤兵，故開埠尤亟亟也。三十四年，政府以光緒三十二年附約第三欵內載中、英條約所有更改之處另行酌辦等語，特派張蔭棠爲全權大臣，與英專使韋禮敦議訂藏、印通商章程十五欵。其要者：（二）劃定江孜商埠界線。（四）英、印人民與中、藏人爭論，由英商務委員與中、藏官員會同查訊，面議辦法。（六）英軍撤退後，印邊至江孜一路旅舍，由中國贖回，所有電線，俟中國電線接修至江孜後，亦酌量售與中國。（八）已開及將開各埠，英商務委員因往來印邊界文件，得用傳遞夫役。又英國官商雇用中、藏人民作合法事業，不得稍加限制。（九）凡往來各商埠之英官民貨物，應確循印、藏邊界之商路，不得擅經他處。（十）英國人民可任便以貨物或銀錢交易，任便將貨物出售，或購買土產，不得限制抑勒。此約除中、英簽押外，並有西藏噶卜倫汪曲結布隨同畫押。實開三方幷列先例，藏局又爲一變。

厥後英、藏交涉日繁，而政府撫馭藏番，既有英、藏拉薩之約在先，其事益臻艱困。至宣統季年，遂有經略川邊及達賴二次出亡之事。

自光緒三十年達賴與英境啓衅戰敗出奔後，卓錫於庫倫，意在投俄，而與哲布尊丹巴呼圖克圖不睦。經庫倫辦事大臣德麟電奏乞援，詔西寧辦事大臣延祉俟過冬後迎護至西寧。而達賴又欲在代臣王旗小住，廷旨以王旗部落甚小，達賴隨帶人衆，恐難供億。翌年，僑居塔爾寺，又與阿嘉呼圖克圖同居一處，積不相能。陝甘總督升允奏：「達賴性情貪啬，久駐思歸，應否准其回藏？」得旨：「俟藏務大定，再行回藏。」而調阿嘉來京以和解之。旋由西寧往五台山，折而至京，覲見於仁壽殿，如順治朝，優禮有加。三十四年十月，以萬壽節率徒祝嘏，特加封號，以昭優異。懿旨曰：「達賴喇嘛業經循照舊制，封爲西天大善自在佛，茲特加封爲誠順贊化西天大善自在佛，並按年賞給廪餼銀一萬兩，由四川藩庫分季支發。達賴喇嘛受封後，卽令仍回西藏，經過地方，派員妥爲照料。到藏以後，當確遵主國之典章，揚中朝之信義，並化導番衆，謹守法度，習爲善良。所有事務，依例報明駐藏大臣，隨時轉奏，恭候定奪，期使疆宇永保治安，僧俗悉除畛域，以無負朝廷護持黃敎、綏靖邊陲至意。」旋以國有大喪，受封未便舉行。達賴以不服水土請，詔令先行起程，至塔爾寺受封。又値停止筵宴之時，未便設餞，仍派大臣護送，如來時禮節。至西寧，卽請將阿嘉斥革，並以此事爲回藏之要挾。達賴聘練兵教習十餘人，影射蒙古，實係俄人，多購軍火回藏。

初，張蔭棠以西藏地當衝要，英、俄環伺，自非早籌整頓，難以圖存。建議以漢員指揮，另派北洋新軍入藏，分駐要塞，以厚聲援。駐藏大臣聯豫疏陳藏中情形，亦有派遣軍隊之請。會川邊藏番擾亂，進攻三崖。三崖者，本巴塘屬地，與德格、多納兩土司接壤，向歸川省管轄。乃藏番察台三大寺無端派番官帶兵佔據上崖，調渣鴉、江卡各土司助兵，逼勒崖夷投降，幷徧肆煽惑，打箭鑪一帶均爲震動。同時瞻對番官句結德格土司之弟爲亂，逐其兄。鑪城文武據報，派廳書土千總江文荃查辦，均被圍困。經川督入奏，廷議以三崖、德格均係川境，番官竟敢糾衆侵逼，再事優容，恐番焰日張，土司解體。命川督會同趙爾豐相機籌辦。爾豐電奏力主用兵，並稱此次藏番與達賴有關係，請飭達賴傳諭退兵。乃飭達壽、張蔭棠詰問，達賴答詞閃爍，意涉支吾。政府以達賴縱肯戒飭番衆，而萬里遣書，需時甚久，三崖等處被攻正急，何能久待，遂電爾豐進剿。

三十四年冬，番兵調集益衆，近逼鹽井，並聲言索戰。雖經川軍擊敗，番衆仍未退卻，揚言阻止趙爾豐入藏。政府以藏番舉動，顯係有恃不恐，藏地介在強鄰之間，意存首鼠，自非設法經營，無以保我邊圉。因思光緒三十三、四年間聯豫等條陳有善後辦法二十四條，創財政、督練、路鑛、鹽茶、學務、巡警、農務、工商、交涉九局，擬卽採擇試辦。但無兵不敷彈壓，多名又恐難相安，擬先設兵三千。其一千由川督就川兵挑選精銳，厚給餉械，派得力統領率之入藏，歸駐藏大臣節制調遣。餘二千由駐藏大臣就近選募，另調川中哨弁官長，俾任訓練統率之事，以期持久。聯豫、趙爾巽覆奏贊其議，遂派知府鍾穎統領川兵，於宣統元年六月啓程入藏，取道德格，繞過江卡至察木多。藏番在恩達、類烏齊一帶，擬聚兵堵截。十一月，川軍抵類烏齊，藏番不戰自退，川軍遂由三十九族間道前進。十二月，抵拉里、江達。番兵聞川軍且至，焚其積聚，劫殺漢兵扼守。川軍進擊，大破之。

達賴自光緒三十四年由西寧入覲，出京回藏，沿途逗留，又繞道德格等處，遷延不進，其冬，始回拉薩。二年正月，達賴聞川軍將至，乘夜西奔，潛赴印度，川軍遂轉戰入藏。朝廷得聯豫奏報，降旨數達賴罪惡，革去名號，一面責成聯豫、趙爾豐會籌防務，安輯軍民；一面降旨另訪呼畢勒罕，以噶勒丹池巴羅布藏丹巴代理商上事宜，其噶卜倫以下各藏官供職如故，藏中僧俗亦安堵無事。是年三月，聯豫請于曲水、哈拉烏蘇、江達、碩般多及三十九族各設委員一。三年二月，聯豫奏裁駐藏幫辦大臣，改設左右參贊，以羅長裿、錢錫寶爲之。會波密事起，聯豫遣鍾穎攻之不克，旋遣羅長裿會趙爾豐軍平之。其秋，川軍變，逐聯豫，推鍾穎代之，達賴始乘機重回拉薩。以此次出奔深賴英人保護，態度一變，於是逐鍾穎而獨立，中、英之交涉益紛紜矣。

班禪第一輩凱珠巴格勒克，爲宗喀巴二弟子。出世至第五輩羅布藏伊什，仍號班禪呼圖克圖。康熙三十四年，命御史鍾申保等賫敕召來京，前藏第巴桑結以未出痘辭。五十二年，詔以班禪爲人安靜，精通經典，勤修貢職，封爲班禪額爾德尼，頒發金印、金册。六輩羅布藏巴勒墊伊西，乾隆四十三年，請祝七旬萬壽，許之。迎護筵宴諸禮，槪從優異，如順治九年達賴來覲例。四十五年八月，在熱河祝嘏，至京居西黃寺。是年頒賜玉印玉册，以痘圓寂。命理藩院尙書博淸額爲駐藏辦事大臣，護送舍利金龕回藏。

第七輩羅布藏巴勒墊丹貝宜瑪，五十三年，以廓爾喀擾邊，命移泰寧，俟平復歸後藏。道光十五年，給金册。二十一年，以接濟征森巴兵餉，加「宣化綏疆」封號。咸豐元年，賫七旬壽，如六旬所賜。次年，圓寂，年七十三。

第八輩羅布藏班墊格曲吉札克丹巴貝汪曲，年二十九。至第九輩羅布藏吐巴丹曲吉宜瑪格勒克拉木結，光緒十八年正月，迎至扎什倫布坐牀，賞其外祖父期差汪布本身輔國公。三十一年，英人入藏，詔班禪留後藏鎭攝。十一月，班禪隨英皇子游歷印度，有泰勸阻，不從。十二月，由印回藏，諭以情詞恭順，原擅行出境之咎勿治，諄令恪供職守。張蔭棠奏班禪受英唆使，屢與達賴牴牾，而全藏實權仍歸達賴替身掌握。電告外務部，請以恩澤籠絡班禪，並羈縻達賴，勿急旋藏。旣而達賴將由西寧起程，班禪請自迎之，而實不行。

達賴抵拉薩，班禪即請覲。諭訓聯豫等，班禪來京，於藏中情形是否相宜。其後達賴獨立，班禪亦不克安於藏矣。

統計達賴所轄寺廟三千五百五十餘所，喇嘛三十萬二千五百有奇，黑人十二萬一千四百三十八戶。班禪所轄寺廟三百二十七，喇嘛萬三千七百有奇，黑人六千七百五十二戶。西藏有爵五：輔國公三，一由貝子降襲，一由鎮國公降襲，一定世襲；一等台吉扎薩克一；一等台吉一。而達賴、班禪之親以恩封者不與。凡前後藏官，均由駐藏大臣分別會同達賴、班禪選補。前藏唐古特官，噶卜倫四人，三品，爲總辦藏務之官，其俗稱之曰「四相」，議事之所曰噶廈。其次仔琫及商卓特巴各二人，皆四品。業爾倉巴二人，朗仔轄二人，協爾幫二人，碩第巴二人，皆五品。達琫二人，大中譯二人，卓尼爾三人，皆六品。仔琫、商卓特巴爲商上辦事之官。凡喇嘛謂庫藏出納之所曰商上。業爾倉巴爲管糧之官，朗仔轄爲管街道之官，協爾幫爲管刑名之官，碩第巴爲管理布達拉一帶番民之官，達琫爲管馬廠之官，大中譯、卓尼爾等爲噶廈辦事之官。管兵者曰戴琫，六人，四品。如琫十二人，五品。甲琫二十四人，六品。定琫一百二十八人，七品。多東科爾族任之。

其治理地方者曰營官。前藏大營十：曰乃東，曰瓊結，曰貢噶爾，曰崙孜，曰桑昂曲宗，曰工布則岡，曰江孜，曰昔孜，曰協噶爾，曰納倉，營官皆五品。後藏大營三：曰拉孜，曰練營，曰金龍，營官皆五品。前藏中營四十三：曰洛隆宗，曰角木宗，曰打孜，曰桑葉，曰巴浪，曰仁本，曰仁孜，曰朗嶺，曰宗喀，曰撒噶，曰作岡，曰達爾宗，曰江達，曰古浪，曰沃卡，曰冷竹宗，曰曲水，曰突宗，曰僧宗，曰雜仁，曰茹拕，曰鎖莊子，曰奪，曰結登，曰直谷，曰碩般多，曰拉里，曰朗，曰沃隆，曰墨竹宮，曰卡爾孜，曰文扎卡，曰轄魯，曰策堆得，曰達爾瑪，曰聶母，曰拉噶孜，曰嶺，曰納布，曰嶺噶爾，曰錯朗，曰羊八井，曰麻爾江。後藏中營十四：曰昂忍，曰仁侵孜，曰結侵孜，曰帕克仲，曰翁貢，曰干殿熱布結，曰扎布甲，曰里卜，曰德慶熱布結，曰央，曰絨錯，曰葱堆，曰脅，曰干壩，營官皆六品。前藏小營二十五：曰雅爾堆，曰金東，曰拉歲，曰撒拉，曰浪蕩，曰頗章，曰札溪，曰色，曰堆沖，曰汪墊，曰甲錯，曰拉康，曰瓊科爾結，曰蔡里，曰曲隆，曰扎稱，曰折布嶺，曰扎什，曰洛美，曰嘉爾布，曰朗茹，曰里烏，曰降，曰業黨，曰工布塘；後藏小營十五：曰彭錯嶺，曰倫珠子，曰拉耳塘，曰達爾結，曰甲沖，曰哲宗，曰擦耳，曰晤欲，曰碌洞，曰科朗，曰哲喜孜，曰波多，曰達木牛廠，曰凍噶爾，曰札茹：營官皆七品。而前藏邊營十四：曰江卡，曰堆噶爾本，曰噶喇烏蘇，曰錯拉，曰帕克里，曰定結，曰聶拉木，曰濟隴，曰官覺，曰補仁，曰博窩，曰工布碩卡，曰絨轄爾，曰達巴喀爾，營官皆五品。每營營官一人或二人，以喇嘛、黑人參任之。

喇嘛之有游牧者，東起乍丫達呼圖克圖，與四川打箭鑪所屬土司接，其西爲察木多吧克巴拉呼圖克圖，又西爲碩般多喇嘛，又西爲類烏齊呼圖克圖，碩般多、類烏齊之北，皆與西藏大臣所屬土司接。碩般多之南，爲八所喇嘛，又南爲工布什卡喇嘛。類烏齊之西，爲墨竹宮喇嘛，又西爲噶勒丹喇嘛。類烏齊之西北，爲贊墊喇嘛，介居西藏大臣所屬各土司之間，其西爲埒徹喇嘛。噶勒丹之西爲色拉喇嘛，西與布達拉接。噶勒丹之南，爲瓊科爾結喇嘛，其西爲丈扎卡喇嘛，又西爲松熱嶺喇嘛，又西爲那仁曲第喇嘛，又西南爲乃東喇嘛，北與布達拉接。乃東之西，爲瓊結喇嘛。布達拉之西北，爲布勒綳喇嘛，又西北爲羊八井喇嘛，其西爲朗嶺喇嘛，西與扎什倫布接。朗嶺之南，爲仁本喇嘛，其西南爲江孜喇嘛，又西南爲岡堅喇嘛。岡堅之西，爲協噶爾喇嘛。協噶爾之西，爲聶拉木喇嘛。朗嶺之西，爲撒噶喇嘛，又西爲雜仁喇嘛。其直屬於駐藏大臣者，有達木額魯特八旗：在喜湯者四旗，在湯寧者二旗，在佛山者一旗，皆北倚布幹山，南與前藏接；在格拉者一旗，東北濱喀喇烏蘇，西與後藏接。每旗置佐領一。

有三十九族土司：曰瓊布噶魯，曰瓊布巴爾查，曰瓊布納克魯，曰勒納夥爾，曰色里瓊扎尼查爾，曰色里瓊扎參嘛布瑪，曰色里瓊扎嘛嚕，曰木朱特羊巴，曰布米特勒達克，曰木朱特尼牙木查，曰木朱特利松嘛吧，曰木朱特多嘛巴，曰勒遠夥爾，曰依戎夥爾移他瑪，曰查楚和爾孫提瑪爾，曰巴爾達山木多川目桑，曰嘛拉布什嘛弄，曰窩柱特只多，曰窩柱特娃拉，曰彭楚克夥爾，曰彭楚克彭他瑪爾，曰彭楚克拉寨，曰盆索納克書達格魯克，曰沁體牙岡納克書畢魯，曰盆沙尼牙固納克書色爾查，曰巴爾達穆納克喜奔盆，曰納格沙拉克書拉克什，曰洛克納克書貢巴，曰三渣，曰三納拉巴，曰撲旅，曰上阿扎克，曰下阿扎克，曰白獵扎嘛爾，曰上岡噶魯，曰下岡噶魯，曰上奪爾樹，曰下奪爾樹。皆土納馬賦，總之以夷情章京。

山之大者，曰岡底斯山，即崑崙，爲東半球衆山衆水之祖；曰僧格山；曰郎千山；曰瑪加布山；曰達木楚克山；曰朗布山；曰巴薩通拉木山；曰諾莫渾烏巴什山，是三山即三危。川之大者，曰鄂穆河，下游爲瀾滄江；曰喀喇烏蘇河，即黑水，下游爲潞江；曰薄藏布河；曰雅魯藏布江，亦曰大金沙江；曰朋楚河；曰岡噶江。澤之大者，曰瑪帕本達賴池，曰郎噶池，曰牙毋魯克池，曰騰格里池，曰牙爾佳池。其物產自靖西東之堆朗至薩馬達一帶，皆有五金煤鑛。其金鑛最著者，曰爾倉，曰噶大克。出鹽最著者，曰勒牙，曰雅幹，凡十三。

其疆界西接印度之拉達克部，西南接洛敏湯、作木朗、廓爾喀諸部，南接哲孟雄、布魯克巴各部及珞瑜茹巴之怒江，東接四川巴塘之南墩寧靜山，東南接雲南維西，東北接西寧所管之邦木稱、巴彥諸土司，北至木魯烏蘇，接西寧所屬玉樹諸土司，西北至噶爾藏骨岔、阿爾坦諾爾一帶，接新疆和闐、莎車。

清史稿卷五百二十六

列傳三百十三

屬國一

朝鮮　琉球

有清龍興長白，撫有蒙古，列爲藩封。當時用兵中原，而朝鮮服屬有明，近在肘腋，屢抗王師。崇德二年，再入其都，國王面縛納質，永爲臣僕，自此東顧無憂，專力中夏。順治紹明，威震殊方。三年，琉球聞聲，首先請封。九年，暹羅，十七年，安南，相繼歸附。雍正四年，蘇祿，七年，南掌，先後入貢。蓋其時武義璜璜，陸讋水慄，殊國絕域，交臂詘膝，慕義歸化，非以力征也。

高宗繼統，國益富饒，帝喜遠略，蕩平回疆，兵不血刃，而浩罕、布魯特、哈薩克、安集延、瑪爾噶朗、那木干、塔什干、巴達克山、博羅爾、阿富汗、坎巨提相率款塞，通譯四萬，舉踵來王。乾隆中葉，再征緬甸，三十四年，緬𦖆乞貢。五十七年，復征服廓爾喀，稽首稱藩。於是環列中土諸邦，悉爲屬國，版圖式廓，邊備積完，芒芒聖德，蓋秦、漢以來未之有也。

咸、同之際，內亂頻仍，撻伐十餘年，巨憝雖平，而國力凋攰，未遑圖遠。日夷琉球，英滅緬甸，中國雖抗辭詰問，莫拯其亡。而越南、朝鮮政紛亂作，國家素守羈縻屬國之策，不干內政，興衰治亂，袖手膜視，以至越南亡於法，朝鮮併於日，浩罕之屬蠶食於俄，而屬國所廑存者，坎巨提一隅而已。越南、朝鮮之役，中國胥爲出兵，而和戰無常，國威掃地，藩籬撤而堂室危，外敵逼而內訌起，藩屬之繫於國也如此。傳曰：「天子守在四夷。」詎不信哉？作屬國傳。

朝鮮又稱韓國。清初王朝鮮者李琿，事明甚謹。太祖天命四年，琿遣其將姜弘立率師助明來侵，軍富察之野，戰而大敗，姜弘立以兵五千降。帝留弘立，遣其部將張應京等十餘人還國，遺琿書曰：「昔爾國遭倭難，明以兵救爾，故爾國亦以兵助明，勢不得已，非與我有怨也。今所擒將吏，以王之故，悉釋還國。去就之機，王其審所擇焉。」先是明萬曆中，日本豐臣秀吉大舉侵朝鮮，覆其八道，明爲用兵七年。會秀吉死，兵罷，朝鮮乃復國，故書中及之。朝鮮不報謝。又出境拒征瓦爾喀之師。烏拉貝勒布占泰侵朝鮮，帝與布占泰有連，諭止其兵，朝鮮亦不謝。及帝崩，復不遣使弔問。而明總兵毛文龍招遼民數萬守皮島，與朝鮮犄角，屢出師襲沿海城寨。

會朝鮮叛人韓潤、鄭梅來歸，請爲嚮導，搆兵端。時太宗天聰元年，朝鮮國王李倧嗣位之三年也。正月，命貝勒阿敏等率師征朝鮮。渡鴨綠江，敗文龍兵于鐵山，遁還皮島。遂克義州、定州及漢山城，屠其軍民數萬，焚糧百餘萬。長驅而進，渡青泉江，克安州，進師平壤，城中官民悉遁走。乃渡大同江，次中和。倧惶遽甚，遣使求成，阿敏責數其罪。二月，師次黃州，國中震恐，求成之使絡繹於道，遂逼王京。倧勢蹙，挈妻子遁江華島，來告曰：「敝邑無所逃罪，惟上國命是從。」乃許其和。江華島在開州南海中，遣使赴島諭倧，而駐軍平山以待。倧遣族弟原昌君李覺等獻馬百、虎豹皮百、綿紬苧布四百、布萬有五千，於是遣劉興祚、巴克什庫爾纏往江華島莅盟。三月庚午，刑白馬烏牛，誓告天地。和議成，約爲兄弟之國。

初，朝鮮之求成也，諸貝勒等議以明與蒙古兩敵環伺，兵不可久在外，且俘獲已多，宜許其成。而阿敏慕朝鮮國都城郭宮殿之壯，不肯旋師。貝勒濟爾哈朗及岳託、碩託密議，令阿敏軍平山，而先與朝鮮盟，事成始告阿敏。阿敏謂己不預盟，縱兵四掠，乃復使李覺與阿敏盟於平壤城。帝馳諭阿敏：「毋復秋毫擾！」分兵三千戍義州，振旅而還，以李覺歸。九月，從倧請，召還義州之兵，并許贖俘虜，定議春秋輸歲幣、互市。

二年二月，開市中江。是年，明經略袁崇煥殺毛文龍於皮島，諸島兵無主。五年，謀乘虛征諸島，徵兵船於朝鮮。使至其國，三日乃見。倧覽書曰：「明國猶吾父也。助人攻吾父之國，可乎？船殆不可藉也。」自是漸渝盟。六年，巴都禮、察哈喇等使朝鮮，頒定貢額。還言倧於所定貢額止供什一，金銀、牛角非國所出，不肯從。七年正月，賜倧書，責其減歲幣額，并竊葠畜、匿逃人之罪，欲罷遣使，專互市。二月，遣備禦郎格等往會寧城互市，倧拒之。是夏，文龍部將孔有德、耿仲明等叛明，以舟師二萬人渡海來降，帝遣使徵糧朝鮮，並索會寧城瓦爾喀逃人及布占泰之人，倧屢書陳辯，復加築京畿、黃海、平安三道白馬等十二城。帝歷數倧負義州互市之約。八年春，帝欲价倧與明議和，倧以書告皮島守將，迄無成議。冬，倧使羅德憲來，拒索逃人及互市，詞甚厲，且欲坐滿洲使臣於朝鮮大臣之下。帝怒，却其幣，留德憲不遣，仍以書諭倧。

九年，平察哈爾林丹汗，得元傳國璽，八和碩貝勒及外藩蒙古四十九貝勒表請上尊號。帝曰：「朝鮮兄弟之國，宜與共議之。」於是內外諸貝勒各修書遣使約朝鮮共推戴，朝鮮諸臣爭言不可，且以兵守使臣。使臣英俄爾岱率衆奪馬突門，倧遣人追付報書，又以書諭其邊臣戒嚴，有「丁卯年誤與講和，今當決絕」之語，英俄爾岱并奪之以獻。十年四月，改元崇德，國號「清」。朝鮮使李廓等來朝賀，不拜。賜書令送質子，復不報。

十一月，帝以朝鮮敗盟，將統大軍親征。先遣其使臣李廓等歸國，遺書國王，並馳檄朝鮮官民。十二月辛未朔，命鄭親王濟爾哈朗居守，武英郡王阿濟格、多羅饒餘貝勒阿巴泰分屯遼河海口，備明海師援襲之路。睿親王多爾袞、貝勒豪格分統左翼滿洲、蒙古兵，從寬甸入長山口，遣戶部承政馬福塔等率兵三百人潛往圍朝鮮王京，豫親王率護軍千人繼之。貝勒岳託等以兵三千濟師。帝親率禮親王代善諸軍進發。庚辰，渡鎭江。壬午，次郭山城，降定州、安州。丁酉，次臨津江。江在國都北百餘里，與都南漢江夾拱王城者也。時江冰未合，車駕至，冰驟堅，六師畢濟。馬福塔等以是月甲申潛襲王京，敗其精兵數千，倧倉皇遣使迎勞城外款兵，而徙其妻子江華島，自率親兵逾江保南漢山城。大軍入都城，多鐸、岳託亦定平壤，抵王京，合軍渡江圍南漢山城，連敗其諸道援師。帝至，分兵搜剿都城，而親率大軍渡江，益軍圍南漢。二年正月壬寅，擊敗全羅道援兵，遣使賫敕往諭朝鮮大臣。甲辰，大軍北渡漢江，營王京東二十里江岸。丁未，擊敗全羅、忠淸兩道之師。其多爾袞、豪格左翼軍由長山口克昌州城，敗安州、黃州兵五百，寧邊城兵千，截殺援兵一萬五千，至是來會師。貝勒杜度送大礮至臨津江，冰泮復合如前。

城圍益急。癸丑，倧請成，不許。己未，再請成。庚申，降。敕令出城親覲，幷縛獻倡議敗盟諸臣。是日，倧始奏書稱臣，乞免出城。帝命多爾袞以輪挽小船由陸出海，礟沉其大艦三十。小船徑渡入島城，獲王妃、王子、宗室七十六人，羣臣家口百六十有六，客諸別室。甲子，諭倧速遵前詔出城來見。倧乃獻出倡議敗盟之弘文館校理尹集、修撰吳達濟及臺諫官洪翼漢，詣軍前。帝敕令去明年號，納明所賜誥命册印，質二子，奉大清國正朔；萬壽節及中宮皇子千秋、冬至、元旦及諸慶弔事，俱行貢獻禮；遣大臣內官奉表，與使臣相見及陪臣謁見，併迎送饋使之禮，毋違明國舊例；有征伐調兵扈從，并獻犒師禮物；毋擅築城垣；毋擅收逃人；每年進貢一次，其方物黃金百兩、白金千兩、水牛角二百對、貂皮百張、鹿皮百張、茶千包、水獺皮四百張、青黍皮三百張、胡椒十斗、腰刀二十六口、順刀二十口、蘇木二百觔、大紙千卷、小紙千五百卷、五爪龍蓆四領、花蓆四十領、白苧布二百疋、綿紬二千疋、細蔴布四百疋、細布萬疋、布四千疋、米萬包。

倧以孤城窮蹙，妻子被俘，八道兵皆崩潰離散，宗社垂絕，乃頓首受命。庚午，從數十騎朝服出降。二月，築壇漢江東岸三田渡，設黃幄，帝陳儀衞渡江，登壇作樂，將士擐甲肅列。倧率其羣臣離南漢山五里許步行，令英俄爾岱、馬福塔迎於一里外，引至儀仗下立。帝降坐，率倧及其諸子拜天。禮畢，帝還坐，倧率其屬伏地請罪，宣詔赦之，令坐壇下左側西向，位諸王上。賜宴畢，還其君臣家屬，盡召回諸道兵，振旅而西。詔以朝鮮新被兵，先免丁丑、戊寅兩年貢物，以己卯年秋爲始，如力有不逮，臨時定奪。朝鮮臣民樹碑頌德於三田渡壇下。

四月，倧送質子溰、淏至。五月，以朝鮮兵船助攻皮島功，賜倧銀幣、馬匹。十月，遣英俄爾岱、馬福塔、達雲等齎敕印制詔往封倧爲朝鮮國王。十一月，倧遣陪臣表賀萬壽，冬至貢方物。十二月，賀元旦。嗣凡萬壽聖節、元旦、冬至，皆專遣陪臣表賀，貢方物，歲以爲常。是年，定貢道，由鳳凰城。其互市約：凡鳳凰城諸處官員人等往義州市易者，每年定限二次，春季二月，秋季八月；寧古塔人往會寧市易者，每年一次；庫爾喀人往慶源市易者，每二年一次；由部差朝鮮通事官二人，寧古塔官驍騎校、筆帖式各一人，前往監視，定限二十日卽回。

三年，徵朝鮮兵從征明，誤軍期，降詔切責。四年六月，遣使往封倧繼室趙氏爲朝鮮王妃。東方庫爾喀叛入東海中熊島，命朝鮮討之。倧遣將由慶興、西水羅前浦進師。七月，執叛首加哈禪來獻，賜倧銀二百兩。五年十月，諭倧以誕辰，恩減歲貢內米九千包。六年正月，攻明錦州，調朝鮮舟五千運糧萬石。尋倧奏言軍船、糧船三十二艘漂沒無存，帝知其飾詞，詔切責，刻期督催。復運糧萬石，船百十有五艘，由大小凌河口進至三山島，途中遭風礁壞船五十餘，又爲明水師截擊，僅存五十二艘。至蓋州，不能前，請從陸運。詔以朝鮮三艘漂入明境通信，及見明兵船不迎敵，又不由水路進，嚴斥之。朝鮮臣林慶業大懼，請冒險出水路，帝仍許其改從陸，止留精礮兵千，厮卒五百，餘兵悉遣還。既而運糧士馬久不至，遣使詰責。三月，始有朝鮮總兵柳琳、副將刁何良等率兵至錦州軍。六月，倧遣陪臣李浣等獻新羅瑞金，奏言咸陽郡新溪書院，新羅古寺遺基也，居民袁年掘地得瓦罈一，蓋刻「一千年」三字，中有黃金二十斤，內一斤鐫「宜春大吉」四字。優詔答之，而原金付還。七年，錦州大捷，明遣使議和，帝敕詢倧令陳所見，倧以「止殺安民，上符天意」對。已復偵有明兵船二至朝鮮界，帝大怒，並得其閣臣崔鳴吉、兵使林慶業潛通明國書往來諸狀，逮訊治罪。八年九月，朝鮮擒獲明天津偵探兵船一，解至，賜倧銀。

是月，世祖卽位，頒詔其國，並賷敕往諭，減歲貢內紅綠綿紬各五十疋、白綿紬五百疋、紵絲二百疋、布二百疋、腰刀六口、龍蓆二領，花蓆二十領。十月，倧遣其子湇奉表進香，貢方物。十二月，倧遣陪臣奉表賀登極。順治元年正月，諭倧停解瓦爾喀人民。五月，以破流賊李自成，底定燕京，宣示朝鮮。七月，倧遣陪臣表賀，貢方物。十一月，遣世子溰歸國，敕減歲貢內蘇木二百斤、茶十包、綿紬千疋、各色細布五千疋、布四百疋、麤布二千疋、順刀十把、刀十把，其元旦、冬至、萬壽慶賀貢物，以道遠俱於朝正時附進，著爲令。二年三月，遣倧次子淏歸國。十一月，世子溰卒，封倧次子淏爲世子。三年十月，免貢米。六年正月，以朝鮮年覲，原定閣臣、尙書各一員，書狀官一員代之，此後或閣臣、尙書一員代覲，書狀官仍舊。

六月，李倧薨。八月，遣禮臣啓心郎渥赫等往諭祭，賜謚莊穆。又遣戶部啓心郎布丹、侍衞撤爾岱充正副使，齎誥敕往封世子淏爲朝鮮國王，妻張氏爲王妃。七年正月，淏奏言日本「近以密書示通事，情形可畏，請築城訓練爲守禦計」。遣使往訊，慶尙道觀察使李㬂、東萊府盧協並言朝鮮、日本素和好，前奏不實，詔切責淏，褫其用事臣李敬輿、李景奭、趙洞等職。九年正月，淏表賀昭聖慈壽皇太后加上徽號。五月，國人趙照元等謀逆伏誅，遣使奏聞。十年三月，以朝鮮國王印有淸文無漢篆，命禮部改鑄兼淸、漢字印賜之。十二月，封淏子棩爲世子。十五年二月，以羅刹犯邊，諭朝鮮簡發鳥槍手二百從征。

十六年五月，李淏薨。九月，遣工部尙書郭科等往諭祭，賜謚忠宣。又遣大學士蔣赫德、吏部侍郎覺羅博碩會充正副使，往封世子棩爲朝鮮國王，妻金氏爲王妃。十八年，聖祖卽位，棩遣陪臣進香，賀登極。康熙元年，命朝鮮表賀冬至、萬壽節及進歲貢，與朝正之使偕行。屢年國有大典，俱遣使朝賀。

十三年十二月，李棩薨，諭禮部：「李棩克盡藩職，可從優給卹典，於常例外加祭一次。」賜謚莊恪。遣內大臣壽西特、侍衞桑厄恩克往諭祭，兼封嗣子李焞爲朝鮮國王，妻金氏爲王妃。十五年十一月，焞奏言：「前明十六朝紀一書中載本國癸亥年廢光海君李琿立莊穆王李倧事，誣以篡逆。今聞纂修明史，特陳奏始末，乞刪改以昭信史。」禮部議不准行。二十年正月，王妃金氏故，遣官致祭。二十一年五月，遣使封焞繼室閔氏爲王妃。是年，帝謁祖陵，焞遣陪臣至盛京迎覲，貢方物。二十四年，焞奏言國內牛多疫死，民失耕種，請暫停互市。禮部議焞託言妄奏，帝以外藩宥之，仍令照常貿易。

二十五年，朝鮮民韓得完等二十八人越江採葠，槍傷繪畫輿圖官役。讞上，斬韓得完等爲首六人，餘免死，減等發落。焞奉表謝罪，附貢方物。帝以朝鮮王因謝罪進貢，宜不收，准作年貢，嗣後謝罪貢物著停止。三十年七月，禮臣奏朝鮮國貢使違禁私買一統志書，內通官張燦應革職發邊界充軍，正使李沈、副使徐文重等失於覺察，應革職。帝命從寬，免革職。三十二年正月，免朝鮮歲貢內黃金百兩及藍青紅木棉。

三十六年七月，封焞子昀爲世子。十一月，焞疏請於中江貿易米糧，允之。三十七年正月，遣侍郎陶岱運米三萬石往朝鮮，以一萬石賑濟，二萬石平糶，有御製海運賑濟朝鮮記。三十九年，焞表謝發回漂入琉球船隻恩，附貢方物。帝諭軫卹漂人，卻貢物，嗣後有若此例者停其貢。四十年十二月，王妃閔氏故，遣官致祭。先是漁採船並貿易人至朝鮮，往往侵擾地方。至是諭王令查驗船票人數姓名籍貫，開明報部，轉行原籍地方官，從重治罪。並諭各撫嚴飭沿海地方官，有以海上漁採貿易爲名，往來外國販買違禁貨物者，嚴行禁止。四十一年，遣員外郎鄧德監收中江稅，以四千兩爲額。四十二年二月，遣使封焞繼室金氏爲王妃。四十三年十二月，焞遣官資送被風漂失商船，降諭褒之。四十五年十月，諭大學士曰：「朝鮮國王奉事我朝，小心敬愼。其國聞有八道，北道接瓦爾喀地方土門江，東道接倭子國，西道接我鳳凰城，南道接海外，尙有數小島。太宗平定朝鮮，國人樹碑於駐軍之地，頌德至今。當明之末年，彼始終服事，未嘗叛離，實屬重禮義之邦，尤爲可取。」四十九年五月，朝鮮商人高道弼等被風壞船，漂至海州獲救，江蘇巡撫張伯行以聞。諭令高道弼等由部給文，馳驛歸國。

五十年五月，帝諭大學士曰：「長白山之西，中國與朝鮮既以鴨綠江爲界，而土門江自長白山東邊流出東南入海，土門江西南屬朝鮮，東北屬中國，亦以江爲界。但鴨綠、土門二江之間地方，知之不悉。」乃派穆克登往查邊界。十月，帝諭免朝鮮國王例貢物內白金一千兩、紅豹皮一百四十二張，治朝鮮國使沿途館舍。是年，禮臣覆准朝鮮國與奉天府金州、復州、海州、蓋州相近地方，令盛京將軍、奉天府尹嚴飭沿海居民，不許往朝鮮近洋漁採，或別地漁採人到朝鮮，並皆捕送。五十一年五月，焞奏謝減例貢恩，附貢方物，帝命謝恩禮物准作冬至、元旦禮物。是年，穆克登至長白，會同朝鮮接伴使朴權、觀察使李善溥立碑小白山上。五十四年，禮臣奏：「琿春之庫爾喀齊等住處，與朝鮮止隔土門江，恐往來生事，將安都立、他木努房屋窩鋪悉行拆毀。嗣後沿邊近處，不得蓋屋種地，軍民違者重罪之。」五十七年三月，焞表謝賜空青恩，附貢方物，帝命留作下次正貢。自是凡朝鮮奏謝附貢方物均留作正貢，迄於光緒朝不改。

五十九年十月，李焞薨，遣散秩大臣查克亶、禮部右侍郎羅瞻往弔祭，賜謚僖順。兼封世子昀爲朝鮮國王，繼妻魚氏爲王妃。六十一年二月，昀疏言：「臣萎弱無嗣，請以弟李昑爲世弟，以續宗祧。」帝俞其請。四月，遣使往封昑爲朝鮮國王世弟。十二月，山東漁戶楊三等十四人遭風漂入朝鮮，審無信票，送回內地。帝命嗣後漂風船隻人口，驗有票文未滋事者，照舊送回。如無票文，復生事犯法者，令王於審擬後咨部具題，俟命下行文完結，仍報部存案。雍正元年七月，諭禮部減朝鮮貢物內布八百疋、獺皮百張、青黍皮三百張、紙二千卷。朝鮮於九月內進萬壽表文，仍照例於十二月與年貢並進。昀遣陪臣進香，賀登極。二年五月，昀遣陪臣上孝恭仁皇后尊謚。

十二月，李昀薨，遣散秩大臣覺羅舒魯、翰林院學士阿克敦往諭祭，賜謚莊恪。兼封世弟昑爲朝鮮國王，妻徐氏爲王妃。三年七月，昑疏請封副室所生子李緈爲世子，部議與例不符，帝特如所請行。八月，遣官封昑子緈爲世子。五年正月，昑疏請更正先世臣倧誣逆事。

部議：「昑四代祖倧，故明天啓三年請封。明十六朝紀以篡奪書，實屬寃誣，應予更正。俟明史告成後，以朝鮮列傳頒示其國。」從之。商人胡嘉佩虧帑，以朝鮮國民所負銀六萬兩呈抵，令赴中江質明辦理。部議昑咨文支飾，請按數追償。帝命從寬免追。又諭昑追拏內地盜賊潛逃朝鮮者，倘漏網不獲，王將其國防汛之員參處，王亦一併議處。六年二月。減朝鮮歲貢稻米、江米各三十石，每年止貢江米四十石，以供祭祀，著爲例。十月，昑請朝鮮盜賊潛入內地，諭兵部檄盛京、山東邊境官嚴拏究治。七年正月，世子緈卒，遣官諭祭。十月，諭禮臣：「朝鮮國距京三千餘里，貢使往來勞費，嗣後凡謝恩章疏，與聖壽、冬至、元旦三大節表同時齎奏，不必特遣使臣，著爲令。」八月，昑爲嫂妃魚氏告哀，遣使諭祭。

九年五月，奉天將軍那蘇圖疏言：「鳳凰城邊外陸路防汛之虎耳山諸處，有草河、靉河二水，發源邊內，至邊外之莽牛哨，滙流入中江。中江之中有洲，名江心沱，沱西屬鳳凰城，東爲朝鮮國界，歲有匪徒乘船出入，請於莽牛哨設水師防汛。」帝以詢朝鮮王昑，請仍遵舊例，從之。十年三月，昑以先臣李倧被誣事，蒙令史臣改正，乞早頒發諭，先將明史朝鮮列傳抄錄頒示。十三年九月，高宗卽位，頒詔朝鮮。諭禮臣曰：「大臣官員之差往朝鮮者，向有餽食儀物之例，其照舊例減半。著爲令。」

乾隆元年二月，諭禮臣：「朝鮮國今年所進萬壽表貢，例於十二月偕年貢同進。」由是歲以爲常。二年四月，昑奏請仍中江通市舊例，每歲二、八月間，八旗臺站官兵賫貨赴中江與朝鮮互市。帝以旗人有巡守責，且不諳貿易，改令內地商民往爲市。及昑奏入，從之。十一月，昑請封其副室子愃爲世子。時愃甫三歲，部議格於例，特旨允行。三年正月，遣使往封愃爲世子。四年五月，昑表謝頒給朝鮮列傳。

四年十一月，盛京侍郎德福等疏言：「朝鮮漁船被風飄至海寧界，資送漁戶金鐵等由陸路歸國。」嗣後凡朝鮮民人被風漂入內地者，俱給貲護送歸國。迄至光緒朝，撫恤如例。八年九月，帝詣盛京，昑遣使表貢，特賜御書「式表東藩」扁額，令使臣與諸王大臣宴。十一年九月，減中江稅額。十三年五月，盛京刑部侍郎達爾黨阿奏言：「十二年十二月，朝鮮貢使過萬寶橋，奴人士還以馬逸失銀，詭稱迷路，夜入人家，誣執宋二等爲盜，訊明，照所誣罪加三等，擬杖徒。」帝諭從寬免罪。又朝鮮國人李云吉誘脅女口，越疆轉賣，照例擬絞監候。仍照乾隆五年定例，入於秋審册內，覈擬具奏。又朝鮮國王咨稱，訓戎鎭越江東邊有烏喇民人造屋墾田。禮臣議照康熙五十四年定例行，令寧古塔將軍確察禁止，毀其房屋，其違禁民人，及不行察禁之該管官，照例辦理。又奏：「朝鮮人入山海關，所帶貨物，如係彼國土產，與鳳凰城總管印文相符，及出關所帶貨物與本部劄付相符，免其輸稅。此外如別帶物件，及不係彼國所產者，卽照數按則輸稅。儻有違買禁物，監督查出，報部治罪。」是年，朝鮮國王咨稱，日本關白新立，照例通使，禮臣奏復，允之。

十四年七月，奉天將軍阿蘭泰奏言：「向例朝鮮貢使到邊，鳳凰城城守尉帶領官兵偕主客迎送通事等官至關門，稽其人馬車輿輜重各數，沿途設館舍，嗣兵部侍郎德沛出使其國，奏言置館非適中之所，貢使人多，不敷居住，聽來使隨時賃住民居。臣以貢使人數衆多，若聽其賃住村莊，恐多滋擾。應請嗣後貢使到關驗入後，務令合隊行走，照舊例每站設官一員，兵役二十人護送。令地方官先期代備旅舍，以資棲息，晝則護行，夜則巡邏。或貢使人役需置食物，護行官檢其出入人數兵役隨往，如內地人民與朝鮮人役生事，兵役拏稟護行官，付地方官究治。至貢使人役，惟迎送官與之相習，應專責成。倘地方官預備不周，許護行迎送通事官揭報府尹，照違令律議處。迎送通事官沿途約束不嚴，致貢使人役滋事，許護行官揭報禮部，照約束不嚴例議處。護行官看守不嚴，及兵役不足，許迎送通事官揭報將軍，照縱軍歛役律議處。迎送通事官瞻徇容隱，致擾居民，或護行官縱容兵丁通同徇蔽，許地方旗民官各揭報上司衙門，照私結外藩例議處。」奏入，報可。十五年，禮臣覆准朝鮮貢使入邊，其行李及貿易貨物，報明查驗車馬數目，沿途按界委地方官催趲車輛，與貢使同按程行走，並於報單內註明經過日期。如朝鮮員役有託故落後者，責成迎送通事官，如催趲車輛不力，專責其管旗民地方官。

十九年九月，帝謁盛京祖陵，昑遣使表貢，賞賜如例。二十二年六月，昑以其母金氏之喪來告。王妃徐氏旋卒，二十三年，遣官諭祭。四月，大學士傅恆奏言：「朝鮮久爲屬國，禮節語言均已嫻熟，所設通事官請改爲八員。」從之。二十五年正月，遣官封昑繼室金氏爲王妃。二十八年，朝鮮世子李愃卒，遣官諭祭。七月，封故世子愃之子祘爲世孫。二十九年三月，朝鮮民人金鳳守、金世柱等殺死內地披甲常德。部議金鳳守造意，應斬，金世柱加功，應絞。至朝鮮奸民屢次越境生事，皆王約束不嚴所致，應交部議處。帝諭金鳳守等從寬，改爲監候；王免議處。昑以失於鈐束，褫平安道觀察使鄭淳等職。三十年五月，昑以越江行竊人犯金順丁等俱入緩決，案內疎防各官擬罪從寬，遣使表謝。三十六年八月，昑奏朱璘明紀輯略、陳建之皇明通紀載其先世之事，因訛襲謬，誣妄含寃，請並行刊去。禮臣議，朱璘輯略，浙江巡撫楊廷璋業經銷燬，其陳建通紀，京城書肆亦無售者。若二書彼國或有流傳，應令自行查禁焚銷。

四十一年，李昑薨，王妃金氏請以世孫祘爲國王，妻金氏爲王妃，並請追賜故世子縡爵謚，及世子婦趙氏誥命，諭如所請。遣散秩大臣覺羅萬福、內閣學士嵩貴往諭祭，賜昑謚曰莊順，縡謚曰恪愍，封祘爲朝鮮國王，妻金氏爲王妃。四十三年，帝謁祖陵，以不舉筵宴，敕止朝鮮朝賀。祘仍遣官齎表迎駕，御書「東藩繩美」扁額賜之。四十五年，祘遣正使吏曹判書徐有慶、副使禮曹參判申大升奉表賀七旬萬壽，貢方物。四十八年，帝謁祖陵，祘遣陪臣至盛京迎覲，所有朝貢宴賚一切典禮，特加優渥，並賜御製詩章及古稀說。四十九年，祘疏稱世子𣈶年三歲，請封爲世子。特旨遣使往封，給與誥敕。五十年正月，舉行千叟宴，祘遣正使安春君李烿、副使吏曹判書李致中入貢，預宴比於內臣。帝聞祘好學能詩，賞倣宋板五經全部，並筆墨諸物。因諭朝鮮歷年留抵貢物，悉行收受，以免輾轉積存；嗣後隨表貢物，概行停止。

五十一年七月，世子𣈶病故，遣官諭祭。五十五年，禮臣奏言：「朝鮮國王先因李𣈶病故，今副室生男，當卽爲奏請册封，不能拜跪行禮，請待其稍長，以永方來之福。」特旨允其國王所請。七月，祘遣正使黃仁點、副使徐浩修奉表賀八旬萬壽，貢方物。五十六年，有法蘭西教士由中國往朝鮮傳天主教。五十八年，祘請換買錢貨回國通用，部議不許。嘉慶元年，祘遣使賀太上皇帝歸政，貢方物。使臣在寧壽宮入千叟宴，賜聖製千叟宴詩。四年正月，遣副都統張承勳、禮部侍郎恆傑赴朝鮮，頒大行太上皇帝遺詔。祘遣使表賀，上高宗純皇帝尊謚，貢方物，留抵正貢。

五年，遣使敕封李祘子玜爲世子。適李祘薨，卽以册封世子之正副使往封李玜爲朝鮮國王。六年，玜以本國殄除金有山等潛傳洋教顛末，臚章入告，並稱餘孽未靖，恐其潛入邊門，請飭沿疆大吏嚴查究辦。帝諭已飭沿邊大吏一體嚴查，設經盤獲，即發交國王自行辦理。十年，帝詣盛京，遣官接駕，特賜「禮教綏藩」扁額。十二年十一月，朝鮮義州商人白大賢、李士楫潛運米至獐子島，與邊民朱、張兩姓私市。王將白大賢等監禁，地方官革究，並繳進錢文、銅鐵等物。帝以王恭順可嘉，頒賞大緞四疋、玻璃器四件、雕漆器四件、茶葉四瓶，以示恩獎。諭飭盛京將軍督飭沿邊官弁嚴緝朱、張二姓，查明內地疎防官員，嚴行懲處。十七年三月，朝鮮義州土賊起，派祿成督兵討之。遣使敕封李玜之子旲為世子。二十三年九月，帝詣盛京，玜遣使迎覲表賀，賜御製詩及「福」字。

道光元年，玜奏言伊曾祖李昀患痼疾，經議政金昌集、中樞李頤命、左議政李健命、判中樞趙泰采請以李昑為世弟，參決國政，而相臣趙泰耈等誣金昌集四臣謀逆，肆行誅戮，幸蒙聖祖准李昑襲封，趙泰耈等論罪伏誅，金昌集四臣咸獲昭雪。而皇朝文獻通考載「四臣謀逆，事覺伏誅」等語，乞更正。部議通考所載，係據李昀奏報，非纂修之譌。今既籲懇為祖雪冤，應請刪去此條，以昭信史，從之。二年，頒給文獻通考刊正一編。玜遣使表賀仁宗睿皇帝升配升祔，暨上皇太后尊號徽號，貢方物；又因賞賜緞匹頒詔謝恩，進皇帝、皇太后前各貢物，前三分收受，餘九分留抵正貢。又例貢外，並賀册謚孝穆皇后，又為賜祭謝恩，進皇帝、皇太后前各貢物，前二分收受，後三分留抵正貢。八年，玜遣使表賀平定回疆。又爲頒給敕書暨加賞緞疋謝恩，貢方物，俱留抵正貢。九年，朝鮮國副使呂東植在榆關病故，賜銀三百兩。十一年，玜奏請封嫡孫李奐爲世孫，帝俞所請，遣使齎敕封李奐爲朝鮮國王世孫。十二年，玜奏：「英吉利商船駛入朝鮮古代島，要求通市，嚴拒之，相持旬餘，英船始去。」帝獎其忠，賜緞匹。

十五年，李玜薨，王妃金氏請以世孫李奐襲封，因爲故世子具陳請追賜爵謚，及世子婦誥命。二月，遣使諭祭，賜玜謚宣恪；贈故世子旲爲國王，謚康穆，妻爲王妃；敕封世孫奐爲朝鮮國王。奐表賀册立皇后暨上皇太后徽號，貢方物。十六年，奐表賀皇太后六旬萬壽加上徽號，貢方物。禮部議准朝鮮使臣來京，禁從人在館外貿易。十七年，遣使敕封奐正室爲王妃。十九年，奐表進大行皇后前貢物三分，發還。二十二年，諭禁內地人民私越邊界搆舍墾田。二十四年，朝鮮國王妃薨，遣使賜祭。二十五年，遣使敕封奐繼室爲王妃。向例派往朝鮮使臣帶通官五六員，至是減至一員，永爲定例。是年，禮部奏：「據朝鮮國王咨稱，英船屢泊其境，量山測水，並問答中有交易之詞。」帝命耆英詳詢英使，遵照成約，婉言開導，不得復任兵船游弋，致滋驚擾。

二十九年，李奐薨，諭祭如例。十月，命瑞常、和色本齎敕往封奐子昪爲朝鮮國王。咸豐元年，昪以伊祖李裀於嘉慶辛酉年間羅入其國邪黨案內，爲其戚臣金龜柱等誣陷以死，恐內府編載其事，懇辨其誣。禮部奏稱：「當日上諭暨會典所載，並無李祹之名。昪以先世被誣，備陳枉抑，實屬爲人後者之至情，應如所請，許其昭雪。」從之。昪表賀上孝和睿皇后暨宣宗成皇帝尊諡，貢方物。二年，遣使敕封李昪妻爲王妃，昪表賀孝德皇后冊立禮成，貢方物，均留抵正貢。帝飭盛京將軍並沿海督撫嚴禁內地民船至朝鮮漁採。三年，昪表賀宣宗成皇帝升祔升配，並頒給詔書謝恩，貢方物，命留抵正貢，而受其表賀冊立皇后禮成貢物。四年，朝鮮國人張添吉私來京，帝命送交其國查辦。五年，朝鮮國護送美國難民四名至京，帝命遞至江南，交兩江總督查訊，令附該國商船回國。六年，昪表賀上孝靜康慈皇后尊諡，貢方物，收受。七年，禮臣奏准朝鮮帶來紅銅四千餘觔，聽在會同四譯館交易。帝諭越界之朝鮮人金益壽解送盛京，禮部轉解鳳凰城，交其國查收訊辦。十一年二月，帝幸熱河，昪遣使奉表詣行在，恭申起居。帝諭使臣到京後無庸前赴行在，禮部仍照例筵宴，並賜昪如意、緞疋、瓷器、漆器。

同治元年，昪遣使表賀登極，呈進兩宮皇太后貢物二分，均收受。其賀登極貢物一分，又頒詔賜緞謝恩進皇帝貢物二分，兩宮皇太后貢物四分，均留抵正貢。二年，昪表賀上文宗顯皇帝尊諡，並上兩宮皇太后尊號徽號，暨頒詔賞緞謝恩各貢物五分，收受，其十一分留抵正貢。是年，昪奏稱先世被誣，懇將謬妄書籍刊正。帝諭：「朝鮮國王先系源流，與李仁任卲李仁人者，族姓迥別。我朝纂修明史，於其國歷次辨雪之言無不備載。今昪因見康熙年間鄭元慶所撰廿一史約編，記載其國世系多誣，籲請刊正。約編所稱康獻王爲李仁人之子，實屬舛誤。惟係在明史未修以前，村塾綴輯之士，見聞未確，不免仍沿明初之訛。今其國奉有特頒史傳，自當欽遵刊布，使其子孫臣庶知所信從。約編一書，在中國久已不行，亦無所用其改削。著各省學政通行各學，查明曉諭，凡朝鮮事實，應以欽定明史爲正，不得援前項書籍爲據，以歸畫一而昭信守。」三年，禮臣奏准朝鮮國慶源地方官議修兩國交易官房，越圖們江擇偏僻地採取材木。

十月，李昪薨，遣使齎敕往封李熙爲朝鮮國王，倧九世孫也。五年，俄羅斯兵艦抵朝鮮元山等處，力請通商。九月，法蘭西水師提督魯月率兵艦入漢江，抵漢城，礮擊數船，毀一礮臺而去。十月，法艦再抵江華島，進陷其城，掠銀十九萬佛郎。朝鮮募獵虎手八百名襲之，乃遁。先是，國王李熙年幼，其生父大院君李昰應執國政，惡西教，下令嚴禁，虐待天主教徒。至是，法國聲其罪，無功而還。熙表賀文宗顯皇帝升祔太廟，貢方物，留抵正貢。遣使敕封熙正室閔氏爲王妃。

七年二月，侍郎延煦等奏接見朝鮮委員，並查勘鳳凰、靉陽兩邊門外大概情形。帝諭恭親王會同大學士等公同商議。恭親王等奏稱：「查勘各處私墾地畝，已無大段閒荒，而朝鮮所慮全在民物溷雜。欲除溷雜之弊，在乎邊境之嚴。」復經親王等會同延煦、奕榕酌商展邊一切事宜，並請飭盛京將軍會同原勘之延煦等悉心查辦。帝卽派延煦、奕榕馳驛前往奉天，會同都興阿出邊查辦。諭曰：「事當創始，必綱舉而目始張。且與外藩交涉，尤應禁令修明，方能垂諸久遠。前次延煦接見之朝鮮使臣，所設問答，均極明晰，足見國王深明大體。卽著禮部傳知朝鮮國王，俟報勘定議後，務須嚴飭其國邊界官，一體遵守。」

九年九月，朝鮮國王稱其國慶源府農圃社民李東吉逃往琿春，蓋屋墾田，嘯聚無賴，籲懇查拿。帝諭敛福密飭琿春協領等購綫踩緝，盡數拿獲，解交其國懲治。是歲，朝鮮大雨雹，國內荒飢，餓莩載道，民人冒犯重禁，渡圖們江至琿春諸處，乞食求生，是爲朝鮮流民越墾之始。帝諭朝鮮國王，將民人悉數領回約束，並自行設法招徠，嚴申禁令，不可復蹈前轍。尋有美國商船駛至朝鮮大同江附近擱淺，朝鮮人見之，誤爲法船，大肆劫掠。十一年，熙遣使表賀大婚，加上兩宮皇太后徽號，貢方物。是年，美國水師提督勞直耳司率二鐵甲兵艦抵朝鮮江華島，毀礮臺三座，以報劫掠商船之役。十二年，熙遣使表賀親政，加上兩宮皇太后徽號，貢方物。

光緒元年，朝鮮國撥舟濟渡凱撤官兵，賜熙緞匹，熙遣使進香賀登極，貢方物，俱留抵正貢。發還朝鮮進穆宗毅皇帝萬壽聖節、冬至、元旦、令節各貢物，照例留抵正貢。熙請封世子，貢方物。帝允所請，其進獻禮物，准留抵正貢。尋遣使齎敕往封李坧爲朝鮮國王世子。又諭：「奉省押解朝鮮進香貢物之佐領恩俸、驍騎校塔隆阿於五月初三日接領，至六月初五日始行起行，擅改由水路行走，兩月之久，尚未到京，難保無藉端需索情事。恩俸、塔隆阿均先行革職，並著崇實等查明，從重參辦。」二年，㷱遣使表賀上穆宗毅皇帝及孝哲毅皇后尊謚，又表賀加上兩宮皇太后徽號，貢方物，俱留抵正貢。

是年，朝鮮與日本立約通商。先是同治十一年，日本外務卿副島種臣來北京議約，乘間詰問總理各國事務衙門：「朝鮮是否屬國？當代主其通商事。」答以：「朝鮮雖藩屬，而內政外交聽其自主，我朝向不預聞。」元年，日本廼以兵力脅朝鮮，突遣軍艦入江華島，燬礮臺，燒永宗城，殺朝鮮兵，劫其軍械而去。別以軍艦駐釜山要盟，而遣開拓使長官黑田淸隆爲全權大臣，議官井上馨副之，赴朝鮮議約。至是，定約十二條，大要認朝鮮爲獨立自主國，禮儀交際皆與日本平等，互派使臣，幷開元山、仁川兩埠通商，及日艦得測量朝鮮海岸諸事。

三年，朝鮮以天主教事與法國有違言，介駐釜山日本領事調停，書稱中國爲「上國」，有「上國禮部」並「聽上國指揮」等語。日本大詰責，以「交際平等，何獨尊中國？如朝鮮爲中國屬，則大損日本國體」。朝鮮上其事，總理衙門致書日本辨論，略曰：「朝鮮久隸中國，而政令則歸其自理。其爲中國所屬，天下皆知，卽其爲自主之國，亦天下皆知，日本豈得獨拒？」

五年七月，軍機大臣寄諭北洋大臣、直隸總督李鴻章，密勸朝鮮與泰西各國通商。諭曰：「總理各國事務衙門奏：『泰西各國欲與朝鮮通商，事關大局。』等語。日本、朝鮮，積不相能。將來日本恃其詐力，逞志朝鮮，西洋各國群起而謀其後，皆在意計之中。各國曾欲與朝鮮通商，儻藉此通好修約，庶幾可以息事，俾無意外之虞。惟其國政教禁令，亦難强以所不欲。據總理衙門奏，李鴻章與朝鮮使臣李裕元曾經通信，略及交鄰之意。自可乘機婉爲開導，俾得未雨綢繆，潛弭外患。」六年九月，鴻章遵旨籌議朝鮮武備，許朝鮮派人來天津學習製造操練，命津海關道鄭藻如等與朝鮮齎奏官卞元奎擬具來學章程奏聞。

七年二月，鴻章奏言：「朝鮮國王委員李容肅隨今屆貢使來京，於正月二十日赴津稟謁，據稱專爲武備學習事，並齎呈其國請示節略一本，內載有領議政李昰應奏章，頗悔去年六月堅拒美國來使爲非計，末則歸重於『及今之務，莫如懷遠人而安社稷』等語。又索中國與各國修好立約通商章程稅則帶回援照。其國軍額極虛，餉力極絀，誠慮無以自立。而所據形勢，實爲東三省屏蔽，關係甚重。現其君相雖幡然變計，有聯絡外邦之意，國人議論紛歧，尙難遽決，自應乘機開誠曉諭，冀可破其成見，固我藩籬。惟其國於外交情事生疏，卽如與日本通商五年，尙未設關收稅，並不知稅額重輕。設再與西國結約，勢必被欺，無益有損。臣因令前在西洋學習交涉之道員馬建忠與鄭藻如等，參酌目今時勢及東西洋通例，代擬朝鮮與各國通商章程底稿，豫爲取益防損之計，交李容肅齎回，俾其國遇事有所據依。至其節略所詢各例條內，惟答覆日本國書稱謂一節，儻稍涉含混，卽於屬邦體例有礙。臣查西洋各國稱帝稱王，本非一律，要皆平等相交。朝鮮國王久受我册封，其有報答日本及他國之書，應令仍用封號。國政雖由其自主，庶不失中國屬邦之名也。」禮部議准朝鮮學習製器練兵等事，發給空白憑票，徑由海道赴津，以期便捷；至貢使來京，仍遵定例辦理。

先是光緒初元，吉林鄂多哩開放荒田，朝鮮茂山對岸外六道溝諸處，間有朝鮮人冒禁私墾者，漸次蔓延。至是，吉林將軍銘安、督辦邊防吳大澂奏言：「據琿春招墾委員李金鏞禀稱，土門江北岸，由下嘎牙河至高麗鎭約二百里，有閒荒八處，前臨江水，後擁羣山，向爲人跡不到之區，與朝鮮一江之隔。其國邊民屢被水災，連年荒歉，無地耕種，陸續渡江開墾，已熟之地，不下二千晌，其國窮民數千人賴以餬口。有朝鮮咸鏡道刺史發給執照、分段注册等語。臣等查吉林與朝鮮毗連之處，向以土門江爲界。今朝鮮貧民所墾閒荒在江北岸，其爲吉林轄境無疑。邊界曠土，豈容外藩任意侵佔？惟朝鮮寄居之戶，墾種有年，並有數千餘衆。若照例嚴行驅逐出界，恐數千無告窮民同時失所，殊堪憐憫。擬請飭下禮部，咨明朝鮮國王，派員會同吉林委員查勘明確，劃清界址。所有其國民人，寄居戶口，已墾荒地，懇恩准其查照吉林向章，每晌繳押荒錢二千一百文，每年每晌完佃地租錢六百六十文，由臣銘安飭司給領執照，限令每年冬季應交租錢，就近交至琿春，由放荒委員照數收納。或其國鑄錢不能出境，議令以牛抵租，亦可備吉省墾荒之用。其咸鏡道刺史所給執照，飭令收回銷毀。」從之。

十二月，鴻章奏言：「本年正月，總理衙門因屢接出使日本大臣何如璋函，述朝鮮近日漸知變計，商與美國立約，請由中國代爲主持。擬變通舊制，嗣後遇有朝鮮關係洋務要件，由北洋大臣及出使日本大臣與其國通遞文函，相機開導，奉旨知照。臣維朝鮮久隸外藩，實爲東三省屏蔽，與琉球孤懸海外者形勢迥殊。今日本既滅琉球，法國又據越南，沿海六省，中國已有鞭長莫及之勢。我藩屬之最親切者，莫如朝鮮。日本脅令通商，復不允訂稅則，非先與美國訂一妥善之約，則朝鮮勢難孤立，各國要求終無已時。東方安危，大局所繫。中朝即不必顯爲主張，而休戚相關，亦不可不隨時維持，多方調護。」

八年三月，朝鮮始與美國議約，請蒞盟。鴻章奏派道員馬建忠、水師統領提督丁汝昌，率威遠、揚威、鎭海三艘，會美國全權大臣薛斐爾東渡。四月初六日，約成，美使薛斐爾，朝鮮議約官申櫶、金宏集盟於濟物浦，汝昌、建忠監之。十四日，陪臣李應浚齎美朝約文並致美國照會呈禮部及北洋大臣代表。未幾，英使水師提督韋力士、法駐津領事狄隆、德使巴蘭德先後東來，建忠介之，皆如美例成約。是役也，日本亦令兵輪來詗約事，其駐朝公使花房義質屢詰約文，朝鮮不之告；乃叩建忠，建忠秘之，日人滋不悅。

六月，朝鮮大院君李昰應煽亂兵殺執政數人，入王宮，將殺王妃閔氏，脅王及世子不得與朝士通，並焚日本使館，在朝鮮練兵教師堀本禮造以下七人死焉。日使花房義質走回長崎。時建忠、汝昌俱回國，鴻章以憂去，張樹聲署北洋大臣，電令建忠會汝昌率威遠、超勇、揚威三艘東渡觀變。二十七日，抵仁川，泊月尾島，而日本海軍少將仁禮景範已乘金剛艦先至。朝鮮臣民惶懼，望中國援兵亟。建忠上書樹聲，請濟師：「速入王京執逆首，緩則亂深而日人得逞，損國威而失藩封。」汝昌亦內渡請師。

七月初三日，日兵艦先後來仁川，陸兵亦登岸，分駐仁川、濟物浦，花房義質且率師入王京。初七日，中國兵艦威遠、日新、泰西、鎮東、拱北至，繼以南洋二兵輪，凡七艘。蓋樹聲得朝鮮亂耗即以聞，遂命提督吳長慶所部三千人東援，便宜行事，以兵輪濟師，是日登岸。十二日，薄王京。十三日，長慶、汝昌、建忠入城往候李昰應，減騶從示坦率，昰應來報謁，遂執之，致之天津，而亂黨尚踞肘腋。十六日黎明，營官張光前、吳兆有、何乘鰲掩至城東枉尋里，擒百五十餘人，長慶自至泰利里，捕二十餘人，亂黨平。

日使花房義質入王京，以焚館逐使爲言，要挾過當，議不行。義質惡聲去，示決絕。朝鮮懼，介建忠留之仁川，以李裕元爲全權大臣，金宏集副之，往仁川會議，卒許償金五十萬元，開楊華鎮市埠，推廣元山、釜山、仁川埠行程地，宿兵王京，凡八條，隱忍成約。自是長慶所部遂留鎮朝鮮。

方李是應之執歸天津也，帝命俟李鴻章到津，會同張樹聲向是應訊明變亂之由及著名亂黨具奏。至是，究明李是應乃國王本生父，秉政十年。及王年長親政，王妃閔氏崇用親屬，分是應權，是應怨望。六月初間，閔謙鎬分給軍餉，米不滿斛，軍人與胥役詰鬭，謙鎬囚軍卒五人，將置諸法，軍人奔訴於是應，遂變。初九日，殺閔謙鎬、金輔絃、李最應等，是應入闕曉諭諸軍，自稱「國太公」，總攬國權，亦不捕治亂黨。鴻章奏言：「此次變亂，雖由軍卒索餉，然亂軍赴是應申訴，如果正言開導，何至遽興大難。朝鮮臣庶皆謂是應激之使變。卽謂此無左證，而亂軍圍擊宮禁，王妃與難，大臣被害，兇燄已不可嚮爾。李是應既能定亂於事後，獨不能遏亂於方萌？況乘危竊柄，一月有餘。春秋之義，入不討賊，片言可折，百喙難逃。儻再釋回本國，奸黨搆煽，怨毒相尋，重植亂萌，必爲後患。伏查朝鮮史略，元代高麗王累世皆以父子搆釁。延祐年間，高麗王謜既爲上王，傳位於其子燾，交搆讒隙，元帝流謜於土蕃，安置王父，俱有前事。又至元年間，燾子忠惠王名禎，亦經元帝流於揭陽縣，其時高麗國內晏然，徒以宵小浸潤，遠竄窮荒。今李是應無蒙產垂統之尊，有幾危社稷之罪，較諒、禎等情節尤重。惟處人家國父子之間，不能不兼籌並顧。儻蒙加恩，敕下臣等將李昰應安置近京之保定省城，永遠不准復回本國，優給廩餼，譏其出入，嚴其防閑，仍准其國王派員省問，以慰其私。既以弭其國禍亂之端，亦卽以維其國倫紀之變。」帝俞其言，乃幽昰應保定舊清河道署。

是年，鴻章奏定朝鮮通商章程八條：一，由北洋大臣札派商務委員前往駐紮，朝鮮亦派大員駐津照料商務；二，朝鮮商民在中國各口財產罪犯等案，悉由地方官審斷，遵會典舊例；三，朝鮮平安、黃海道，與山東、奉天等省濱海地方，聽兩國漁船往來捕魚，不得私以貨物貿易，違者船貨入官；四，准兩國商民入內地採辦土貨，照納沿途釐稅；五，訂鴨綠江對岸柵門與義州二處，又圖們江對岸琿春與會寧二處，聽邊民往來交易，設卡徵稅，罷除館宇廩餼芻糧等費；六，申明嚴禁之物，紅蔘一項，照例准售，酌定稅則；七，派招商局輪船，每月定期往返一次，由朝鮮政府協商船費若干；八，豫計增損之處，隨時商辦。禮部奏准停止會寧、慶源地方監視交易，惟本年輪屆會寧交易之期，恐彼處商民無官約束，別滋事端，應由盛京將軍、奉天府尹、吉林將軍就近派員會同朝鮮官妥爲經理。熙表賀孝貞顯皇后升祔，恭進慈禧皇太后貢物。九年，熙表賀崇上孝貞顯皇后尊諡，恭進慈禧皇太后貢物，其因亂黨滋事出兵東援並派兵衞護謝恩貢方物，留抵正貢。

十年，朝鮮維新黨亂作。初，朝鮮自立約通商後，國中新進輕躁喜事，號「維新黨」，目政府爲「守舊黨」，相水火。維新黨首金玉均、洪英植、朴泳孝、徐光範、徐載弼謀殺執政代之。五人者常游日本，暱日人，至是倚爲外援。十月十七日，延中國商務總辦及各國公使並朝鮮官飲於郵署，蓋英植時總郵政也。是日，駐朝日兵運槍礮彈藥入日使館。及暮，賓皆集，惟日使竹添進一郎不至。酒數行，火起，亂黨入，傷其國禁衞大將軍閔泳翊，殺朝官數人於座，外賓驚散。夜半，日本兵排門入景祐宮，金玉均、朴泳孝、徐光範直入寢殿，挾其王，謬言中國兵至，矯令速日本入衞。十八日天明，殺其輔國閔臺鎬、趙寧夏、總管海防閔泳穆、左營使李祖淵、前營使韓圭稷、後營使尹泰駿；而亂黨自署官，英植右參政，玉均戶曹參判，泳孝前後營使，光範左右營使，載弼前營正領官，遂議廢立。

議未決，而勤王兵起。十九日，朝鮮臣民籲長慶平亂。長慶責日使撤兵，及暮不答。其臣民固請長慶兵赴王宮。及闕，日兵集普通門發槍。長慶疑國王在正宮，恐傷王，未還擊，而日兵連發槍斃華兵甚夥，乃進戰於宮門外。王乘間避至後北關廟，華軍偵知之，遂以王歸於軍，斬洪英植及其徒七人以殉，泳孝、光範、載弼奔日本。日使自焚使署，走濟物浦，朝民仇日人益甚。長慶衞其官商妻孥出王京。

朝鮮具疏告變，帝命吳大澂爲朝鮮辦事大臣，續昌副之，赴朝鮮籌善後。日本亦派全權大臣井上馨至朝鮮，有兵艦六艘，並載陸軍登濟物浦，以五事要朝鮮：一，修書謝罪；二，恤日本被害人十二萬圓；三，殺太尉林磯之凶手處以極刑；四，建日本新館，朝鮮出二萬元充費；五，日本增置王京戍兵，朝鮮任建兵房。朝鮮皆聽命，成約。

十一年正月，日本遣其宮內大臣伊籐博文、農商務大臣西鄉從道來天津，議朝鮮約。帝命李鴻章爲全權大臣，副以吳大澂，與議。諭曰：「日本使臣到津，李鴻章熟悉中外交涉情形，必能妥籌因應。此次朝鮮亂黨滋事，提督吳兆有等所辦並無不合。前據徐承祖電稱，日人欲我懲在朝武弁，斷不能曲徇其請。其餘商議各節，務當斟酌機宜，與之辯論，隨時請旨遵行。」三月，約成，鴻章奏言：「日使伊籐博文於二月十八日詣行館會議，當邀同吳大澂、續昌與之接晤。其使臣要求三事：一，撤回華軍；二，議處統將；三，償恤難民。臣惟三事之中，惟撤兵一層，尚可酌允。我軍隔海遠役，本非久計，原擬俟朝亂略定，奏請撤回。而日兵駐紮漢城，名爲護衞使館，今乘其來請，正可乘機令彼撤兵。但日本久認朝鮮爲自主之國，不欲中國干涉，其所注意不在暫時之撤防，而在永遠之輟戍。若彼此永不派兵駐朝，無事時固可相安，萬一朝人或有內亂，强鄰或有侵奪，中國卽不復能過問，此又不可不熟思審處者也。伊籐於二十七日自擬五條給臣閱看，第一條聲明嗣後兩國均不得在朝鮮國內派兵設營，其所注重實在於此。臣於其第二條內添註，若他國與朝鮮或有戰爭，或朝鮮有叛亂情事，不在前條之列。伊籐於叛亂一語，堅持不允，遂各不懌而散。旋奉三月初一日電旨：『撤兵可允，求不派兵不可允。萬不得已，或於第二條內添敍：「兩國遇有朝鮮重大事變，可各派兵，互相知照。」至教練兵事一節，亦須言定兩國均不派員爲要。』臣復恪遵旨意，與伊籐再四磋商，始將前議五條改爲三條。第一條，議定兩國撤兵日期；第二條，中、日均勿派員在朝教練；第三條，朝鮮變亂重大事件，兩國或一國要派兵，應先互行文知照，及其事定，仍卽撤回，不再留防。字斟句酌，點易數四，乃始定議。夫朝廷睠念東藩，日人潛師襲朝，疾雷不及掩耳，故不惜糜餉勞師，越疆遠戍。今既有互相知照之約，若將來日本用兵，我得隨時爲備。卽西國侵奪朝鮮土地，我亦可會商派兵互相援助，此皆無礙中國字小之體，而有益於朝鮮大局者也。至議處統將、償卹難民二節，一非情理，一無證據，本可置之不理。惟伊籐謂此二節不定辦法，既無以復君命，更無以息衆忿，亦係實情。然我軍保護屬藩，名正言順，誠如聖諭謂『提督所辦並無不合，斷不能曲徇其請』。因念駐朝慶軍係臣部曲，姑由臣行文戒飭，以明出自己意，與國無干。譬如子弟與人爭鬬，其父兄出爲調停，固是常情。至伊所呈各口供，謂有華兵殺掠日民情事，難保非彼藉詞。但既經其國取有口供，正可就此追查。如查明實有某營某兵上街滋事，確有見證，定照軍法嚴辦，以示無私，絕無賠償可議也。以上兩節，卽由臣照會伊籐，俾得轉圜完案。遂於初四日申刻，彼此齊集公所，將訂立專條逐細校對，公同畫押蓋印，各執一本爲據。謹將約本封送軍機處進呈御覽，恭候批准。臣等稟承朝謨，反覆辯折，幸免隕越。以後彼此照約撤兵，永息爭端，俾朝鮮整軍經武，徐爲自固之謀，並無傷中、日兩國和好之誼，庶於全局有裨也。」由是中國戍朝鮮兵遂罷歸。是年，吉林設通商局於和龍峪，設分卡於光霽峪、西步江，專司吉林與朝鮮通商事。又設越墾局，劃圖們江北沿岸長約七百里、寬約四十五里，爲越墾專區。

當光緒己卯間，俄人以伊犁故，將失和，遣兵艦駛遼海，英人亦遣兵艦踞朝鮮之巨文島，以尼俄人。既而伊犁約成，英人慮擾東方大局，冀中國始終保護朝鮮，屢爲總署言之。十二年，出使英法德俄大臣劉瑞芬致書鴻章，言：「朝鮮毗連東三省，關係甚重。其國奸黨久懷二心，飲鴆自甘，已成難治之症。中國能收其全土改行省，此上策也。其次則約同英、美、俄諸國共相保護，不准他人侵佔寸土，朝鮮亦可倖存。」鴻章韙之。上之總署，不可，議遂寢。是年，釋李昰應歸國，熙奉表謝恩，貢方物，留抵正貢。

十三年，鴻章遵旨籌議朝鮮通使各國體制，奏言：「電飭駐紮朝鮮辦理交涉通商事宜升用道補用知府袁世凱，轉商伊國應派駐紮公使，不必用『全權』字樣。旋於九月二十三日接據袁世凱電稟：准朝鮮外署照稱：『奉國王傳敎，前派各使久已束裝，如俟由咨文往返籌商，恐須時日，請先電達北洋大臣籌覆。』並據其國王咨稱：『近年泰西各國屢請派使修聘，諸國幅員權力十倍朝鮮，不可不派大公使。惟派使之初，未諳體制，未先商請中朝，派定後卽飭外署知照各國，以備接待。茲忽改派，深恐見疑。仍請准派全權公使前往，待報聘事竣調回，或以參贊等員代理，庶可節省經費；並飭使至西國後，與中國大臣仍恪遵舊制。』等語，辭意甚爲遜順。臣復加籌度，更將有關體制者先爲約定三端：一，韓使初至各國，應請由中國大臣挈赴外部；一，遇有讌會交際，應隨中國大臣之後；一，交涉大事關繫緊要者，先密商中國大臣核示，並聲明此皆屬邦分內之體制，與各國無干，各國不得過問。當卽電飭袁世凱轉達國王照辦。茲復准王咨稱：『於十月杪飭駐美公使樸定陽、駐英德俄意法公使趙臣熙先後前往，所定三端並飭遵行。』臣查朝鮮派使往駐泰西，其國原約有遣使互駐之條，遂未先商請中國，遽以全權公使報聞各國。此時慮以改派失信，自是實情。旣稱遣使後與中朝使臣往來恪遵舊制，臣所定擬三端又經遵行，於屬邦事例並無違礙。」

是年，吉林有朝鮮勘界之案。十六年，總理衙門疏言：「吉林將軍奏稱：『朝鮮流民佔墾吉林邊地，光緒七年經將軍銘安、督辦邊防吳大澂奏將流民查明戶籍，分歸琿春及敦化縣管轄。嗣因朝王懇請刷還流民，咨由禮部轉奏。經將軍覆准，予限一年，由伊國地方官設法收回。復因限滿而流民仍未刷還，反縱其過江侵佔，經將軍希元咨由總理衙門奏准派員會勘。乃其國始誤以豆滿、圖們爲兩江，繼誤指內地海蘭河爲分界之江，終誤以松花江發源之通化松溝子有土堆如門，附會「土門」之義，執意强辯。續經希元派員覆勘石乙水爲圖們正源，議於長水分界，繪具圖說，於十三年十一月奏奉諭旨咨照國王遵辦在案。乃國王不加詳考，遽信勘界使李重夏偏執之詞，堅請以紅土山水立界，齟齬難合，然未便以勘界之故，遂置越墾爲緩圖。現在朝鮮茂山府對岸迤東之光霽峪、六道溝、十八崴子等地方，韓民越墾約有數千，地約數萬晌。此處既有圖們江天然界限，自可毋庸再勘。其國遷延至今，斷難將流民刷還，應亟飭令領照納租，歸我版籍，先行派員清丈，編甲升科，以期邊民相安』等語。臣等查吉林、朝鮮界務，前經兩次會勘，其未能即定者，特茂山以上直接三汲泡二百餘里之圖們江源耳。至茂山以下圖們江巨流，乃天然界限。江南岸爲朝鮮咸鏡道屬之茂山、會寧、鍾城、慶源、慶興六府地方，江北岸爲吉林之敦化縣及琿春地方，朝鮮勘界使亦無異說。韓民越墾多年，廬墓相望，一旦盡刷還，數千人失業無依，其情實屬可矜。若聽其以異籍之民日久佔住，主客不分，殊非久計。且近年墾民疊以韓官邊界徵租，種種苛擾，赴吉林控訴，經北洋大臣李鴻章咨臣衙門有案。現在江源界址既難剋日劃清，則無庸勘辦處所，似宜及時撫綏。擬請飭下將軍，遴派賢員清丈升科，領照納租，歸地方官管轄，一切章程奏明辦理。」於是將軍長順頒發執照，韓民願去者聽其自便，願留者薙髮易服，與華人一律編籍爲氓，墾地納租。

是年，熙母妃趙氏薨，遣使奉表來訃曰：「朝鮮國王臣李熙言：臣母趙氏於光緒十六年四月十七日薨逝，謹奉表訃告。臣李熙誠惶誠恐頓首稽首。伏以小邦無祿，肆切哀惶之忱，內艱是丁，恭申訃告之禮。臣無任望天仰聖激切屏營之至，謹奉表告訃以聞。」告訃正使洪鍾永等爲懇恩事：「竊以小邦祇守藩服，世沐皇恩，壬午、甲申之交，綱常得以扶植，土宇賴以廓清，尤屬恩深再造。自經喪亂，洊遭饑饉，民物流離，六七年來，艱難日甚。近又不幸，康穆王妃薨逝，舉朝哀戚，無計摒擋。主上念王妃遭兵搆憫，八域困窮，向例喪祭之需，出自閭閻者，不得不一概蠲免，以舒民力，故凡喪祭俱從儉約。惟念大皇帝欽差頒敕，自昔異數，時恐星使賁臨，禮節儻有未周，負罪滋甚。與其抱疚於將來，孰若陳情於先事？況天恩高厚，有願必償，久如赤子之仰慈父母矣。爲特敬求部堂俯鑒實情，擎奏天陛。儻有溫諭頒發，俾職敬謹齎回，免煩星使之處，出自逾格恩施，不勝急切兢懼之至。」

禮臣奏聞，帝諭曰：「朝鮮告訃使臣具呈懇請免遣使賜奠一摺，所陳困苦情形，自非虛飾。惟國王世守東藩，備叨恩禮，弔祭專使，載在典常，循行勿替，此天朝撫恤屬藩之異數，體制攸關，豈容輕改？特念朝鮮近年國用窘乏異常，不得不於率循舊章之中，曲加矜恤。向來遣使其國，皆由東邊陸路，計入境後，尚有十餘站，沿途供億實繁。此次派往大員，著改由天津乘坐北洋輪船，徑至仁川登岸，禮成，仍由此路回京。如此變通，則道途甚近，支應無多，所有向來陸路供張繁費，悉行節省。至欽使到國以後，應行典禮，凡無關冗費者，均應恪遵舊章，不得稍事簡略。將此諭由禮部傳諭國王知之。」九月，遣戶部左侍郎續昌、戶部右侍郎崇禮往諭祭。

十九年，朝鮮償日本米商金。先是十五年秋，朝鮮饑，其咸鏡道觀察使趙秉式禁糶，及次年夏弛禁。日人謂其元山埠米商折本銀十四萬餘元，責償朝鮮，朝鮮爲罷秉式官，許償六萬，日人至三易公使以爭，至是卒償十一萬，事乃解。

初，中國駐朝道員袁世凱以吳長慶軍營務處留朝，充商務總辦兼理交涉事宜。時朝鮮倚中國，其執政閔泳駿等共善世凱。泳駿，閔妃族也，素嫉日本，而國中新黨厚自結於日人。甲申朝鮮之難，金玉均、朴泳孝等挾貲逃日本，而李逸植、洪鍾宇分往刺之。鍾宇，英植子，痛其父死玉均手，欲得而甘心，佯交歡玉均。二十年二月，自日本偕乘西京丸商輪船游上海，同寓日本東和旅館。二十二日，鍾宇以手槍擊殺玉均，中國捕鍾宇繫之以詰朝鮮。朝人謂玉均叛黨，鍾宇其官也，請歸其獄自讞，許之。朝鮮超賞鍾宇五品官，戮玉均屍而以鹽漬其首。日本大譁，乃爲玉均發喪假葬，執紼者數百人。會逸植亦刺泳孝於日本，未中，日人處逸植極刑。日、朝交惡，且怒中國歸玉均屍。

四月，朝鮮東學黨變作。東學者，創始崔福成，剌取儒家、佛、老諸說，轉相衍授，起於慶尙道之慈仁縣，蔓延忠淸、全羅諸道。當同治四年，朝鮮禁天主教，捕治敎徒，並擒東學黨首喬姓殺之，其黨卒不衰。洎上年徑赴王宮訟喬冤，請湔雪，不許。旋擒治其渠數人，乃急而思逞。朝鮮賦重刑苛，民多怨上，黨人乘之，遂倡亂於全羅道之古阜縣。朝鮮王以其臣洪啓勳爲招討使，假中國平遠兵艦、蒼龍運船，自仁川渡兵八百人至長山浦登岸，赴全州。初戰甚利，黨人逃入白山，朝兵躡之，中伏大敗，喪其軍大半。賊由全羅犯忠淸兩道，兵皆潰，遂陷全州、會城，獲槍械藥彈無算。榜全州城以匡君救民爲名，揚言卽日進公州、洪州直搗王京。

朝鮮大震，急電北洋乞援師。鴻章奏派直隸提督葉志超、太原鎭總兵聶士成率蘆楡防兵東援，屯牙山縣屯山，値朝鮮王京西南一百五十里，仁川澳左腋沔江口也。五月，電諭駐日公使汪鳳藻，按光緒十一年條約，告日本外部以朝鮮請兵，中國顧念藩服，遣兵代平其亂。日本外務卿陸奥宗光復鳳藻文謂：「貴國雖以朝鮮爲藩服，而朝鮮從未自稱爲屬於貴國。」乃以兵北渡，命其駐京公使小村壽太郎照約告於中國總署。復文謂：「我朝撫綏藩服，因其請兵，故命將平其內亂，貴國不必特派重兵。且朝鮮並未向貴國請兵，貴國之兵亦不必入其內地。」日使覆文謂：「本國向未認朝鮮爲中國藩屬。今照日朝濟物浦條約及中日兩國天津條約，派兵至朝鮮，兵入朝鮮內地，亦無定限。」朝鮮亂黨聞中國兵至，氣已懾。初九日爲朝兵所敗，棄全州遁，朝兵收會城。

亂平，而日兵來不已。其公使大鳥圭介率兵四百人先入王京，後隊繼至，從仁川登岸約八千餘人，皆赴王京。朝鮮驚愕，止之不可。中國以朝亂既平，約日本撤兵，而日人要改朝鮮內政。其外部照會駐日使臣，約兩國各簡大臣至朝，代其更革。鳳藻復文謂：「整頓內治，任朝鮮自爲之，卽我中國不願干預。且貴國既認朝鮮爲自主之國，豈能預其內政？至彼此撤兵，中東和約早已訂有專條，今可不必再議。」而日人持之甚堅。時日兵皆據王京要害，中國屯牙山兵甚單。世凱屢電請兵，鴻章始終欲據條約要日撤兵，恐增兵益爲藉口。英、俄各國使臣居間調停，皆無成議。鴻章欲以賠欵息兵，而日索銀三百萬兩，朝論大譁，於是和戰無定計，而日本已以兵劫朝鮮。

日使大鳥圭介首責朝鮮獨立。六月，圭介要以五事：一，舉能員；二，制國用；三，改法律；四，改兵制；五，興學校。朝鮮爲設校正廳，示聽命。十四日，朝鮮照會日使，先撤兵，徐議改政，不許。復責其謝絕爲中國藩屬。朝鮮以久事中國，不欲棄前盟，駐京日使照會總署文略謂：「朝鮮之亂，在內治不修。若中、日兩國合力同心，代爲酌辦，事莫有善於此者。萬不料中國悉置不講，但日請我國退兵。兩國若啓爭端，實惟中國執其咎。」遂徧布水雷漢江口，以兵塞王京諸門。十七日，袁世凱赴仁川登輪回國。二十一日，大鳥圭介率兵入朝鮮王宮，殺衞兵，遂劫國王李熙，令大院君李昰應主國事。矯王令流閔泳駿等於惡島，凡朝臣不親附者逐之。事無鉅細，皆決於日人。

二十二日，鴻章電令牙山速備戰守，乃奏請以大同鎭總兵衞汝貴率盛軍十三營發天津，盛京副都統豐伸阿統盛京軍發奉天，提督馬玉崑統毅軍發旅順，高州鎭總兵左寶貴統奉軍發奉天。四大軍奉朝命出師，慮海道梗，乃議盡由陸路自遼東行，渡鴨綠江入朝鮮。時牙山兵孤懸，不得四大軍消息，而距牙山東北五十里成歡驛爲自王京南來大道，且南通公州。士成請於志超，往扼守，遂率武毅副中營、老前營及練軍右營於二十四日移駐成歡。而鴻章租英商高陞輪載北塘防軍兩營，輔以操江運船，載械援牙山，兵輪三艘翼之而東。師期預洩，遂爲所截，三輪逃回威海，操江懸白旂任掠去。日艦吉野、浪速以魚雷擊高陞，沉之，兩營殲焉。是日牙山軍聞之，知援絕，而日人大隊已逼。士成請援於志超，二十六日，志超馳至，迎戰失利。二十七日，日兵踞成歡，以礮擊我軍，勢不支，遂敗。志超已棄公州遁，士成追及之，合軍北走，繞王京之東，循淸鎭州、忠州、槐山、興塘，涉漢江，經堤川、原州、橫川、狼川、金化、平康、伊川、遂安、祥源，渡大同江至平壤，與大軍合，匝月始達。

七月初一日，諭曰：「朝鮮爲我大淸藩屏二百餘年，歲修職貢，爲中外共知。近十年其國時多內亂，朝廷字小爲懷，疊次派兵前往勘定，並派員駐紮其國都城，隨時保護。本年四月間，朝鮮又有土匪變亂，國王請兵援剿，陳詞迫切，當卽諭令李鴻章撥兵赴援，甫抵牙山，匪徒星散。乃日人無故添兵，突入漢城，嗣又增兵萬餘，迫令朝鮮更改國政。我朝撫綏藩服，其國內政事向令自理；日本與朝鮮立約，係屬與國，更無以重兵強令革政之理。各國公論，皆以日本師出無名，不合情理，勸令撤兵，和平商辦。乃竟悍然不顧，迄無成說，反更陸續添兵，朝鮮百姓及中國商民日加驚擾，是以添兵前往保護。詎行至中途，突有敵船多隻，乘我不備，在牙山口外海面開礮轟擊，傷我運船，殊非意料所及。日本不遵條約，不守公法，釁開自彼，公論昭然。用特布告天下，俾曉然於朝廷辦理此事，實已仁至義盡，勢難再與姑容。著李鴻章嚴飭派出各軍，迅速進剿，厚集雄師，陸續進發，以拯韓民於塗炭。」蓋中國至是始宣戰也。

是時中國軍並屯平壤爲固守計。八月初，日兵旣逼，諸將分劃守界。城北面左寶貴所部奉軍、豐伸阿之盛軍、江自康之仁字兩營守之，城西面葉志超所部蘆防軍守之，城南面迤西南隅衞汝貴之盛軍守之，城東面大同江東岸馬玉崑之毅軍守之，復以左寶貴部分統聶桂林策應東南兩面，志超駐城中調度，寶貴駐城北山頂守玄武門，諸將各以守界方位駐城外。十六日，日兵分道來撲，巨礮逼攻，各壘相繼潰，城遂陷，寶貴力戰中礮死。志超率諸將北走，軍儲器械、公牘密電盡委之以去。聶士成以安州山川險峻，宜固守，志超不聽，奔五百餘里，渡鴨綠江入邊止焉。自是朝鮮境內無一華兵，朝事不可問矣。

二十一年三月，馬關條約成，其第一款中國確認朝鮮爲完全無缺獨立自主之國，凡前此貢獻等典禮皆廢之。蓋自崇德二年李倧歸附，朝鮮爲清屬國者凡二百五十有八年，至是遂爲獨立自主國云。

琉球，在福建泉州府東海中。先是明季琉球國王尚賢遣使金應元請封，會道阻，留閩中。清順治三年，福建平，使者與通事謝必振等至江寧，投經略洪承疇，送至京，禮官言前朝敕印未繳，未便受封。四年，賜其使衣帽布帛遣歸。是年，尚賢卒，弟尚質自稱世子，遣使奉表歸誠。

十年，遣使來貢。明年，再遣貢使，兼繳前朝敕印，請封，允之。詔曰：「帝王祇德底治，協於上下，靈承於天，薄海通道，罔不率俾，爲藩屏臣。朕懋纘鴻緒，奄有中夏，聲敎所綏，無間遐邇，雖炎方荒略，不忍遺棄。爾琉球國粤在南徼，乃世子尙質達時識勢，祇奉明綸，即令王舅馬宗毅等獻方物，禀正朔，抒誠進表，繳上舊詔敕印。朕甚嘉之，故特遣正使兵科副理官張學禮、副使行人司行人王垓，齎捧詔印，往封爲琉球國中山王。爾國官僚及爾氓庶，尚其輔乃王，飭乃侯度，協抒乃忠藎，愼乂厥職，以凝休祉，綿於奕世。故茲詔示，咸使聞知。賜王印一、緞幣三十四，妃緞幣二十四；並頒定貢期，二年一貢，進貢人數不得逾一百五十名，許正副使二員、從人十五名入京，餘俱留閩待命。」既而學禮等至閩，因海氛未靖，仍掣回。

康熙元年，敕曰：「琉球國世子尚質慕恩向化，遣使入貢，世祖章皇帝嘉乃抒誠，特頒恩賚，命使兵科副理官張學禮等齎捧敕印，封爾爲琉球國王。乃海道未通，滯閩多年，致爾使人率多物故。朕念爾國傾心修貢，宜加優恤，乃使臣及地方官逗留遲悞，均未將前情奏明，殊失朕懷遠之意。今已將正副使、督撫等官分別處治，特頒恩賚，仍遣正使張學禮、副使王垓令其自贖前非，暫還原職，速送使人歸國。一應敕封事宜，仍照世祖章皇帝前旨奉行。朕恐爾國未悉朕意，故再降敕諭，俾爾聞知。」於是學禮等奉往至其國，成禮而還。

三年，質遣陪臣吳國用、金正春奉表謝封，貢方物。四年，再遣貢使並賀登極。其貢物至梅花港口遭風漂失，帝諭免其補進。五年，質仍遣貢使補進前失貢物。帝諭曰：「尚質恭順可嘉，補進貢物，俱令齎回。至所進瑪瑙、烏木、降香、木香、象牙、錫速香、丁香、檀香、黃熟香等，皆非土產，免其入貢。其琉璜留福建督撫收貯。餘所貢物，令督撫差解來京。」卽給賞遣歸。六年，貢使仍齎表入覲。七年，重建柔遠館驛於福建，以待琉球使臣。是年，王尚質薨。

八年，世子尚貞遣陪臣英常春來貢。琉球國凡王嗣位，先請朝命，欽命正副使奉敕往封，賜以駝鈕鍍金銀印，乃稱王。未封以前稱世子，權國事。十年、十三年，世子貞均遣陪臣來貢。十八年，貞遣陪臣補進十七年正貢。舊例貢物有金銀罐、金銀粉匣、金缸酒海、泥金彩畫圍屏、泥金扇、泥銀扇、畫扇、蕉布、苧布、紅花、胡椒、蘇木、腰刀、火刀、鎗、盔甲、馬、鞍、絲、綿、螺盤，加貢之物無定額。十九年，陪臣來貢，帝俱令免進。嗣後常貢，惟馬及熟硫磺、海螺殼、紅銅等物。

二十年，貞遣陪臣毛見龍等來貢。帝以貞當耿精忠叛亂之際，屢獻方物，恭順可嘉，賜敕褒諭，兼賜錦幣十五。又常貢內免其貢馬，著爲例。貞疏言：「先臣尚質於康熙七年薨逝，貞嫡嗣，應襲爵，具通國臣民結狀請封。」禮臣議航海道遠，應令貢使領封。見龍等固請，禮臣執不可，帝特允之。

二十一年，命翰林院檢討汪楫、內閣中書舍人林麟焻爲正副使，齎詔敕銀印往封琉球國世子尚貞爲王，賜御書「中山世土」額。禮成，還京，奏言：「中山王尚貞願令陪臣子弟四人來京受學。」部議前明洪武、永樂、宣德、成化間，琉球官生入監讀書。今尚貞傾心向學，應如所請。」從之。貞遣陪臣毛國珍、王明佐等謝封，奏言：「前代封使，奉命後每遲至三四年甚有十餘年而後臨臣國者。今使臣汪楫、林麟焻朝拜命而夕就道。且當海疆多故之時，衝風冒險，而臣國又僻在海東，封舟開駕，恃西南風以行，中道無可倚泊，常兼旬經月而後至，甚者水米俱盡，事不可言。今在五虎門開洋，僅三晝夜而達小國。臣遣官迎護，親見舟行之次，萬鳥繞篷而飛，兩魚夾舟而進，經過之處，浪靜波平，倏抵琉球內地，通國臣民以爲僅見。仰惟皇上文德功烈，格天感神，且有御筆在船，故徵應若此也。乞宣付史館，以彰嘉瑞。」又疏請飭令使官收受所辭宴金，帝命收受。

二十五年，貞遣官生梁成楫、蔡文溥、阮維新、鄭秉鈞四人入太學，附貢使船，遭風桅折，傷秉鈞，飄至太平山修船，二十七年二月，始至京師。十月，貞遣陪臣來謝子弟入監讀書恩，並貢方物。帝令成楫等三人照都通事例，日廩甚優，四時給袍褂、衫袴、鞾帽、被褥咸備，從人皆有賜，又月給紙筆銀一兩五錢，特設教習一人，令博士一員督課。二十八年，貞疏言：「舊例，外國船定數三艘貨物得免收稅。今琉球進貢船止二艘，尚有接貢船一艘，未蒙免稅，請照例免收，以足三船之數。」又：「人數例帶一百五十人，萬里汪洋，駕舟人少，不能遠涉，乞准加增。」禮臣議免入貢船稅，人數不准加增，帝特令加增至二百人。三十二年，貞遣陪臣來貢，請入監讀書官生歸國。賜宴及文綺，乘傳厚給遣歸。自是二年一貢如常例。

四十八年，琉球國內多災，宮殿焚，颱颶頻作，人畜多死。是年王尚貞薨，世子尚純先卒。四十九年，尙純子尙益以嫡孫立。五十一年，卒，未及請封。五十二年，尙益世子尙敬立。比年遣使入貢，稱「世曾孫」。五十七年六月，命翰林院檢討海寶、編修徐葆光充正副使，往封琉球國世曾孫尙敬爲王。

五十八年，琉球國建明倫堂於文廟南，謂之府學，擇久米大夫通事一人爲講解師，月吉讀聖諭衍義；三六九日，紫金大夫詣講堂，理中國往來貢典，察諸生勤惰，籍其能者備保舉。八歲入學者，擇通事中一人爲訓詁師教之。文廟在久米村泉崎橋北，創始於康熙十二年。廟中制度俎豆禮儀悉遵會典。琉球自入淸代以來，受中國文化頗深，故慕效華風如此。五十九年，琉球國王尙敬疏請續送官生入監讀書，從之。

雍正二年，敬遣陪臣王舅翁國柱及曾信等奉表賀登極，貢方物，兼送官生鄭秉哲、鄭繩、蔡弘訓等入監讀書。帝召見國柱等，御書「輯瑞球陽」額賜王，並玉器、緞幣等物，交國柱齎回。官生蔡弘訓病卒，賜銀百兩，交禮官擇近京地葬之，並以二百兩贍卹其家。三年，敬遣使表謝方物，帝命准作二年一次正貢。四年，敬遣使入貢，並進謝表方物，命存留作六年正貢；其六年表文，俟八年正貢時並進。是年，貢使歸，附官生鄭秉哲等歸國。六年，敬仍遣使入貢，帝命作八年正貢；若八年貢使已經起程，卽准作十年正貢。八年，敬遣使入貢，疏言請遵舊制二年一貢，不敢愆期。帝諭仍遵前旨行；若十年貢物已遣使起程，卽准作十二年正貢，十一年不必遣使。

乾隆二年六月，琉球所屬之小琉球國有粟米、棉花二船遭風飄至浙江象山，浙閩總督嵇曾筠資給衣糧遣還。事聞，帝諭：「嗣後被風漂泊之船，令督撫等加意撫恤。動用存公銀兩，資給衣糧，修理舟楫，查還貨物，遣歸本國。著爲令。」三年，敬遣陪臣奉表賀登極，並貢方物。帝命貢使齎回御書「永祚瀛壖」額賜王，並諭不必專使謝恩，俟正貢之年一同奏謝。五年，敬遣使入貢，並進謝恩方物。六年，禮臣議琉球謝恩禮物照雍正四年例，准作二年一次正貢，從之。五月，浙江提督裴鉽奏言：「江南商民徐淮華等五十三人遭風飄入琉球之葉壁山，國王資遣都通事阮爲標護送歸國。」帝命禮臣傳旨獎之。十五年，敬遣通事阮超羣等送回十四年被風失舟之商民吳永盛等四船九十二人。其林士興等六船一百三十人，先已撥給桅木稟餼資送回閩。事聞，賜敬緞疋。十六年，福建巡撫潘思榘奏言：「琉球貢使毛如苞等貢船遇颶，飄還本島，今修葺補進。又前有閩縣遭風船戶蔣長興等、常熟縣商民瞿長順等三十九人，留養兩年，今亦隨船回閩。」奉旨嘉獎。是年，王尚敬薨。

十九年，世子尚穆遣使入貢，兼請襲封。二十年，命翰林院侍讀全魁、編修周煌充正副使，往封琉球國世子尚穆爲王。二十四年，穆遣使入貢，並遣官生梁文治等入監讀書。帝命所進方物准作二十五年正貢。是年，資送遭風商民金任之、照屋等五十三人回國。以後迄於光緒朝，凡琉球遭風難民，皆撫卹如例。二十九年，遣官生梁文治等歸國。四十九年，穆遣陪臣毛廷棟等入覲，行慶賀禮。御書「海邦濟美」額賜之，並賜玉、磁、緞匹諸物。五十五年，穆遣使入貢，並進謝恩方物，懇恩免抵正貢。帝命如所請行。五十八年，諭軍機大臣：「琉球貢船，現距年節兩月有餘，卽飭伴送員按程從容行走，祗須封篆前到京，便與年班各外藩同與宴賚。」五十九年，穆遣使謝特賜「福」字、如意恩，貢方物。是年，王尙穆薨。世子尙哲先卒，世孫尙溫權署國事。

嘉慶三年，世孫尙溫遣使入貢，兼請襲封。是年，尙溫建國學於王府北；又建鄉學三，國中子弟由鄉學選入國學。四年，命翰林院修撰趙文楷、編修李鼎元充正副使，往封琉球國世孫尙溫爲王，賜御書「海表恭藩」額。五年，尙溫遣陪臣子弟四人入監讀書。七年，琉球那霸官民集貲請於王，建鄉學四。八年，琉球二號貢船，至大武崙洋遭風漂至臺灣，衝礁擊碎，其正貢船亦同時漂沒，福州將軍玉德等以聞。帝諭救獲官伴、水梢人等，照常例加倍給賞，貢物無庸另備呈進。十二年，王尙溫薨，世子尙成署國事，未及受封，病卒。

七月，命翰林院編修齊鯤、工科給事中費賜章往封世孫尙灝爲王。是年，琉球接貢船復遭風沉沒，帝命給銀千兩作僱船資用，另給銀五百兩卹淹斃六十三人家屬。道光二年，琉球貢船至閩頭外洋遭風擊碎，溺死貢使十名，帝命給銀千兩，僱商船回國，免另備貢物。

又琉球遭風難夷米喜阜等，每名日給鹽菜口糧，俟回國之日另給行糧一月。七年，琉球國王尚灝遣使入貢，並謝賜御書恩，貢方物，呈懇免抵正貢，允之。十七年，王尚灝薨，遣使往封世子尚育爲王。

十九年，尚育遣使謝册封及賞御書，貢方物。又琉請飭使臣受宴金，帝不允，令來使齎回。初，琉球舊例，間歲一貢，上年改爲四年朝貢一次。二十年十一月，其國王籲請照舊，允之。其陪臣子弟四人，准隨同貢使北上入監讀書。

琉球國小而貧，逼近日本，惟恃中國爲聲援。又貢舟許鬻販各貨，免徵關稅，舉國恃以爲生，其貲本多貸諸日本。國中行使皆日本寬永錢；所販各貨，運日本者十常八九。其數數貢中國，非惟恭順，亦其國勢然也。

二十六年，琉球入監官生向克期回國，途中病故，卹銀三百兩。咸豐元年，琉球國王世子尚泰遣使賀登極，貢方物，懇免留抵，允之。帝諭軍機大臣曰：「琉球恪守藩封，前以英人伯德令住居伊國，久未撤回，頻來呼籲，當經飭令徐廣縉曉諭文安委婉開導，令其撤回。文安設詞推諉，該督仍當隨時體察情形，加意控馭。」三年，賜琉球御書「同文式化」額。四年，琉球世子遣使慶賀册立大典，貢方物。時賊氛遍東南，郵傳多阻，諭令使臣無庸繞道來京，即由閩回國。使臣仍懇入都，帝命王懿德等俟來歲道路疏通，派員護送。八年，琉球入監官生毛啓祥途中病故，賜卹銀三百兩。九年，琉球貢使到閩，帝以貢使遠涉輸誠，命王懿德等察看情形，如閩省上游及江、浙諸省道路已通，卽派員伴送來京。十年，琉球入監官生葛兆慶病故，營葬張家灣，賜卹金如例。

同治三年，琉球國世子遣使賀登極，貢方物。是年，英人與日本搆釁，將襲取琉球，駐海軍，事尋解。五年，遣使齎敕印往封琉球世子尙泰爲王。六年，尙泰遣陪臣子弟四人入監讀書。十年，有琉球船遭風漂至臺灣，爲生番劫殺者五十四人。十一年，復劫殺日本小田縣難民四人，日本大譁。既，中、日立約天津，要求痛懲生番，卹琉球、日本死難諸人，且言琉球爲日本版圖，藉口稱兵臺灣，語具邦交志。

光緒元年，琉球國貢使蔡呈祚回國病歿山東，賜葬費銀。五年，日本入琉球，滅之，夷爲沖繩縣，虜其王及世子而還。總理衙門以滅我藩屬詰日本，日人拒焉。六年，帝命北洋大臣李鴻章統籌全局，鴻章奏言：「琉球原部三十六島，北部九島、中部十一島、南部十六島，而周迴不及三百里。北部中有八島早屬日本，僅存一島。去年日本廢滅琉球，中國疊次理論，又有美前總統格蘭忒從中排解，始有割島分隸之說，此時尙未知南島之枯瘠也。本年日本人竹添進一來津謁見，稱其政府之意擬以北島、中島歸日本，南島歸中國。又議改前約。臣以琉球初廢之時，中國體統攸關，不能不亟與理論。今則俄事方殷，勢難兼顧。

且日人要索多端，允之則大受其損，拒之則多樹一敵，惟有暫從緩議。因傳詢在京之琉球官尙德宏，始知中島物產較多，南島貧瘠僻隘，不能自立。而琉球王及其世子，日本又不肯釋還。適接出使大臣何如璋來書，復稱詢訪琉球國王，謂『如宮古、八重山小島另立王子，不止吾家不願，闔國臣民亦斷斷不服。南島地瘠產微，向隸中山，政令由土人自主。今欲舉以畀琉球，琉球人反不敢受，我之辦法亦窮』等語。臣思中國以存琉球宗社爲重，本非利其土地。今得南島以封琉球，而琉球不願，勢不能不派員管理。既蹈義始利終之嫌，且以有用之兵餉，守甌脫不毛之地，勞費正自無窮。而道里遼遠，實有孤危之慮，若憚其勞費而棄之不守，適墜人狡謀。且恐西人踞之，經營墾闢，扼我太平洋咽喉，亦非中國之利。是不議改約，而僅分我以南島，猶恐進退兩難，致貽後悔。今之議改前約，儻能竟釋琉球國王，且畀以中、南兩島，復爲一國，其利害尙足相抵，或可勉强允許。不然，彼享其利，我受其害，且並失我內地之利，竊所不取也。臣愚以爲日本議結琉球之案，暫宜緩允。」由是琉球遂亡。

清史稿卷五百二十七

列傳三百十四

屬國二

越南

越南先稱安南。順治初，安南都統使莫敬耀來歸，未及授爵而卒，尋授其子莫元清爲安南都統使。

十六年八月，經略大學士洪承疇始奏言安南國遣吏目玉川伯鄧福綏、朝陽伯阮光華，齎啓赴信郡王軍前抒誠納款。十七年九月，黎維祺始自稱國王，奉表貢方物，帝嘉之，賜文綺、白金。十八年，敕曰：「朕惟修德來遠，盛代之弘謨；納款歸仁，人臣之正誼。旣輸誠而向化，用錫命以宣恩。褒忠勸良，典至重也。爾安南國王黎維祺，僻處炎方，保有厥衆。乃能被服聲敎，特先遣使來歸，循覽表文，悃忱可見。古稱識時俊傑，王庶幾有之。用錫敕奬諭，仍賚爾差官鈫仁根銀幣衣服等事，遣通事序班一員伴送至廣西，沿途撥發兵馬導之出疆。爾受茲寵命，其益勵忠節，永作屏藩，恪守職貢，丕承無斁。欽哉！」未幾，維祺卒，子維禔嗣。尋又卒，子維禧嗣。

康熙二年十一月，維禧遣黎斅等表謝，附貢方物。三年二月，遣內院編修吳光、禮部司務朱志遠，諭祭故王維祺、維禔。五年五月，維禧繳送故明王永曆敕、印，遣內國史館翰林學士程方朝、禮部郎中張易賁册封維禧爲安南國王，賜鍍金駝鈕銀印。六年，維禧奪都統使莫元清高平地，元清奔雲南，上疏陳訴，帝命安置南寧。維祺亦上疏言興兵復讐本末。

初，明正德十一年，社堂燒香官陳暠殺其王莫晭自立，晭臣都力士莫登庸討殺暠，立晭兄子譓。嘉靖元年，登庸逐譓自立，譓子黎平據清華自爲一國。後莫氏漸衰，但保高平一郡，勢益弱。至是，帝遣內院侍讀李仙根、兵部主事楊兆傑，齎敕諭維禧，將高平土地人民歸莫元清：「各守其土，盡爾藩職。」初，安南定爲三年一貢。七年，維禧疏請六年兩貢並進，帝如所請。八年，使臣李仙根等齎回維禧覆疏，言遵旨將高平府石林、廣原、上琅、下琅土地人民歸莫元清，因奏稱黎維禧所歸土地，尚有保樂、七源二州，崑崙、金馬等十二總社未還，請再敕諭全還，帝不許。

是年，黎維禧薨，弟維禶權理國事。十三年正月，維禶以訃告，遣陪臣胡士揚等進康熙八年、十一年歲貢，疏言：「先王世守安南，爲逆臣莫登庸篡弑，賴輔政鄭檮之祖剿除恢復。莫逆遺孽篡據高平，乍臣乍叛。至莫元淸懼臣討罪，潛入內地投誠。康熙八年，奉命令還高平，臣維禧欽奉君命，敢不懔遵。但莫元淸爲臣不共之讎，高平爲世守之土，叛逆竊據，禍在蕭牆。叩懇天恩，仍令高平屬歸本國。且莫元淸尙有誓辭及祭伊父莫敬耀文，內有『圖逆天朝』之語，今謹敬呈，並貢方物。」事下部議。尋議：「前維禧退還莫元淸高平，取有復相和好印結。今維禔雖言收得誓書、祭文，但此文年久，誓辭係莫敬耀名，或得自敬耀存時，或得自元淸今日，殊難懸擬，應飭維禔查明具題再議。」從之。

十四年，黎維禔卒，弟維正權理國事。十六年，帝諭維正曰：「逆賊吳三桂，値明季闖賊之變，委身從賊，以父死賊手，窮竄來歸，念其投誠，錫之王爵，方且感恩圖報，殫竭忠誠。詎意以梟獍之資，懷狙詐之計，陰謀不軌，自啓釁端，藉請搬移，輒行叛逆，煽惑奸宄，塗炭生靈。朕連年遣兵征討，秦、隴底定，閩、粵盪平，惟吳三桂竊據一隅，苟延旦夕。今大兵雲集，恐其挺走，潛竄嶺南。茲以王累世屛藩，効忠天國，亂臣賊子，諒切同仇。今已遣諸軍大張撻伐，平定粵西，進取滇、黔。爾國壤地相屬，素諳形勢，王其遴選將士，協力殲除，懋賞榮褒，朝有令典。欽哉，無負朕命！」十八年十一月，維正慶賀大捷，疏言：「逆賊吳三桂，變亂數年，阻臣貢路，且再三脅誘，迫令服從，區區愚忠，罔敢易節。乃有逆臣莫元淸與三桂密相締結，潛入高平，圖爲掩襲。今願仗天威，追擒逆黨，明正其罪，以固屏藩。」許之。

二十一年九月，維正遣陪臣甲全等表賀閏，粤肅清，並進歲貢方物；又爲故王維祳請卹，議卹如例。時所貢金銀器皿與本內不符，詔免深求，其餘貢物酌減白絹、降眞香、中黑線香等物。二十二年四月，遣翰林院侍讀明圖、翰林院編修孫卓冊封黎維正爲安南國王，御書「忠孝守邦」四字賜之。同時遣翰林院侍讀鄔黑、禮部郎中周燦諭祭故王維禧、維祳。時莫元清已故，其弟敬光爲黎氏所敗，率衆來奔，帝命發回安南。尋敬光病歿泗城土府，莫氏遂絕。

二十五年，增賜安南國王表裏五十，著爲例。三十六年，維正奏言牛馬、蝴蝶、浦園三處爲鄰界土司侵佔，請給還。帝問雲南巡撫石文晟，知其地屬開化府已三十餘年，並非安南故地，移文責之。五十七年十月，黎維正薨，嗣子維祹以訃告，請襲封，附貢方物。五十八年二月，遣內閣中書鄧廷喆、翰林院編修成文諭祭故王黎維正，兼冊封維祹爲安南國王。

雍正二年，維祹遣陪臣表賀登極，附貢方物，賜御書「日南世祚」四字。三年，雲南總督高其倬奏言：「雲南開化府與安南接界，自開化府馬伯汛外四十里至鉛廠山下小河內有逢春里六寨，册載秋糧十二石零。康熙二十八年，入於安南。又雲南通志載自開化府文山縣南二百四十里至賭咒河與安南爲界。今自開化府至現在之馬伯汛，止一百二十里，卽至鉛廠山下小河，亦止一百六十里，是鉛廠山小河外尙有八十里，內設都龍、南丹兩廠，爲雲南舊境。雖失在前明，但封疆所係，均應一併淸査，委勘立界。」帝諭：「都龍、南丹等處明季已入安南，是侵佔非始於我朝。安南入我朝以來，累世恭順，不宜與爭尺寸之地。」維祹尋疏辯。

嗣總督鄂爾泰疏請於鉛廠山下小河離馬伯汛四十里立界，維祹復激詞陳訴。五年，諭維祹曰：「朕統馭寰區，凡茲臣庶之邦，莫非吾土，何必較論此區區四十里之地。但分疆定界，政所當先，侯甸要荒，事同一體。今遠藩蒙古，奉諭之下，莫不欽承，豈爾國素稱禮義之邦，獨違越於德化之外哉？王不必以侵佔內地爲嫌，拳拳申辯，此乃前人之誤，非王之過也。王惟祇遵諭旨，朕不深求，儻意或遲回，失前恭順，則自取咎戾，懷遠之仁，豈能倖邀？王其祇哉，無替朕命！」維祹感悔奏謝。帝因以馬伯汛外四十里賜維祹，仍以馬伯汛之小賭咒河爲界。六年三月，遣副都御史杭奕祿、內閣學士任蘭枝往安南宣諭，略云：「王今自悔執迷，情詞恭謹，朕特沛殊恩，卽將馬伯汛外四十里之地，仍賜國王世守之。」尋諭鄂爾泰曰：「朕旣加恩外藩，亦當俯從民便。此四十里內人民，若有願還內地者，可給貲安插滇省，册使失所。其願居外藩屬安南管轄者，亦聽其便。」

十一年十一月，黎維禂薨，王嗣子維祜以訃告，請襲封，附貢方物。十二年二月，遣翰林院侍讀春山、兵科給事中李學裕諭祭故王維禂，册封維祜爲安南國王。十三年，黎維祜薨，弟維禕權理國事。乾隆二年，維禕以訃告，請襲封。遣翰林院侍讀嵩壽、修撰陳倓諭祭故王維祜，册封維禕爲安南國王。三年九月，維禕遣使奉表賀登極，並貢方物。

九年九月，兩廣總督馬爾泰奏：「粵西奸民葉蓁私出外夷，誘教爲匪，安南饑民流入寧明諸處。」帝命滇、粵界接安南關隘嚴行稽查，毋釀事端。嗣兩廣總督馬爾泰、廣西署撫托庸、提督豆斌奏言：「南寧府屬遷隆土峒之板蒙等隘，太平府屬思陵土州之叫荒等隘，鎭南府屬下雷土州之下首等隘，共三十餘口岸，俱逼近安南，宜疊石建栅，添卡撥兵，各土司帶領土勇，扼險守巡，幷飭地方官每年冬月查修通報。安南軀驢地方爲貨物聚集之所，最與由隘相近。從由隘出入，向設閉禁，開之實便商民。應設客長，稽商民往來，並責地方官愼察查。至平而、水口兩關，通太源、牧馬等地，宜設立鐵鍊橫江攔截，逢五、十日開一面以通商。」從之。初，廣西思陵州沿邊與安南接壤，巡撫舒輅請栽竹以杜私越。憑祥、思陵土目有乘機侵安南地者，交人不甘，恆與爭鬨。十六年，總督蘇昌奏聞，帝諭舒輅下部察議。安南猺匪盤道鉗、鄧成玉等謀亂，造黃袍、黃旗、木印，句結內地民夷何聖烈等，散劄招匪，謀攻都龍、安北、宜經等處，爲安南兵目偵知，獲何聖烈等，盤道鈃等竄匿山箐間。十九年，安南八寶河沙目黃國珍誘獲盤道鈃、鄧成玉，雲貴總督碩色訊得實，奏聞正法。初，廣東土匪李文光與順化土豪阮姓謀踞祿賴、桐狔等處爲亂，番官捕獲繫諸獄。二十一年，械送李文光十六人於福建，閩浙總督喀爾吉善奏言：「安南僻處蠻陬，不敢將李文光擅自加誅，送歸請示，足徵懷服之忱。應將李文光等照交結外國例，分別處治。」從之。二十二年六月，安南番船失風，飄泊永寧汛，撥兵守護，給貲送歸，並收貯其軍械，歸時給還。帝諭：「收械貯庫，殊爲非體，可頒諭沿海提鎮知之。」二十五年，閩浙總督愛必達奏言：「安南邊境沙匪與交目蘇由爲難，闌入漫卓、馬鹿二寨，搶掠滋事，已咨其國王擒解矣。」帝以平日巡防不嚴，臨時追捕不力，切責之。

二十六年，黎維禕薨，王嗣子維褍以訃告，請襲封，遣翰林院侍讀德保、大理寺少卿顧汝修諭祭故王維禕，冊封維褍爲安南國王。維褍欲以彼國五拜事天之禮受封，德保等執不可，隨如儀，禮成。顧汝修旣出境，以安南王送迎儀節未周，遣書責之，廣西巡撫熊學鵬以聞，汝修坐革職。二十七年三月，帝諭禮臣曰：「安南世爲屬國，凡遇朝使冊封至其國，自應遵行三跪九叩頭禮。乃國王狃於小邦陋見，與冊使商論拜跪儀注，德保、顧汝修指示成例，始終恪遵。外藩不諳體制，部臣應預行宣示。嗣後遇安南冊封等事，卽將應行典禮並前後遵行拜跪儀節告知正副使，令其永遠遵循，著爲令。」三十四年，安南莫氏後黃公纘居南掌猛天寨，黎氏逼之，率屬內投，維褍請索回處治，移檄責之。

四十三年，安南解竄匪入關，賜維褍緞匹。四十六年，維褍遣使謝恩，貢方物。帝命收受，下次正貢著減一半，並命嗣後陳謝表奏，毋庸備禮。五月，諭禮部：「本年安南國貢使到京，命堂官一人帶往熱河瞻覲。」四十九年，帝南巡，安南陪臣黃仲政、黎有容、阮堂等迎覲南城外，賜幣帛有差，特賜國王「南交屏翰」扁額。

五十一年，安南阮氏變作。初，明嘉靖中，安南王黎維潭復國，實其臣鄭氏、阮氏之力，自是世爲左右輔政。後右輔政乘阮死幼孤，兼攝左輔政以專國事，而出阮氏於順化，號廣南王。阮、鄭世仇搆兵。及黎維褍，權益下移，僅同守府。輔政鄭棟遂殺世子，據金印，謀篡國，而忌廣南之强，乃誘其土酋阮岳、阮惠，共攻廣南王，滅之於富春。阮惠自爲泰德王，鄭棟自爲鄭靖王，兩不相下，維褍無如何也。

安南所都曰東京，卽古交州，唐安南都護治所，而以廣南、順化二道爲西京，卽古日南、九眞地。黎維潭起兵之所，與東京中隔海口，世爲廣南阮氏所據，兵强於安南。至是，鄭棟死，阮惠以鄭姓專國，人心不附，乃藉除鄭氏爲名，攻破黎城，擊滅鄭棟之子鄭宗，阮氏復專國，維褍犒以兩郡，且妻以女。五十二年，維褍卒，嗣孫維祁立，阮惠盡取象載珍寶歸廣南，使鄭氏之臣貢整留鎭都城。貢整思扶黎拒阮，乃以王命率兵奪回象五十，而阮岳亦於廣南要奪其輜重。阮惠歸，治城池於富春，使其將阮任以兵數萬攻貢整於國都。整戰死，維祁出亡，阮任遂據東京，四守險要，有自王之志。五十三年夏，阮惠復以兵誅阮任於東京，而請維祁復位。維祁知其叵測，不敢出。惠知民心不附，盡毁王宮，挾子女玉帛舟回富春，留兵三千守東京。

有高平府督阮輝宿者，護維祁母妻宗族二百口由高平登舟遠遁至博淰溪河，廣西太平府龍州邊也，冒死涉水登北岸，其不及渡河者，盡爲追兵所殺。兩廣總督孫士毅、廣西巡撫孫永清先後以聞，且言：「推固予奪，惟上所命。」帝以黎氏守藩奉貢百有餘年，宜出師問罪，以興滅繼絕。先置其家於南寧，遣其陪臣黎侗、阮廷枚回國，密報嗣孫。時安南疆域，東距海，西接老撾，南與占城隔一海口，北連廣西、雲南。有二十二府，其二府爲土司所居，實止二十府，共分十三道。此時未陷者，淸華道四府十五縣，宣光道三州一縣，興化道十州二縣；又上路未陷、下路已陷者，安邦道四府十一縣，山西道五府二十四縣，京北道四府二十縣，太源道三州八縣；其上路已陷、下路未陷者，山南道九府三十六縣，海陽道四府十九縣。惟廣南、順化二道，本阮酋巢穴，又據高平道一府四州，諒山道一府七縣，以捍遏內地。

帝命孫士毅移檄安南諸路，示以順逆，早反正。時維祁弟維䄂、維祉皆外出避難，維䄂死宣光城，維祉由京北波篷廠來投。孫士毅以維祉有才氣，欲令權攝國事。帝慮其兄弟日後嫌疑，不許，乃令土田州岑宜棟護維祉出口，號召義兵。會阮廷枚等以嗣孫復書至，乞轉奏。於是安南國土司及未陷各州官兵爭縛僞黨獻地圖，而關外各廠義勇亦皆乞餉團練，請爲嚮導。時阮惠兄弟亦叩關請貢，以其國臣民表至，言黎維祁不知存亡，請立故王維𥛚之子翁皇司維穫主國事，並迎其母妃回國。帝知阮惠欺維穫愚懦易與，狡計緩師，命孫士毅嚴斥之。

安南進兵路三：一，出廣西鎭南關爲正道；一，由廣東欽州泛海，過烏雷山至安南海東府，爲唐以前舟師之道；一，由雲南蒙自縣蓮花灘陸行至安南之洮江，乃明沐晟出師之道。孫士毅及提督許世亨率兩廣兵一萬出關，以八千直擣王京，以二千駐諒山爲聲援。其雲南提督烏大經以兵八千取道開化府之馬白關，踰賭咒河，入交趾界千有百里而至宣化鎭，較沐晟舊路稍近。雲貴總督富綱請行，帝以一軍不可二帥，命駐關外都龍督餉運。

十月末，粵師出鎭南關。詔以安南亂後，勞瘠不堪供億，運餉由內地滇、粵兩路，設臺站七十餘所，所過秋毫無犯。孫士毅、許世亨由諒山分路進，總兵尙維昇、副將慶成率廣西兵，總兵張朝龍、李化龍率廣東兵。時土兵義勇皆隨行，聲言大兵數十萬，各守隘賊望風奔遁，惟扼三江之險以拒。十一月十三日，尙維昇、慶成率兵千餘，五鼓抵壽昌江。賊退保南岸，我兵乘之，浮橋斷，皆超筏直上。時天大霧，賊自相格殺，我兵遂盡渡，大破之。張朝龍亦破賊柱石。十五日，進兵市球江。江闊，且南岸依山，高於北岸，賊據險列礮，我兵不能結筏。諸軍以江勢繚曲，賊望不及遠，乃陽運竹木造浮橋，示必渡，而潛兵二千於上游二十里溜緩處用小舟宵濟。十七日，乘筏薄岸相持。適上游兵已繞出其背，乘高大呼下擊，聲震山谷。賊不知王師何自降，皆驚潰。

十九日，薄富良江，江在國門外，賊盡伐沿江竹木，斂舟對岸。然遙望賊陣不整，知其衆無固志，乃覓遠岸小舟，載兵百餘，夜至江，復奪小舟三十餘，更番渡兵二千，分擣賊營。賊昏夜不辨多寡，大潰，焚其十餘艘，獲總兵、侯、伯數十。黎明，大軍畢濟。黎氏宗族、百姓出迎伏道左，孫士毅、許世亨入城宣慰而出。城環土壘，高不數尺，上植叢竹，內有甎城二，則國王所居，宮室已蕩盡矣。而黎維祁匿民村，是夜二鼓始出詣營見孫士毅，九頓首謝。捷聞。初，王師之出也，帝慮事成後，册封往返稽時，致王師久暴露於外，先命禮部鑄印，內閣撰册，郵寄軍前。孫士毅遂以二十二日宣詔册封黎維祁爲安南國王，並馳報孫永清歸其家屬。維祁表謝，請於乾隆五十五年詣京祝八旬萬壽。帝命倿安南全定，維祁能自立，許來朝。是役也，乘思黎舊民與各廠義勇先驅嚮導，又許世亨、張朝龍等新自臺灣立功，皆善戰之將，故得以兵萬餘長驅深入，不匝月而復其都，時雲南烏大經之兵尚未至也。

詔封孫士毅一等謀勇公，許世亨一等子，諸將士賞賚有差。

時阮惠已遁歸富春，孫士毅謀造船追討。孫永清奏言：「廣南距黎都又二千里，用兵萬人，設糧站需運夫十萬，與鎮南關至黎城等。」帝以安南殘破空虛，且黎氏累世孱弱，其興廢未必非運數也。既道遠餉艱，無曠日老師代其搜捕之理，詔卽班師入關。而孫士毅貪俘阮爲功，師不卽班，又輕敵，不設備，散遣土軍義勇，懸軍黎城月餘。阮氏諜知虛實，歲暮傾巢出襲國都，僞爲來降者，士毅等信其誑詞，晏然不知也。五十四年正月朔，軍中置酒張樂，夜忽報阮兵大至，始倉皇禦敵。賊以象載大礮衝我軍，衆寡不敵，黑夜中自相蹂躪。黎維祁挈家先遁，滇師聞礮聲亦退走，孫士毅奪渡富良江，卽斬浮橋斷後，由是在岸之軍，提督許世亨、總兵張朝龍，官兵夫役萬餘，皆擠溺死。時士毅走回鎮南，盡焚棄關外糧械數十萬，士馬還者不及半。其雲南之師，以黎臣黃文通嚮導得全返。黎維祁母子復來投。奏聞，帝以士毅不早班師，而又漫無籌備，致挫國威、損將士，乃褫職來京待罪，以福康安代之。

阮惠自知貫禍，既懼王師再討，又方與暹羅搆兵，恐暹羅之乘其後也，於是叩關謝罪乞降，改名阮光平，遣其兄子光顯齎表入貢，懇賜封號。略言守廣南已九世，與安南敵國，非君臣。且蠻觸自爭，非敢抗中國，請來年親覲京師，並於國內爲死綏將士築壇建廟，請頒官銜諡號，立主奉祀。又聞暹羅貢使將入京，恐受其媒孽，乞天朝勿聽其言。福康安先後以聞。

帝以維祁再棄其國，並册印不能守，是天厭黎氏，不能自存；而阮光平既請親覲，非前代莫、黎僅貢代自金人之比。且安南自五季以來，曲、矯、吳、丁、李、陳、黎、莫互相吞噬，前代曾郡縣其地，反側無常，時憂南顧。乃允其請，卽封阮光平爲安南國王，册曰：「朕惟王化遐覃，伐罪因而舍服；侯封恪守，事大所以畏天。鑒誠悃於荒陬，貰其旣往，沛恩膏於屬國，嘉與維新，賁茲寵命之頒，勗以訓行之率。惟安南地居炎徼，開十三道之封疆，而黎民臣事天朝，修百餘年之職貢，每趨王會，舊附方輿。自遭難以流離，遂式微而控愬。方謂與師復國，字小堪與圖存，何期棄印委城，積弱仍歸失守，殆天心厭其薄德，致世祚訖於終淪。爾阮光平起自西山，界斯南服，向匪君臣之分，寖成婚媾之仇。釁啓交訌，情殊負固。抗顏行於倉卒，雖無心而難掩前愆，悔罪咎以湔除，願革面而自深痛艾。表箋籲請，使先猶子以抒忱，琛獻慢來，躬與明年之祝嘏。自非仰邀封爵，榮藉龍光，曷由下莅民氓，妥茲鳩集。況王者無分民，詎在版章其土宇，而生人有司牧，是宜輯寧爾邦家。爰布寵綏，俾憑鎭撫，今封爾爲安南國王，錫之新印。於戲！有興有廢，天子惟順天而行，無貳無虞，國王咸舉國以聽。王其懋將丹款，肅矢冰兢，固圉以長其子孫，勿使逼滋他族，悉心以勤於夙夜，罔令逸欲有邦，益敬奉夫明威，庶永承夫渥典。欽哉，毋替朕命！」其黎維祁賞三品銜，令同屬下人戶來京，歸入漢軍旗下，卽以維祁爲佐領。又令阮光平訪問維祁親屬，護送進關。其前安插內地之西南夷人，有繫懷故土者，並令阮光平善爲撫綏，以示矜全。

五十五年，阮光平來朝祝釐，途次封其長子阮光纘爲世子。七月，入覲熱河山莊，班次親王下、郡王上，賜御製詩章，受冠帶歸。其實光平使其弟冒名來，光平未敢親到也，其譎詐如此。五十六年，擊敗黎維祉及萬象國之師來獻捷，帝優賞之。五十七年，議定安南貢期，舊例三年一貢者，定爲兩年，六年遣使來朝一次者，定爲四年。

九月，阮光平在義安病故，世子阮光纘權國事，以訃告。五十八年正月，遣廣西按察使成林諭祭，加諡忠純，並頒賜御製詩，於墓道勒碑，以表恭順。封光纘爲安南國王。帝以阮邦新造，人心未定，阮光纘尚幼，且阮岳尚在廣南，吳文楚久握兵柄，主少國疑，恐有變，特調福康安總督雲、貴備邊，並令成林密偵其國。成林旋以國事粗定聞，乃止。

八月，署兩廣總督郭世勳奏安南添立花山市。先是安南通市，平而、水口兩關商人在其國之高憑鎭牧馬庯立市，由隘商人在諒山鎭之驅驢庯立市，分設太和、豐盛二號，並置廒長、市長各一人，保護、監當各一員。而從平而關出口之商，必由水路先抵花山，計程僅二百餘里。且花山附近村莊稠密，至是添設行鋪，其市長、監當各員，卽於驅驢額內派往。客民中有由陸路前赴牧馬者，仍聽其便。

嘉慶元年，福州將軍魁倫、兩廣總督吉慶先後奏言，獲烏艚船海盜，有安南總兵及封爵敕命、印信等物。初，阮氏據廣南，以順化港爲門戶，與占城、眞臘、暹羅皆接壤，西南瀕海。有商舶飄入海者，阮氏輒沒入其貨，即中國商船，亦倍稅沒其半，故紅毛、占臘、暹羅諸國商船，皆以近廣南灣爲戒。阮光平父子既以兵篡國，國用虛耗，商船不至，乃遣烏艚船百餘、總兵十二人，假採辦軍餉，多招中國沿海亡命，啖以官爵，資以器械船隻，使嚮導入寇閩、粵、江、浙各省。時浙師禦海盜，值大風雨，雨中有火爇入賊舟，悉破損。參將李成隆率兵涉水取賊礮，並搜獲安南敕文、總兵銅印各四。敕稱「差艚隊大統兵進祿侯倫貴利」，而教諭王鳴珂獲三賊，一詭爲瘖者，一名王貴利，訊，云即倫貴利也。同時閩中獲艇賊安南總兵范光喜，供述：「阮光平既代黎氏，光平死，傳子光纘，時與舊阮搆兵，而軍費又苦不給，其總督陳寶玉招集粵艇肆掠於洋。繼而安南總兵黃文海與賊官伍存七有隙，以二艇投誠於閩，今閩中造船用其式也。倫貴利者，廣東澄海人，投附安南，與舊阮戰有功，封侯。以巡海，私結閩盜來閩、浙劫掠。安南艇七十六艘，分前、中、後支，倫貴利統帶後支。其銅印凡四，貴利自佩其一，餘三印，三總兵曰耀、曰南、曰金者佩之。耀已擒斬，南、金則均溺斃於海」云。巡撫阮元傑貴利，而以供辭入奏。

帝命軍機大臣字寄兩廣總督，照會安南國王。冬十二月，阮光纘呈覆，略曰：「小番世蒙天朝恩庇，曠格逾涯，無能酬報，思以慎守疆宇，永作屏翰。祇以本國極南沿海農耐地方，有賊渠阮種，竊據其地，嘯聚齊桅盜夥，數爲海患。本國整飭海防，間收艙客，以離賊黨，且助海面帆柁之役。倫貴利者，前居本國，隨同商伴巡防。詎料伊包藏禍心，私瞞小番，竟敢潛約匪船，越赴內洋，肆行劫掠。又擅造印劄，轉相誆誘，情罪重大，實爲法律所不容。小番不能先燭其奸，疏於鈐束。仰蒙聖慈普鑒，洞悉肫誠，訓誨有加，天日垂照。恭繹聖諭，且感且悚。謹當遵奉彝訓，靖守藩封，令本國巡海人員，嚴加警飭，密施鈐勒，斷不容結同匪夥，越境作非，務期桂海永清，以上副聖天子懷柔之至德，是所自勉也。」帝以國王不知，赦之。二年，兩廣總督奏稱，安南國王阮光纘差委官弁丁公雪等，帶領兵船，拿獲盜犯黃柱、陳樂等六十餘名，解送內地。帝降敕褒賜，並頒賜如意、玉山、蟒錦、紗器，以示優獎。

初，阮光平既攻滅廣南王阮某，阮某爲黎王婿，妻黎氏有娠，逃於農耐，農耐爲水眞臘舊都，卽嘉定省，今之西貢也。黎氏生子曰阮福映，本名種，潛匿民間。及長，奔暹羅。暹羅王故與阮光平夙仇，乃以女弟歸福映，助之兵，攻克農耐，據之，勢漸强，號「舊阮」，而稱阮光平父子爲「新阮」，亦曰「西阮」。舊阮以復仇爲辭，奪其富春舊都，時嘉慶四年也。六年十一月，安南僞總兵陳天保攜眷內投，始知安南與農耐兵爭事。七年八月，農耐攻昇隆城，阮光纘敗走被擒。八月，阮福映縛送莫觀扶等三名來粵，並獻其攻克富春時所獲阮光纘封册、金印，奉表投誠。莫觀扶等皆中國盜犯，受安南招往投順，封東海王及總兵僞職者。帝以「從前阮光平款關內附，恩禮有加，阮光纘嗣服南交，復頒敕命，俾其世守勿替。乃藪奸窩盜，肆毒海洋，負恩反噬，莫此爲甚！且印信名器至重，輒行捨棄潛逃，罪無可逭！其命兩廣總督吉慶赴鎮南關備邊，俟阮福映攻復安南全境以聞。」十二月，阮福映滅安南，遣使入貢，備陳搆兵始末，爲先世黎氏復仇；幷言其國本古越裳之地，今兼併安南，不忘世守，乞以「南越」名國。帝諭以「南越」所包甚廣，今兩廣地皆在其內，阮福映全有安南，亦不過交趾故地，不得以「南越」名國。八年，改安南爲越南國。六月，命廣西按察使齊布森往封阮福映爲越南國王。蓋自阮光平篡黎氏十九年，復滅於阮福映，嗣後修職貢者爲舊阮子孫矣。

九年，遣編置佐領及安插江寧、熱河、張家口、奉天、黑龍江、伊犂等處安南人回國，賚銀有差，並許黎維祁歸葬。十一年，越南興化鎮目請以臨安府所屬六猛地方外附，檄諭王自懲之。阮光纘遺族阮如權避捕投內地，兩廣總督吳熊光奏請發交阮福映。帝嫌其爲屬藩擒送逋逃，不許，亦不許其逼留內地。十四年，阮福映遣員至諒山，齎送乾隆六十年錫封南掌國王敕印，帝嘉獎之。

阮福映之得國也，藉嘉定、永隆兵力居多，乃取二省爲年號，曰嘉隆。在位十七年而薨，子福皎嗣。道光元年，遣廣西按察使潘恭辰齎敕印往封阮福皎爲越南國王。九年，越南使臣請改貢道由廣東水路，部議駁之。十九年，帝諭向來越南國二年一貢，四年遣使來朝一次，合兩貢並進，嗣後改爲四年遣使來貢一次，其貢物照兩貢並進之數減其半。福皎改元明命，在位二十一年。嘗以兵奪高蠻國河仙一帶地，分通境爲三十省：曰富春，國都也；廣南、廣義二省爲右圻；廣治、廣平二省爲左圻；平順、富安、廣和、邊和、嘉定、安江、河仙、永隆、定祥九省爲南圻；河靜、海陽、廣安、淸化、乂安、南定、廣平、興安、河內、北寧、諒山、高平、太原、山西、宣光、興化十六省爲北圻。後又以廣義、廣治各省過小，改爲道。疆域較歷世爲大。惟宣光省西北直廣西鎭安府之南，有地曰保樂州，其酋農姓，係黎氏舊臣，仍念故主，不服新王，越南僅羈縻處之。黎維祉子孫逃居老撾深山中，時思聚衆復國，所謂黎王後也。其餘黎氏疏族，好滋事，俱安置平順以南各省。又自鄙其國文敎之陋，奏請頒發康熙字典。其取士則用元制，以經義、詩賦考試。

道光二十一年，阮福皎薨，遣使告哀，詔停進貢方物，命廣西按察使寶淸往封其子福暶爲越南國王。福暶改元紹治，在位七年。道光二十八年，薨，子福時嗣。凡朝使册封，歷世只在河內。河內卽東京，其國建都處也。及阮福映得國，以東京屢燬於兵，而其先人世居嶺南，遂遷都於富春省，改東京爲河內省。封使至其國，仍循例駐節於此。阮福時嗣位年幼，奏乞天使至其國都，由是廣西按察使勞崇光至富春册封焉。

三十年，鄭祖琛奏越南國王阮福時因先後奉到孝和睿皇后、宣宗成皇帝遺詔，擬請遣使恭進香禮，並進香品祭物，又齎遞表文、貢物慶賀登極。帝諭孝和睿皇后、宣宗成皇帝梓宮均已奉移陵寢，止其遠來進香。其慶賀登極方物，亦無庸呈進。咸豐二年，諭越南國明年例貢著於咸豐三年五月內到京。六年，諭越南國王阮福時以丁巳年正貢屆期，咨呈勞崇光奏請於何月進關。現在用兵諸省分尙未肅清，越南國此次例貢，著緩至下屆兩貢並進。

八年，法蘭西奪取越南國西貢。先是，明季有法蘭西天主敎徒布敎來安南。康熙五十九年，法兵艦俄羅地號泊交趾，士官三人登陸至平順省，土人縛而獻之王。艦長與敎師商，以重金贖歸。此爲法、越交涉之始。乾隆十四年，法王路易十五命皮易甫亞孛爾者爲全權大臣，至順化府謀通商，國王不許。乾隆十八年，越人大戮天主敎徒。五十一年，越內亂，阮岳自稱王，阮光平使其子景叡詣法國乞援。翌年，遂訂法越同盟之約，割崑崙島之茶麟港於法。未幾，爽約。嘉慶二十五年，法艦來越南測量海口，國人激王殺法人狄亞氏。道光二十七年，法人以兵艦至茶麟港，大敗越軍，至是年遂徑奪西貢，越南第一都會也。

咸豐十年，諭內閣：「劉長佑奏越南國入貢屆期，現在廣西軍務未竣，道路不寧，其丁巳、辛酉兩屆例貢，暫行展緩。」同治元年，法國拿破崙第三以海軍大舉伐越南，奪茶麟港，約割下交趾邊和、嘉定、定祥三省，開通商三口，賠償二千萬佛郎，許其和。嘉定省卽西貢所在也。二年，越南國王阮福時因奉到文宗顯皇帝遺詔，咨請遣使進香、表賀登極、貢方物，卻之。三年，越南乙丑例貢及上二屆兩貢仍命展緩。

六年冬，廣西太平、鎭安兩府土匪竄起，官軍擊之，敗遁越南。七年，國王咨乞廣西巡撫蘇鳳文代奏請兵援剿，帝命提督馮子材率三十營討之。八年七月二十一日，華軍由鎭南關進發。八月，賊酋吳鯤戰北寧，傷於銃，飲孔雀血死，諸賊大懼，大兵至，遂乞降。冬，賊酋梁天錫西奔宣光，投歸河陽賊首黃崇英。是年，法人割取越南國安江、河仙、永隆三省，自是下交趾六省悉隸法版。九年，興化省保勝賊首劉永福、太原省蘇街賊首鄧志雄皆來降。夏四月，黃崇英遁入保樂州白苗界內，提督馮子材班師。

七月，師次龍州，而黃崇英復踞河陽，劉永福復踞興化之保勝，鄧志雄復踞太原之蘇街。十月，降賊蘇國漢乘夜襲陷諒山省城，北圻總統段壽死之。時廣西候補道徐延旭因事至諒山城外驅驢庯，調兵助越攻城，不克。十一月，賊酋阮四、陸之平、張十一等復踞高平省，越王復懇出師，帝命馮子材再督軍出關，廣西巡撫李福泰請以廣東候補道華廷傑襄辦軍事。十年夏，馮子材次龍州。四月二十一日，總兵劉玉成督諸將出關次北寧。九月，欽州知州陳某誘擒蘇國漢，解送兩廣總督瑞麟，誅之，其子蘇亞鄧遁入海，踞狗頭山。道員華廷傑旋回廣東。十一年，廣西巡撫劉長佑檄道員覃遠璡率勇十營辦太平、鎭安二府邊防，馮子材亦調回防邊。

十二年，華軍將撤，法人突以兵船至河內省。國王咨稱華總兵陳得貴派隊押令放入。劉長佑據情奏聞，朝命革職提訊。法人遂招中國散勇及雲南邊境不逞之徒攻越南各省，其守臣多降。至太原省，守臣招劉永福相助。法兵至，永福設伏敗之，擒其帥安鄴，法人敗退河內省，與王和。王遣其臣阮文祥與議，法人遂建館河內，並於白藤海口設關收稅。初，賊首黃崇英爲吳鯤中表，劉永福亦吳鯤之黨。吳鯤死，其弟吳鯨合家自殺。黃崇英、劉永福素不相能，永福降，越南王授以三省提督之職，黃崇英踞河陽爲盜自若。十三年，劉長佑遣劉玉成將左軍十營，道員趙沃將右軍十營，由鎭安府出關討黃崇英。是年，法人逼令越南王公布天主教及紅河通航二事，紅河卽富良江也。旋又以保商爲名，派兵駐守河內、海防諸地，且求開採紅河上流礦山。光緒元年，趙沃連克底定縣、襄安府各處，保樂州土民及白苗皆約降。崇英率衆來拒，旋遁去。趙沃督諸軍攻克河陽老巢，賊黨陳亞水降。七月，擒黃崇英戮之。二年春，班師。

七年，劉長佑移督雲、貴，知法人志在得越南以窺滇、粵，上疏略曰：「邊省者，中國之門戶，外藩者，中國之藩籬。藩籬陷則門戶危，門戶危則堂室震。越南爲滇、粵之脣齒。泰西諸國，自印度及新加坡、檳榔嶼設立埠頭以來，法國之垂涎越南久矣。開市西貢，據其要害，復通悍賊黃崇英，規取東京，聚兵謀渡洪江以侵諒山諸處，又欲割越南、廣西邊界地六百里爲駐兵之所。臣時任廣西巡撫，雖兵疲餉絀，立遣將卒出關往援。法人不悅，訐告通商衙門，謂臣包藏禍心，有意敗盟。賴毅皇帝察臣愚忠，乃得出助剿之師，內外夾擊。越南招用劉永福，以折法將、沙酋之鋒。廣西兩軍，左路則提督劉玉成趨太原、北寧，右路則道員趙沃由興化、宣光分擊賊黨，直抵安邊、河陽，破崇英巢穴，殲其渠魁。故法人寢謀，不敢遽肆吞併者，將逮一紀。然臣每詳詢邊將，知法人之志在必得越南，以窺滇、粵之郊而通楚、蜀之路，狡焉思啓，禍近切膚。乃入秋以來，法國增加越南水師經費，其下議院議借二百五十萬佛郎，經理東京海灣水師。其海軍卿格羅愛逐日籌畫東京兵事，俟突尼斯案一結，卽可進行，竊歎法人果蓄志而潛謀，嗜利而背約也。竊聞造此謀者爲伯朗手般，在越南西貢爲巡檢司。開埠之後，招入土夷、客民衆至百萬，民情漸洽，物產日增。柬埔寨所招商民，亦逾百萬。運米出洋，歲百萬石，所徵賦稅入西貢庫藏者，歲計佛郎二百五十萬。

柬埔本荒藪，開成通衢，車路方軌，溝渠修濬，柬埔人感法恩德，至願以六百萬口獻地歸附，故伯朗手般以越南情形告其總統。富良江一帶，法已駛船開市，議上溯以達瀾滄江通中國之貨，結楢方諸夷以窺滇、粤邊境，築西貢至柬埔寨鐵路，以避海道之迂繞。越南四境皆有法人之迹，政治不修，兵賦不足，勢已危如累卵。今復興兵吞噬，加以柬埔之叛民，勢必摧敗不可支拄。同治十三年，法提督僅鳴礟示威，西三省已入於法人之手，而紅海通舟，地險復失。所立條約，惟不肯與以東京，國勢岌岌，恃此爲犄角。若復失其東京，卽不窮極兵力圖滅富春，已無能自立矣。臣以爲法人此舉，志吞全境。既得之後，必請立領事於蒙自等處，以攘山礦金錫之利，或取道川蜀以通江海，據列邦通商口岸之上游。況滇南自同治以後，平定逆回，其餘黨桀黠者，或潛竄越南山谷，或奔洋埠役於法人，軍情虛實，邊地情形，盡行洩漏，故時有夷人闌入滇以覘形勢。儻法覆越南，逆黨又必導之內寇，逞其反噬之謀。臣受任邊防，密邇外寇，不敢聞而不告。」奏入，不報。

時駐英法使臣曾紀澤以越事迭與法廷辨詰，福建巡撫丁日昌亦疏法、越事以聞。帝命與北洋大臣李鴻章籌商辦法，並諭沿江沿海督撫，密爲籌辦。八年二月，法人以兵艦由西貢駛至海陽，謀取東京，直督張樹聲以聞，帝諭滇督相機因應。三月，移曾國荃督兩廣。法攻東京，破之，張樹聲奏令滇、粤防軍嚴守城外，以剿辦土匪爲名，藉圖進步，並令廣東兵艦出洋遙爲聲援。五月，滇督劉長佑遣道員沈壽榕帶兵出境，與廣西官軍連絡聲勢，保護越南。並奏言：「探聞法人破東京後，退駐輪船，日日添兵，增招羣盜，懸賞萬金購劉永福，十萬金取保勝州。又法領事破城後，劫掠商政衙門，傳示各商，出入貨稅另有新章，現仍調取陸軍趕造拖船，爲西取保勝之計。越王派其兵部侍郎陳廷肅接署河內總督，遣吏部尚書阮正等抵山西與黃佐炎等籌商禦敵之策。各省巡撫、布、按大半與黃佐炎、劉永福同願決一死戰。嗣後統領防軍提督黃桂蘭報稱劉永福馳赴山西，道經諒山，來見。比曉以忠義，感激奮發，據稱分兵赴北寧助守保勝，萬不使法人得逞，但兵力不足，望天朝爲援。其河內探報云，法人恐援兵猝至，當釋所獲之河內巡撫，交還城池倉庫。巡撫不受，稱法人違約弄兵，以死自誓，乃轉交按察使。宗室阮霸復以火藥轟燬東京，以免越人復聚，且省兵力分守。其輪船或東下海陽，或分駛廣南、西貢，俟添兵既集，從事上游。伏查法人焚掠東京，狡謀叵測，越南諸臣決計主戰。山西爲上通雲南要地，越軍能悉力抵禦，微特滇、粵邊防可保，即越南大局，亦尚有振興之期。而粵督與總署所議以滇、粵、桂三省兵力合規北圻一策，更可乘勢早圖，以杜窺伺。然越國受制法人已久，人心恇怯，此次決戰山西，期於必勝，稍有撓敗，則大局不堪設想。蓋山西有失，則法人西入三江口，不獨保勝無復障蔽，而滇省自河底江以下，皆須步步設防，益形勞費。以事機而論，中國有萬難坐視之處，且不可待山西有失，始爲事後之援。」旋召長佑入覲，以岑毓英署滇督。

劉永福者，廣西上思州人。咸豐間廣西亂，永福率三百人出鎮南關。時粵人何均昌據保勝，永福逐而去之，遂據保勝，所部旗皆黑色，號「黑旗軍」。永福既立功，越南授三省提督職，時時自備餉械剿匪，而黃佐炎皆匿不上聞，越臣亦多忌之，永福積怨於佐炎。佐炎爲越南駙馬，以大學士督師，督撫均受節制。馮子材爲廣西提督時，佐炎以事來見，子材坐將臺，令以三跪九叩見，佐炎銜之次骨。越難已深，國王阮福時憤極決戰，責令佐炎督永福出師，六調不至。法軍忌永福，故越王始終倚任之。

先是，劉長佑命藩司唐炯率舊部屯保勝，會國荃至粵，命提督黃得勝統兵防欽州，提督吳全美率兵輪八艘防北海，廣西防軍提督黃桂蘭、道員趙沃相繼出關，所謂三省合規北圻也。時法人要中國會議越事，諭滇、粵籌畫備議。法使寶海至天津，命北洋大臣會商越南通商分界事宜。吏部主事唐景崧自請赴越南招撫劉永福，帝命發雲南岑毓英差遣。九年正月，景崧乃假道越南入滇，先至粵謁曾國荃，韙其議，資之入越。見永福，爲陳三策，言：「越爲法逼，亡在旦夕，誠因保勝傳檄而定諸省，請命中國，假以名義，事成則王，此上策也；次則提全師擊河內，驅法人，中國必助之餉，此中策也；如坐守保勝，事敗而投中國，此下策也。」永福曰：「微力不足當上策，中策勉爲之。」

三月，法軍破南定。帝諭廣西布政使徐延旭出關會商，黃桂蘭、趙沃籌防。李鴻章丁憂，奪情回北洋大臣任，鴻章懇辭。至是，命鴻章赴廣東督辦越南事宜，粵、滇、桂三省防軍均歸節制。鴻章奏擬赴上海統籌全局。法使寶海在天津議約久不協，奉調回國，以參贊謝滿祿代理。劉永福與法人戰於河內之紙橋，大破法軍，陣斬法將李成利，越王封永福一等男。徐延旭奏留唐景崧防營効用，並陳永福戰績。帝促李鴻章回北洋大臣任，並詢法使脫利古至滬狀，令鴻章定期會議。脫利古詢鴻章：「是否助越？」鴻章仍以邊界、勦匪爲辭，而法兵已轉攻順化國都，迫其議約。鴻章與法新使德理議不就，法兵聲言犯粵，廣東戒嚴。總署致法使書，言：「越南久列藩封，歷經中國用兵勦匪，力爲保護。今法人侵陵無已，豈能蔑視？倘竟侵我軍駐紮之地，惟有決戰，不能坐視。」帝諭徐延旭飭劉永福相機規復河內，法軍如犯北寧，卽令接戰。命滇督增兵防邊，唐烱迅赴前敵備戰，並濟永福軍餉。旋命岑毓英出關督師。

法兵破越之山西省，粵勢愈急，以彭玉麟爲欽差大臣督粵師。彭玉麟奏：「法人逼越南立約，欲中國不預紅河南界之地，及許在雲南蒙自縣通商，顯係圖我滇疆，冀專五金之利。不特滇、粵邊境不能解嚴，卽廣東、天津，亦須嚴備。」時越南王阮福時薨，無子，以堂弟嗣。法人乘越新喪，以兵輪攻順化海口，入據都城。越南嗣君在位一月，輔政阮說啓太妃廢之，改立阮福昇。至是乞降於法，立約二十七條，其第一條卽言中國不得干預越南事，此外政權、利權均歸法人，逼王諭諸將退兵，重在逐劉永福也。

滇撫唐炯屢促永福退兵，永福欲退駐保勝，黑旗將士皆憤怒。副將黃守忠言：「公可退保勝，請以全軍相付，守山西。有功，公居之，罪歸末將。」永福遂不復言退。徐延旭奏言：「越人倉卒議和，有謂因故君未葬權顧目前者，有謂因廢立之嫌，廷臣植黨搆禍者。迭接越臣黃佐炎等鈔寄和約，越誠無以保社稷，中國又何以固藩籬？越臣輒以俟葬故君卽行翻案爲詞，請無撤兵。劉永福仍駐守山西，嗣王阮福昇嗣位，具稟告哀，並懇準其遣使詣闕乞封。越國人心渙散，能否自立，尙未可知。」並將法越和約二十七款及越臣黃佐炎來稟錄送軍機處。

兩江總督左宗棠請飭前藩司王德榜募勇赴桂邊扼紮。十一月，法人破興安省，拘巡撫、布政、按察至河內鎗斃之。進攻山西，破之，劉團潰，永福退守興化城。十二月，嗣王阮福昇暴卒，或云畏法逼自裁，國人立前王阮福時第三繼子爲王，輔政阮說之子也。徐延旭奏報山西失守，北寧斷無他虞，帝責其夸張。十年，唐景崧在保勝上樞府書，言：「滇、桂兩軍偶通文報，爲日甚遲，聲勢實不易連絡。越南半載之內，三易嗣君，臣庶皇皇，類於無主。欲培其根本以靖亂源，莫如遣師直入順化，扶翼其君，以定人心而淸匪黨，敵燄庶幾稍戢，軍事亦易於措手。若不爲藩服計，北圻沿邊各省，我不妨直取，以免坐失外人。否則首鼠兩端，未有不歸於敗者也。」

劉永福謁岑毓英於家喻關，毓英極優禮之，編其軍爲十二營。法軍將攻北寧，毓英遣景崧率永福全軍赴援。桂軍黃桂蘭、趙沃方守北寧，山西之圍，桂蘭等坐視不救，永福憾之深，景崧力解之，乃赴援。景崧勸桂蘭離城擇險而守，桂蘭不從。二月，法兵攻扶良，總兵陳得貴乞援，北寧師至，扶良已潰，法兵進逼北寧，黃桂蘭、趙沃敗奔太原，劉永福亦坐視不救。徐延旭老病，與趙沃有舊，偏信之。趙沃庸懦，其將党敏宣奸，欺蔽延旭。敵犯北寧，敏宣先遁。陳得貴爲馮子材舊部，驍勇善戰，子材曾劾延旭，延旭怨之，并怨得貴。及北寧陷，乃奏戮之，敏宣亦正法。延旭調度失宜，帝命革職留任。三月，命湖南巡撫潘鼎新辦廣西關外軍務，接統徐延旭軍，黃桂蘭懼罪仰藥死。帝諭：「徐延旭株守諒山，僅令提督黃桂蘭、道員趙沃駐守北寧，遇敵先潰，殊堪痛恨！徐延旭革職拿問，黃桂蘭、趙沃潰敗情形，交潘鼎新查辦。」以王德榜署廣西提督，德榜辭不拜。唐炯革職拿問，以張凱嵩爲雲南巡撫。北寧敗後，徐延旭以唐景崧護軍收集敗殘，申明約束。時唐仁廉署廣西提督。法軍由北寧進據興化，別以兵艦八艘駛入中國海，窺廈門及上海吳淞口，沿海戒嚴，於是中、法和議起。

四月，李鴻章與法總兵福祿諾在天津商訂條款，諭滇、桂防軍候旨進止。鴻章旋以和約五款入告，大略言：「中國南界毗連北圻，法國任保護，不虞侵佔。中國應許於毗連北圻之邊界，法、越貨物聽其運銷，將來法與越改約，決不插入傷中國體面之語。」朝旨報可，予鴻章全權畫押。既而法公使以簡明條約法文與漢文不符相詰，帝責鴻章辦理含混，輿論均集矢鴻章，指爲「通夷」。法使既藉端廢約，帝令關外整軍嚴防，若彼竟求犯，卽與交綏。命岑毓英招劉永福率所部來歸。潘鼎新奏：「法兵分路圖犯谷松、屯梅二處，桂軍械缺糧乏，恐不可恃。」帝以其飾卸，責之。法兵欲巡視諒山，抵觀音橋，桂軍止之，令勿入。法將語無狀，遂互擊，勝之。奏入，諭進規北寧，責法使先行開釁，應認償。令告法外部止法兵，並諭我軍：「如彼不來犯，不宜前進。」法使續請和議，帝諭桂軍回諒山，滇軍回保勝，不得輕開釁。

法將孤拔欲以兵艦擾海疆，法使巴德諾逗留上海，不肯赴津，乃改派曾國荃全權大臣，陳寶琛會辦，邵友濂、劉麟祥隨同辦理。諭言：「兵費、卹款萬不能允。越南須照舊封貢。劉永福一軍，如彼提及，須由我措置。分界應於關外空地作爲甌脫。雲南通商應在保勝，不得逾値百抽五。」六月，法將孤拔以兵艦八艘窺閩海，欲踞地爲質，挾中國議約，何璟、張佩綸以聞。法艦攻臺灣之基隆礮臺，臺撫劉銘傳拒守。曾國荃、陳寶琛與法使議約於上海，國荃許給撫卹費五十萬，奉旨申斥。約議久不就，乃一意主戰。諭岑毓英令劉永福先行進兵，規復北圻，岑毓英、潘鼎新關內各軍陸續進發。以法人失和，不告各國。

七月，法公使謝滿祿下旗出京，帝乃宣諭曰：「越南爲我封貢之國，二百餘年，載在史册，中、外咸知。法人先據南圻各省，旋又進據河內，戮其人民，利其土地，奪其賦稅。越南闇懦，私與立約，並未奏聞，挽回無及。越亦有罪，是以姑與包涵，不加詰問。光緒八年，法使寶海在天津與李鴻章議約三條，當與總理各國事務衙門會商妥籌，法人又撤使翻覆。越之山西、北寧等省，爲我軍駐紮之地，淸查越匪，保護屬藩，與法國絕不相涉。本年二月間，法兵竟來撲犯，當經降旨宣示，正擬派員進取，忽據伊國總兵福祿諾先向中國議和。其時法國因埃及之事岌岌可危，中國明知其勢處迫逼，本可峻詞拒絕，而仍示以大度，許其行成，特命李鴻章與議簡明條約五款，互相畫押。諒山、保勝等軍，應照議於定約三月後調回，迭經諭飭各防軍扼紮原處，不準輕動開釁。諸軍將士，奉令維謹。乃法國不遵定約，忽於閏五月初一、初二等日，以巡邊爲名，直撲諒山防營，先行開礮轟擊，我軍始與之接仗，互有殺傷。法人違背條約，無端開釁，傷我官兵，本應以干戈從事。因念訂約通好二十餘年，亦不必因此盡棄前盟，仍準各國總理事務衙門與在京法使往返照會，情喻理曉，至再至三。閏五月二十四日，復明降諭旨，照約撤兵，昭示大信，所以保全和局者，實屬仁至義盡。法人乃竟始終怙飾，橫索兵費，恣意要挾，輒於六月十五日佔據臺北基隆山礮臺，經劉銘傳迎剿獲勝。本月初三日，何璟等甫接本領事照會開戰，而法兵已自馬尾先期攻擊，傷壞兵商各船。雖經官軍焚燬法船，擊壞雷艇，並陣斃法國兵官，尚未大加懲創。若再曲予含容，何以伸公論而順人心？用特揭其無理情節，布告天下。」

八月，諭岑毓英督飭劉永福及在防各營規復北圻，並諭潘鼎新飭各軍聯絡聲勢，分路並進。提督蘇元春與法軍戰於陸岸縣，敗之。十月，內閣學士周德潤奏：「官軍進取越南，宜以正兵牽制河內之師，別用奇兵由車里趨老撾，走哀牢，以暗襲順化，募用滇邊土人，必能得力。」得旨交滇督詳察籌辦。是月，蘇元春與法人戰於紙作社，陣斬法兵官四人。十一月，王德榜軍大敗於豐谷，蘇元春不往援，唐景崧與劉永福、丁槐軍攻宣光，力戰大捷，優詔褒之。十二月十九日，法兵攻谷松，王德榜以豐谷之敗怨蘇軍不救，至是亦不往援，蘇軍敗退威坡，諒山戒嚴。帝命馮子材幫辦廣西關外軍務。二十九日，法軍攻諒山，據之，潘鼎新等退駐鎮南關，龍州大震。唐景崧、劉永福、丁槐攻宣光，月餘不能下。諒山失守，岑毓英慮景崧等軍斷後援，令勿拚孤注，景崧不可。馮子材與法軍戰於文淵，互有殺傷。

十一年正月初九日，法兵攻鎮南關，轟毀關門而去，提督楊玉科戰歿。潘鼎新退駐海村，帝命戴罪立功。元春退駐幕府。王德榜自負湘中宿將，屢催援不至，鼎新劾之，落職，所部歸元春轄。法軍攻劉永福於宣光，永福軍潰。唐景崧退駐牧馬，欽、廉防急。彭玉麟請調馮子材軍防粵，朝旨令鼎新議，鼎新素不協於子材，乃命子材行。子材以關外防緊，不肯退，玉麟乃令專顧桂防。鼎新師久無功，褫職，以李秉衡護理廣西巡撫，蘇元春督辦廣西軍務。法兵既毀鎭南關，逃軍難民蔽江而下，廣西全省大震。子材至，乃力爲安輯。

子材久駐粵西，素有威惠，桂、越民懷之，人心始定。乃於關內十里之關前隘，跨東西兩嶺間，築長牆三里餘，外掘深塹，爲扼守計，自率所部駐之，而令王孝祺勒軍屯其後爲犄角。法兵揚言某日犯關，子材逆料其必先期至，乃議先發制敵，鼎新止之，子材力爭，徑率王孝祺軍夜犯敵壘，殺敵甚多。法起諒山之衆撲鎭南關，子材誓衆曰：「法再入關，吾有何面目見粵人？必死拒之！」士氣皆憤。法攻長牆，急礮猛烈，子材勒諸統將屹立接戰，遇退後者手刃之。戰酣，子材自開壁率兩子相榮、相華直衝敵軍，諸軍以子材年七十，奮身陷敵，皆感憤，殊死戰。王孝祺、陳嘉率部將潘瀛、張春發等隨其後，王德榜軍旁至，夾擊之，斃法兵無算。鏖戰兩日，法軍子彈盡，大敗潰遁。子材率兵攻文淵，法軍棄城走。諸軍三路攻諒山，孝祺、德榜戰尤力，連戰皆捷。二月十三日，遂克諒山，法悉衆遁。子材進軍克拉木，逼攻郎甲，王孝祺進軍貴門關，盡復昔年所駐邊地。越民立忠義五大團，二萬餘人，皆建馮軍旗幟。西貢亦聞風通款。自海通以來，中國與外國戰，惟是役大捷，子材之功也。

法兵六千犯臨洮府，復分兩隊：一北趨珂嶺、安平，一南趨緬旺、猛羅。滇督岑毓英命岑毓寶、李應珍等扼北路，王文山扼南路，而自率軍當中路，皆有斬獲。法軍遂合趨臨洮府，滇軍拒戰南北路，迴軍夾攻之，陣斬法將五人，法軍大潰。

時法兵艦據臺灣之澎湖。諒山既大捷，法人力介英人赫德向李鴻章議和，言法人交還基隆、澎湖，彼此撤兵，不索兵費。鴻章奏言：「澎湖既失，臺灣必不可保，當藉諒山一勝之威，與締和約，則法不至再事要求。」朝廷納其議，立命停戰。臨洮之戰，乃在停戰後電諭未達前也。鴻章遽請簽約，令諸將皆退還邊界，將士扼腕痛憤，不肯退，彭玉麟、張之洞屢電力爭。帝以津約斷難失信，嚴諭遵辦。法人要求逐劉永福於越南，張之洞乃擬令永福駐思、欽，永福堅不肯行，唐景崧危詞脅之，朝旨嚴切，乃勉歸於粵，授總兵。馮子材奉督辦廉、欽邊防之命。約既成，越南遂歸法國保護焉。

清史稿卷五百二十八

列傳三百十五

屬國三

緬甸　暹羅　南掌　蘇祿

緬甸，在雲南永昌府騰越廳邊外，而順寧、普洱諸邊皆與緬甸界。順治十八年，李定國挾明桂王朱由榔入緬，詔公愛星阿偕吳三桂以兵萬八千人臨之。李定國走孟艮，不食死。緬酋莽應時縛由榔以獻，遂班師。緬自是不通中國者六七十年。

雍正九年，緬與景邁交鬨，景邁使至普洱求貢，乞視南掌、暹羅，雲貴總督鄂爾泰疑而卻之。緬密遣人至車里土司，探知景邁貢被卻，則大喜，揚言緬來歲亦入貢。旋興兵二萬攻景邁，而貢竟不至。

緬地亙數千里，其酋居阿瓦城。城西瀕大金沙江。江發源野人番地，縱貫其國中，南注於海。沿海富魚鹽，緬人載之，溯江上行十餘日，抵老官屯、新街、蠻暮粥市，邊內外諸夷人皆賴之。而江以東爲孟密，有寶井，產寶石。又有波龍者，產銀，江西、湖廣及雲南大理、永昌人出邊商販者甚衆，且屯聚波龍以開銀鑛爲生，常不下數萬人。自波龍迤東有茂隆廠，亦產銀。乾隆十年，葫蘆酋長以廠獻，遂爲內地屬，然其地與緬犬牙相錯。十八年，廠長吳尚賢思挾緬自重，說緬入貢，緬酋麻哈祖乃以馴象、塗金塔遣使叩關，雲南布政司等議卻之，而巡撫圖爾炳阿遽以聞。帝下禮部議，如他屬國入貢例。

其冬，緬使還至順寧，聞白古部酋撒翁起兵攻緬，緬兵敗，麻哈祖逃至約提朗，爲白古所得，沉之江。撒翁據阿瓦五年，而緬屬之木梳頭目甕藉牙復起兵攻走白古，自據其地，令頭目播定鮓等以兵脅諸部役屬之。既而甕藉牙死，子懵洛立。未幾，亦死，弟懵駁立。

貴家者，隨永明入緬之官族也，其子孫自相署曰「貴家」，據波龍廠採銀。其酋宮裏雁不附於甕藉牙，約木邦酋攻之。兵敗，逃入孟連，而孟連土司刀派春奪其孥賄，爲宮酋妻囊占所襲殺。雲貴總督吳達善誘宮裏雁至，則坐以擾邊罪，肆諸市。而木邦酋罕莽底亦兵敗走死，懵駁立其弟罕黑。由是緬人益無忌。

明萬曆時，巡撫陳用賓因永昌府近緬，設八關控之。八關者，萬仞、巨石、神護、銅壁、鐵壁、虎踞、天馬、漢龍也。其實八關皆無險阨可守，山箐間小徑往往通人行。自永昌迤邐而南爲順寧，又南爲普洱，其邊袤亙蓋二千餘里。永昌之盞達、隴川、猛卯、芒市、遮放，順寧之孟定、孟連、耿馬，普洱之車里，數土司外，又有波龍、養子、野人、根都、佧佤、濮夷雜錯而居，非緬類，然多役於緬。土司亦稍致餽遺，謂之「花馬禮」，由來久矣。暨緬人內訌，禮遂廢。甕藉牙父子欲復其舊，諸土司弗應，乃遣兵擾其地，而普洱獨先有事。

二十八年，劉藻爲雲南巡撫，額爾格圖爲提督。是年冬，緬人先遣刀派先之兄刀派新自阿瓦還至孟連，徵索幣貨，又遣頭目卜布拉、木邦罕黑至耿馬責其禮。普洱之十三板納者，本車里土司地。雍正七年，鄂爾泰總督雲南，招降之，始割其地置府。至是，緬人亦來索米。永順鎮總兵田允中、普洱鎮總兵劉德成、知府達成阿檄土司各率兵禦之，殺其頭目卜布拉、召罕標等，餘衆潰走。

孟艮本緬屬，距普洱千餘里，土司召孟容與弟召孟必不相能。召孟必之子召散譖召孟容於緬，緬人執之，其子召丙走南掌。尋入居於十三板納之孟遮，召散因令素領散聽、素領散撰、素領黨阿烏弄等犯打樂，分侵九龍江橄欖壩，車里土司遁去，賊入據其城。總督劉藻檄大理順寧營兵七千往剿，遊擊司邦直先進，爲賊人所圍。會參將劉明智至，夾攻破之，乘勝復車里土司城。進攻猛籠、猛歇、猛混、猛遮諸壘，連破之，然賊往往竄伏屯聚，未肯卽退。藻議益以曲尋、楚姚兵二千，未至，而參將何瓊詔、遊擊明浩等聞猛阿爲賊所攻，遽率兵過滾弄江，束器械以行，不設備，入山遇賊，兵敗，詔論斬。時乾隆三十年也。

三十一年正月，詔大學士楊應琚自陝甘移督雲南，降劉藻湖北巡撫，藻自刎死。是月己亥，應琚至雲南，楚姚鎮總兵華封已平打樂，猛臘參將哈國興已平大猛養，合剿孟艮，召散遁，官軍得其城。而劉得成與提督達啓及參將孫爾桂攻整欠，亦克之。普洱邊外悉平。叭先捧者，車里土司之所屬，蓋微者也。顧與其妻咸以從軍自効，斬素領散撰於小猛崙，素領散聽亦爲其妻殺死。應琚乃請以召丙居孟艮，叭先捧居整欠，均授以指揮，使守其地。時提督李勳方至雲南，應琚令往孟艮、整欠正經界，定賦稅，附入版圖，爲久遠計。然召丙爲人懦，不能安輯其人；叭先捧不敢至整欠，退棲於猛獢。四月，召散之黨召猛烈、召猛養以次被獲，其弟僧召龍亦自投首，惟召散逋逃未得。

應琚見夷人之易於摧殄也，遂上奏云：「臣兩月以來，訪問召散踪跡，逃往阿瓦，已飭土司繕寫緬文索取，不獻，當卽興師問罪。臣查緬甸連年內亂，篡奪相尋，實有可乘之會。臣謹選人潛往阿瓦，將地方之廣狹，道路之險夷，詳悉繪圖，探明奏報。現已備可調之兵，布置練習，密修戎器，以待進行。」疏入，帝諭曰：「應琚久任邊疆，必不至輕率喜事。如確有把握，自可乘時集事，剋日奏功。倘勞師耗餉，稍致張皇，轉非愼重籌邊之道。務須熟計兼權，期於妥善，以定行止。」

是時諸將希應琚意，爭言內附。李勳以猛勇、猛散告，劉德成以猛龍、補哈告，華封以整賣、景線、景海告，率侈言夷地廣輪或二千里，或二千餘里，爲邊外大都。應琚一一奏聞，以其頭目爲千總、守備。緬寧通判富森言木邦人殺緬立土司罕黑，奉綫甕團爲主，願求內屬。永昌知府陳大呂亦言蠻暮土司被緬殘虐，久願歸誠，請發兵爲助。應琚乃往駐永昌，而遣副將趙宏榜將永順、騰越兵三百餘人出鐵壁關屯新街，爲蠻暮捍蔽。宏榜抵關，遇大呂所遣使，羈之，而自受蠻暮土司瑞團降。大呂恚，訴應琚，應琚曲解之。是時騰越知州陳廷獻招猛育、猛英、猛密，陳元震招戞鳩、允帽、結歩，富森招仵佤，而宏榜又招孟養、乃壩竹、孟岳十六寨諸夷，先後遣人來約降。

應琚又爲文檄緬，侈言天朝有陸路兵三十萬，水路兵二十萬，陳於境以待速降，不然則進討。緬聞，乃大出兵。緬人素不養兵，有事則於所屬土司諸寨籍戶口多寡出夫，名曰「門戶兵」。自甕藉牙據阿瓦，蓄勝兵萬人，一人給以餉四十兩，其餘派夫如故。每戰則以所派土司濮夷居前，勝兵督其後，而以馬兵爲左右兩翼。戰既合，兩翼分繞而進，往往以此取勝。若自度不可勝，則急樹柵自固，而發連環槍礮蔽之。比煙開則柵木已立，入而拒守。其兵法如此。

九月，賊先以兵出落卓攻木邦，綫甕團不能守，入居遮放，又以兵溯江而上，抵新街。

宏榜相持兩日，勢不支，燒其器械輜重及傷病之兵，退回鐵壁關駐守，而蠻暮土司亦偕其母走入內地。

應琚憂甚，痰疾遽作，詔兩廣總督楊廷璋赴滇，代治應琚軍，並廉宏榜兵敗狀。又遣侍衞傅靈安挾御醫診應琚病，又命其子江蘇按察使重英、湖南寶慶知府重穀赴滇省視之。

應琚所調兵一萬四千名將集，令永順鎮總兵烏爾登額駐宛頂進剿木邦，永北鎮總兵朱崙由鐵壁關進駐新街，而令提督李時升在杉木籠山居中調度。崙至楞木，突遇賊，戰四晝夜，賊退走，追擊之。懵駁之弟卜坑及其舅莽聶渺節速詭求和，言願頂經呪水。頂經者，以經加於首，呪水者，取水呪之，分與其衆飲，蓋夷人盟誓之禮也。議未定，賊已擁衆越神護、萬仞關，入掠盞達，圍遊擊馬拱垣於盞達江上，分兵入戶撒，遊擊邵應泌亦被圍。劉德成在干崖有兵二千人，坐視不救。時升因檄崙還守鐵壁。又聞賊欲從庫弄河出關後，崙復引兵卻，駐守隴川。賊勢張甚，應琚數以檄促德成，始擊賊於銅壁關下，破之。賊自西而東趨隴川，德成亦由戶撒擊其後；時升又檄烏爾登額帥宛頂兵至邦中山，以助聲勢：於是軍威稍振。賊人見大兵之集也，復來乞降，崙以報應琚，命許之。

賊伺我軍懈，遂走犯猛卯。猛卯與木邦親，木邦之降，猛卯實左右焉。賊怨，故蹂躪之。時三十二年正月丙寅朔也。副將哈國興帥兵二千五百人趨猛卯，比至，見賊勢盛，乃入城與土司堅守。賊攻城，緣梯而上，城上矢礮交發，賊不敢近。閏八日，癸酉，副將陳廷蛟、遊擊雅爾姜阿各以兵至，城中出合擊之，賊大潰；而烏爾登額久不至，故賊得浮猛卯江而逸。朱崙乃造浮橋過宿養渡，由景陽、暮董偕烏爾登額進剿木邦。是月丁丑，楊廷璋至軍，見賊未易遽平，遂奏言應琚病已痊，臣當歸粵。帝召廷璋還京師。

時賊入關侵擾，應琚皆不以聞，僅言朱崙殺賊幾萬人，賊震懼，乞降，欲以新街、蠻暮與之；而時升亦言猛卯之捷，誅其大頭目播定鮓、皮魯布。奏入，帝視應琚所進地圖，用藍筆分中外界，而猛卯、隴川均在藍線內，疑之，以爲如果殲賊萬餘及大頭目，賊當遁走不暇，何以朱崙輾轉退卻，賊敢蔓延內地土司之境？降旨駁詰。而傅靈安先奉詔廉訪軍事，具言趙宏榜棄新街，朱崙退守隴川，及李時升未經臨敵情事，與帝所駁詰者悉合。應琚復劾劉德成、烏爾登額逗留貽誤。於是逮李時升、朱崙、劉德成、烏爾登額、趙宏榜，而晉楊寧爲提督。且以應琚欺罔乖謬不能任事，乃召明瑞於伊犂，以將軍督軍雲南，遣額爾景額爲參贊大臣，徙巡撫湯聘於貴州，以鄂寧代之。

上年冬，緬人已據整賣、景線，召散遂率以攻孟艮，召丙懼，出奔，賊延入打樂，思茅同知黑光以聞。時湯聘未聞上命，楊重英方至自江蘇，乃偕赴普洱，奏言總兵華封、寧珠安坐普洱，失剿禦，請革職治罪。奏入，華封、寧珠與遊擊權恕、司邦直，都司甘其卓皆被逮，調開化鎮總兵書敏總統進剿。頃之，鄂寧亦至普洱，奏言：「上年九龍江外兵馬以瘴死者不可勝數，官弁夫役死亦大半。此時正盛瘴發生，湯聘乃稱嚴飭將卒，尅日進剿，懷詐塞責，實無誠款。」奏入，湯聘以革職逮治。應琚見前所招撫土司復陰附緬，其土司頭目夷人千百爲羣，皆蕩析離居，而緬賊時出沒爲患，邊事日棘。鄂寧復奏應琚貪功啓釁，爲朱崙等諱飾，又不令湯聘、傅靈安與聞邊務，及隱沒遊擊班第、守備江紀陣亡各狀。應琚懼，乃奏請是秋大舉征緬，調兵五萬，五路並進，兼約暹羅夾攻。帝下其議，廷臣皆斥之。詔逮應琚至京，賜死。

四月，明瑞至永昌。時楊寧壁軍木邦，餉道爲賊所斷，潰退滿河。永北鎮總兵索柱及烏爾登額亡其印信。明瑞以聞，楊寧亦被逮，調譚五格爲提督。詔派八旗兵三千、四川兵八千、貴州兵一萬、雲南兵四千，赴邊進討。綠營馬匹皆本營預備，惟八旗兵三千人，每兵例需馬三匹，合官員所用，計馬幾萬匹。明瑞議撥廣西馬一千、廣東馬八百、四川馬五千八百、貴州馬六千、湖南馬二千，每兵裹兩月糧，計六斗，馱以一馬。馬、驢少，購牛代之。糧不足，可殺牛以抵。共用驢、馬、牛八百餘。其糧於大理、鶴慶、蒙化三府撥六萬石，又於永昌、順寧買三萬石。兵行之道，自宛頂、木邦進者爲正兵，明瑞身統之。烏爾登額、譚五格則由猛密分進。至新街，水路，時方暑雨，難造舟，宜削木柹沿江流下，疑賊以牽其勢。奏入，帝嘉之，悉從其議。

九月，諸路兵皆至永昌，馬、牛亦集。甲寅，明瑞率軍啓行。値大雨，潞江舟少，以次待渡，而溝路陰仄，輜重壅塞於道，軍士立雨中竟夕。十月甲申，抵帕兒，帝復遣參贊大臣珠魯訥至軍，而參贊大臣額爾景額、楚姚鎭總兵國柱相繼病歿。賊偵知，毀津渡橋梁，且伐大樹扑之。又雨多道壞，軍行遲滯，明瑞乃選銳兵一半，帥以先驅。領隊大臣觀音保由孟谷出木邦之右。十一月丙戌，抵木邦城。賊先挾夷民以去，獲其糧貯，留珠魯訥以兵四千守之。進至錫箔江，江寬，架橋以渡。行四日，至天生橋，橋南有賊砦相偪。會商人馬子團言橋之東三十里水淺可涉，且岸頗平，乃以兵繞出其後。賊復棄砦去，遂進至蠻結。賊依山立十六栅以待。明瑞抵栅下，親冒槍礮督兵進攻。觀音保麾衆先據山左。哈國興等三路登山，俯薄之，呼而逼其壘。貴州步兵王連睨栅左有積木，躡之以登，躍入栅內，八十餘人繼之。賊恇亂，莫知所措，多被殺，遂破其一栅。旋復攻破三栅，而十二栅之賊悉乘夜潛遁。捷聞，晉封明瑞誠嘉毅勇公，以恩澤侯與其弟奎林，特擢王連爲遊擊，餘俱交部敍功。

然夷境益峭險，其草率綠竹、王芻之屬，馬乏食，多致斃，而牛行遲滯，箠之以登，死者尤衆。賊燒其村寨，斂積貯而窖埋之，掠食無所得，軍糧垂竭。進至象孔，迷失道。明瑞度不能至阿瓦，約烏爾登額等軍由猛密入。其地近孟籠，有緬屯糧，且可與猛密軍相合，乃議向孟籠，果大獲糧；而烏爾登額等趨猛密，出虎踞關，聞老官屯有賊，意輕之，先率衆往攻。賊固守，弗能下，軍士多傷亡，陝西興漢鎮總兵王玉廷亦中槍卒。

珠魯訥守木邦，有夷數十人來降，疑其僞，悉誅之，而遣索柱等往錫箔江設臺站，以通明瑞軍信息。索柱等至蒲卡，聞賊至，以兵少，退守錫箔，賊躡之，戰歿。賊遂附木邦城下，絕營南水道，糧運之從宛頂來者，賊又截之，軍士皆飢渴，火藥亦盡，賊審其困，佯爲好語求和，珠魯訥不得已，遣楊重英及守備王呈瑞往報，賊人留之，且誘軍士出汲，斷其後，皆不得還。三十三年正月，益兵攻城。丁未夜，兵亂，珠魯訥自刭死，普洱鎮總兵胡大猷亦歿。賊之圍木邦也，珠魯訥屢促鄂寧救援，而永昌兵盡行，無可調發。已而促之急，始令遊擊袁夢麟等率駐宛頂兵三百人以往，遇賊，皆不知所之。知府陳元震、郭鵬翀持參贊印先三日逸出，鄂寧捕得之，磔死。

明瑞既就糧孟籠，諜知烏爾登額未至猛密，而諜者報大山土司瓦喇遣弟羅旺育來迎，且率其子阿隴從軍；而緬自去冬象孔改道後，獲官軍病卒，知糧盡，不向阿瓦，即悉衆躡官軍後。官軍且戰且行，每日先以一軍拒敵，即以軍退至數里外成列，待軍至，則成列者復迎戰。明瑞及觀音保、哈國興更番殿後，步步爲營，每日行不三十里。正月丙午，至蠻化，營於山巔，賊即營山半。明瑞曰：「賊輕我甚矣，不一痛創之不可！」時賊識官軍軍號，每晨吹波倫者三而起行，賊亦起。次日五鼓復吹波倫三，乃盡出營伏箐中以待。賊聞波倫聲爭上山來追，萬槍突出，四面兜擊，賊潰墜者趾頂相藉，坑谷皆滿，殺四千餘人。

明瑞休軍蠻化數日，取所得牛馬犒士。又自蠻化至邦邁、虎布、蠻移、小天生橋、僮子壩，大小數十戰，永順鎮總兵李全歿於陣。又稍稍聞木邦失守。明瑞恥是役之無功也，二月己未，至猛育，距宛頂糧臺二百里，賊蝟集數萬。明瑞乃令軍士乘夜出，而自與領隊大臣及巴圖魯侍衞數十人率親兵數百斷其後。及晨，血戰萬賊中，無不一當百。俄，明瑞鎗傷於脇，呼從者取水至，飲水少許而絕。觀音保、扎拉豐阿皆戰死，死者凡千餘人。是夕也，星隕如雨，餘軍先後潰歸宛頂。

明瑞自蠻結破賊後，懸軍深入。帝久不得報，命戶部尚書果毅公阿里衮以參贊大臣赴邊援應。又聞木邦被困，命明瑞旋軍，而敕烏爾登額撤老官屯之圍，往援木邦。賊覺，扼馬膊子嶺；烏爾登額幾不得出；而自旱塔抵猛密，木邦有𧝎徑頗近，烏爾登額以馬盡糧乏，紆道入虎踞關，經猛卯，至宛頂，復駐軍。明日而明瑞陣亡之信已至，鄂寧劾其有心玩誤，詔逮至京磔之，幷誅譚五格於市，而厚䘏明瑞。其後阿里衮募人至猛育，求其屍，歸於京師以葬。是爲征緬前一役。

明瑞之死也，緬人不知，震其餘威，懼再討。五月，縱所獲兵許爾功等八人自木邦持緬書來，且使楊重英、王呈瑞等言：「懵駁之母得罪天朝，欲使懵駁內附。」重英恐緬書繙譯誤，乃譯清、漢字各一通，益以木邦臘戍頭目苗溫之書。苗溫者，緬人守土官之稱。臘戍在木邦南。木邦殘破，而臘戍城在嶺下，險可守，故苗溫徙居於此。緬書云：「暹羅國、得楞國、得懷國、白古國、一勘國、罕紀國、結些國、大耳國及金銀寶石廠，飛刀、飛馬、飛人，有福好善之王殿下掌事官拜書領兵元帥。昔吳尙賢至阿瓦，敬述大皇帝仁慈樂善，我緬王用是具禮致貢，蒙賜緞帛、玉器諸物，自是商旅相通，初無仇隙。近因木邦、蠻暮土司播弄是非，與兵兆釁，致彼此人馬互有傷亡。茲特投文敍明顚末，請循古禮，貢賜往來，永息干戈，照舊和好。」阿里袞以聞。帝念明瑞軍入關者尙逾萬，所喪亡不過十之一二，然將帥親臣皆捐軀異域，而緬夷求款未親遣頭目，非大舉無以雪忠憤，命絕之勿報。自後緬人數以書與隴正野人及遮放土司訪問許爾功狀，皆置不答；而以楊重英偸生阿瓦，籍其家，並置其子於理。

時大學士公傅恆自請督師，乃命爲經略；阿桂、阿里袞皆爲副將軍，明德爲總督，哈國興爲提督。八月，阿桂詣熱河行在，奏言：「緬賊愍不畏死。臣至滇，當相度時勢，以正天誅，不敢鹵莽滅裂，誤軍國大事。」帝頷之。既陛辭，至襄陽，會守備程轍前從楊寧軍陷於賊，至是密以書來告，言緬人方與暹羅仇殺，可約以夾攻。帝遣人馳問阿桂，奏言：「官軍會合暹羅，必赴緬地。若由廣東往，則遠隔重洋，相去萬餘里，期會在數月之後，恐不能如期。」帝以爲然。蓋自明陳用賓有要暹羅攻緬之說，楊應琚、楊廷璋先後奏上，延議雖斥之，不能釋然也。因詔兩廣總督李侍堯詢察之。侍堯奏言：「聞暹羅爲花肚番殘破，國主詔氏竄迹他所，餘地爲屬下甘恩敕、莫士麟分據。」花肚番者，緬人以膝股爲花，故云。由是約暹羅之議始寢。

是年冬，帝念明瑞所統旗兵勞苦，命回京，復選旗兵五千人赴滇，合荊州、貴州、四川兵一萬三千人。阿里袞乃令副都統綿康、曲尋鎭總兵常青帥二千人駐隴川，侍衞海蘭察、烏爾圖納遜帥二千人駐盞達，領隊大臣豐安、鶴麗鎭總兵德福帥二千人駐遮放，侍衞興兆、巴朗帥一千人駐芒市，侍衞玉林、普爾普帥五百人亦駐盞達，侍衞恆山保、永順鎭總兵常保柱帥三千人駐永昌，廣東右翼鎭總兵樊經文帥一千人駐緬寧，荊州將軍永瑞、四川副都統雅朗阿、提督五福帥六千人駐普洱，而騰越兵一千令綿康兼轄之。防守嚴密，邊以無事。帝以緬人狡惡，思出偏師疑之，使其疲於奔命。欲出九龍江及舊小，皆不果。阿里袞乃議剿戛鳩。十一月，阿桂至永昌，聞信馳往會師討之。十二月，出關，焚數寨，殲其衆數百人，止丹山。濮夷團五卒者，率四十餘戶來降，遷之盞達。

三十四年二月，經略傅恆發京師，帝御太和殿授以敕印。或告傅恆曰：「元伐緬，由阿禾、阿昔二江以進。今其蹟不可考，意其爲大金沙江無疑。前鄂寧言騰越之銀江，下通新街，南甸之檳榔江，流注蠻暮，兩江皆從萬山中行，石磡層布，舟楫不可施。若於近江地爲舟具，使兵扛運至江滸，合成之以入於江，下阿瓦，既速且可免運糧，而師期亦較早一二月，緬人必不暇設備。又以一隊渡江而西，覆其木梳舊巢。如此，緬不足平也。」傅恆然其言。四月丙辰，至永昌，條奏進兵事宜，皆如所議。遂遣護軍統領伍三泰、左副都御史傅顯及哈國興，率夷人賀丙往銅壁關外相視造舟地。還報野牛壩山勢爽塏，樹木茂密，且距蠻暮河一百餘里，於入江爲宜。乃令常青等率兵三千人，督湖廣工匠四百六十餘，馳往造辦。又使賀丙潛行招撫。賀丙者，戛鳩頭目賀洛子也。

是役也，續遣滿洲、索倫、鄂倫春、吉林、西㶟、厄魯特、察哈爾，及自普洱調赴騰越之滿洲兵，共萬餘人；又福建、貴州、本省昭通鎭兵，共五萬餘人。河南、陝西、湖廣與在省曲靖各府飼養之馬，凡六萬餘匹。益以四川工呪術之喇嘛，京城之梅鍼箭、沖天礮、贊叭喇、鳥鎗，河南之火箭，四川之九節銅礮，湖南之鐵鹿子，廣東之阿魏，雲南省城製造之鞍屜、帳幙、旗纛、火繩、鉛藥，及鉛鐵、灰油、麻枲諸船料物，悉運往以資軍實。

乃議分路進：傅恆由江西戛鳩路，阿桂由江東猛密路，阿里袞以肩瘡未愈，由水路，都計新舊調兵二萬九千人。其由戛鳩路者，滿洲兵一千五百人，護軍統領伍三泰，侍衞玉麟、納木札、五福、鄂寧、烏爾袞保，參領滿都虎、德保領之；吉林兵五百人，護軍統領索諾木策淩、侍衞占坡圖領之；索倫兵二千人，副都統呼爾起、奎林、莽克察，侍衞塔尼、布克車德、受菩薩，參領占皮納領之；鄂倫春兵三百人，侍衞成果領之；厄魯特兵三百人，侍衞鄂尼、積爾噶爾領之；綠營兵四千人，提督哈國興，開化鎮總兵永平及德福領之。其由猛密路者，滿洲兵二千人，副都統綿康、豐安、常保柱，侍衞海蘭察、瑪格、喬蘇爾、興兆、普爾普領之；索倫兵一千人，散秩大臣葛布舒，侍衞額森退領之；厄魯特兵三百人，侍衞巴朗領之；綠營兵四千人，曲尋鎮總兵常青，永北鎮總兵馬彪，楚姚鎮總兵于文煥領之。其由水路者，健銳營兵五百人，侍衞烏爾圖納遜、奈庫納領之；吉林水師五百人，副都統明亮，侍衞豐盛額領之；福建水師兵二千人，福建提督葉相德，福建建寧鎮總兵依昌阿領之。又令副都統鐵保，侍衞永瑞領成都滿洲兵一千二百人，侍衞富興、蒙古爾岱、鄂蘭、必拉爾海領西棘兵一千人，提督本進忠、臨元鎮總兵吳士勝領綠營兵二千二百人，分守驛站。又令侍衞諾爾奔領滿洲兵五百人，永順鎮總兵孫爾桂領綠營兵一千人，屯宛頂，以牽制木邦之賊。又令雅朗阿領荊州滿洲兵二千人，普洱鎮總兵喀木齊布領綠營兵一千五百人，駐守普洱。

分置略定，而賀丙往戛鳩招撫孟拱，挾其頭目脫烏猛以來。其言曰：「上年懵駁遣頭目盞拉機以千人守猛戛，需索煩重，土司畏其偪，避往戶工。孟拱人苦緬人魚肉久矣，聞大軍來，皆呀呷忻喜。請由戛鳩濟江出孟拱。孟拱米穀多，可以佐軍食。頭目歸，當集舟於江以待。」傅恆上言：「孟拱遣大頭目來，稱歸備舟以候官兵過渡。臣思野牛壩造舟之役，賊早有見聞，若於西岸設伏沿江拒我，未易渡也。今忽由戛鳩過江，先從陸路據蠻暮西岸，已出賊意計之外。且自戛鳩渡後，可將舟楫順流放至蠻暮，添備東岸官軍過渡。如造舟處有緩急，我兵在西岸，乘舟往來策應亦最便利。臣傅恆謹先統兵進發，阿里衮、阿桂偕往野牛壩督辦船工。」

癸卯，次盞達，分道行，阿里衮固請從傅恆。庚申，出萬仞關。八月癸丑，次允帽。允帽，江滸也。賀丙、脫烏猛以舟三十餘來迎。丙子，次孟拱。土司渾覺竄往節東，蹤跡之，獲其小妻併頭目興堂札，願往尋渾覺，縱之，卽日偕以來，獻象四。傅恆令其人持大纛騎以先，夷人望見皆驚駭。而予渾覺銀萬兩，市牛數千頭，米數千石，以給軍。

時阿桂以七月戊申次野牛壩。舟工畢，八月乙酉，進次蠻暮。初，官兵之裹糧兩月也，議以進剿爲始；而督工時仍令內地饋運，總督明德面諾之，不爲具。及是，移檄往促，始令騰越州發運。泥深道遠，經月不能至。乃奏糧運遲誤狀，降明德江蘇巡撫，以阿思哈代之。九月壬辰，阿桂由蠻暮進至新街。舟成，將出江口，賊人從猛戛來逆戰，阿桂伏兵甘立寨。賊至，水陸奮擊，發巨礮，沉其舟，譟而從之，笳鼓競作，賊大沮，退走。

先是傅恆在江西，文報越兩三日輒一至，自孟拱而南，信益稀。阿桂聞蒼浦、蠻岡間有伏戎，乃募夷間道以書往訊。及伊犁將軍伊勒圖、總督阿思哈奉命皆至軍中，乃以兵二千屬伊勒圖渡江迎傅恆，併令玉麟、哈青阿率兵據西岸以待。伊勒圖渡江遇賊，擊走之，柵賊一夕皆遁去。

傅恆率十八騎，以是月戊申抵哈坎。是時緬人列船江岸，且於沙洲及林莽間樹柵以守。十月戊午，傅恆及阿桂督水師擊之，侍衞阿爾蘇納首先乘小舟衝入，衆繼進，奪其柵，獲旗纛器械無算，殲頭目賓啞得諾；而阿里袞、伊勒圖攻西岸諸柵，賊皆棄而走。丙寅，傅恆、阿桂循江東岸，伍三泰、常青循江西岸，阿里袞、伊勒圖率水師並進。丁卯，阿里袞以瘡甚卒於舟。

伊勒圖領其衆已抵老官屯。賊柵徑圍三里許，柵尾迤邐屬於江中，瀦水可泊船。柵以巨木深入土中，外周三壕，壕外橫臥大樹，銳其枝末外向，蓋其大頭目布拉莽儻所居也。西岸頭目得楞孝楞率船一百三十、兵三千，起兩柵。及夕，柵木杪皆懸火。有頃，鼓登登，雜以管籥侏離之歌，傳呼以達於江西，遠近相和，竟曉乃輟，而老官屯南巴窪、章薄賊，皆築柵以爲應援。庚午，進攻其柵，經略將軍親麾壘。總兵德福中鎗，逾日卒。乃令舟師絕兩柵中，下泊於柵南，斷賊江中援救。發威遠大礮，礮重三千斤，子三十餘斤，聲如奔雷，遇木輒洞以過，柵不爲塌。又改用火攻之法，先以桿牌禦鎗礮，衆挾膏薪隨之，百牌齊進，踰壕抵柵；而江自四更大霧起，迄平旦始息，柵木沾潤不能爇，兼值反風，遂卻。又取生革爲長絙鉤之，力急絙輒斷；乃伐箐中數百丈老籐，夜往鉤其柵，役數千指曳之，輒爲賊斧斷。總兵馬彪乃闕隧窌藥其中，深數十丈，藥發，柵突高起丈餘，賊號駭；俄柵忽落平地，又起又落者三，遂不復動。蓋柵坡迤下，而地道平進，故土厚不能迸裂也。賊自巴漥、章薄來鉛丸、火藥、糧米，卒不得斷絕，是以無逃志。

然懵駁聞新街之敗，大懼，而攻圍日久，死傷者多。十一月己丑，布拉莽儻乃遣使求罷兵。明日，復以懵駁書至。傅恆、阿桂召諸將問可否，諸將皆言懵駁從阿瓦致書，非震悚誠切不出此，可借此息兵。壬辰，作檄答之，言：「汝國欲貸天討，必繕表入貢，還所拘繫官兵，永不犯邊境。如撤兵背約，明年復當深入，不汝貸也。」癸巳，緬十三頭目來議事，乃遣明亮、海蘭察、哈青阿、明仁、哈國興、常青、馬彪、依常阿、于文煥、雅爾姜阿等會議，申諭所約三事，頭目皆拱手聽命。哈國興曰：「汝國僻在海裔，不知藩臣典禮，汝入貢當具表文，文首行書『緬甸王臣某奉表大皇帝陛下』，與安南、高麗各外藩等。」其管五營頭目得勒溫曰：「謹受教。」目左右具書以歸。丁酉，陳錦布、毾㲪百餘端，獻經略將軍，而進魚鹽犒軍。於是焚舟鎔巨礮，奏聞，以己亥班師。甲辰，進虎踞關，緬人遣頭目率六十餘人送至關上。是日奉旨以緬地瘴癘，命貰其罪，令渾覺還孟拱，而以所進四象送京師。伊勒圖、傅恆先後還京。

木邦、蠻暮兩土司走入內地後，綫甕團居緬寧之海臘，丁山、瑞團居盞達之壩筑，其猛密頭人綫官猛亦率衆居綿川戶南山，餘遷徙無常處。及是，移綫甕團於蒙化，移瑞團、綫官猛於大理，各取官莊租贍之；而賀丙則從其請，居於萬仞關外之南底壩。其後又以召丙、叭先捧等分置於寧洱縣之蕨箕壩，而大山之姪阿隴、允帽頭目之女老安皆屬縣官，予以廩給。猛勇頭目召工、整欠頭目召教、景海頭目召別，咸願輸誠進獻。

三十五年二月，因緬人貢使不至，帝令毋許奸商挾貨貿遷以利緬，且漏內地消息。時阿桂還至省城，命核所用軍裝馬匹，又命總督彰寶檄斥緬入貢使遲滯狀，使都司蘇爾相持至老官屯，布拉莽儻留之。阿桂回至永昌察賊狀，三十六年三月，阿桂奏言：「蠻暮、木邦、猛密三土司外，始有緬人村落，距邊已二千餘里，偏師不可深入。若出近邊，則所殲乃濮夷野人，與緬無損。不如休息數年，外約暹羅同時大舉。」帝以大舉非計，乃罷阿桂，以溫福代之。明年，金川反，溫福、阿桂皆赴四川。而緬亦方用兵暹羅，於是暹羅滅於緬。

四十一年，金川平。時緬甸先遣孟遮等五人以書呈雲南總督圖思德，總督縶之歸京師。及是，命赴市曹觀狀，且告之故，乃縱使歸緬，而令阿桂以大學士赴永昌備邊。緬懼，請入貢，願出楊重英、蘇爾相，求開關互市。明年，出蘇爾相，而楊重英不至。

四十三年，暹羅遺民起兵逐緬人復國。五十一年，詔封鄭華爲暹羅國王，於是緬益懼。

五十二年，耿馬土司罕朝瑗報言：「滾弄隔岸即緬甸木邦，緬酋孟雲遣大頭目葉渺瑞洞、細哈覺控、委盧撒亞三名，率小頭人從役百餘人，齎金葉表文，金塔及馴象八、寶石、金箔、檀香、大呢、象牙、漆盒諸物，絨氈、洋布四種，懇求進貢。譯其文，稱孟雲乃甕藉牙第四子，幼爲僧，懵駁其長兄也。懵駁死，子贅角牙立。孟雲次兄孟魯，以甕藉牙有兄終弟及之諭，懵駁死而子襲，非約，乃戕殺贅角牙，欲自立，國人不服，亦殺孟魯，迎孟雲立之。孟雲深知父子行事錯謬，感大皇帝恩德，屢欲投誠進貢，因與暹羅搆釁，且移建城池，未暇備辦。今緬甸安寧，特差頭目遵照古禮進表納貢。」總督富綱等以聞，帝允所請，賚其使而歸之，且賚孟雲佛像、文綺、珍玩器皿。五十四年，孟雲遣使賀八旬萬壽，乞賜封，又請開關禁以通商旅，帝皆從之，封爲緬甸國王，賜敕書、印信，及御製詩章、珍珠手串，遣道員、參將齎往其新都蠻得列，定十年一貢。自是西南無緬患。

六十年，緬王遣使祝釐，進緬石長壽佛、貝葉緬字經、福字鐙、金海螺、銀海螺、金鑲緬刀、金柄塵尾、黃緞繖、貼金象轎、洋槍、馬鞍、象牙、犀角、孔雀、木化石、玄猴皮、各色呢、各色花布，都十有八種。時有三緬盜逸入印度，緬人以五千人追之，突入印度之勢他加境，英人領土也。英守將爾斯根詰緬人，以盜付之。嘉慶元年，緬王復遣使朝貢。總督勒保以緬使甫經回國，不宜數來，檄雲南司道拒勿納。事聞，帝諭曰：「緬甸國王以本年國慶，特遣使臣齎表備物申虔稱賀，勒保不據實奏聞，遽行拒絕，致令使臣徒勞跋涉，殊失柔遠綏懷之意。勒保交部嚴議。」命軍機大臣擬旨曉諭緬王，頒賜蟒錦四端。五年，緬甸入貢。十年冬，緬甸復遣使叩關求入貢，以是年暹羅伐緬，有敕諭暹羅罷兵故也。帝以非貢期，卻之。

時緬甸雖失暹羅，國勢猶盛。其疆域南盡南海，北迄孟拱，西包阿拉干，東聯廠爾古。又有撣人之地環其東境，舊稱九十九國，多爲領屬，地廣兵强。既東失暹羅，乃西覬印度之富，時思襲取。緬西北有曼尼坡部，又西有阿薩密部，緬嘗以兵攻二部，漸有從西黑特旁侵入英領之勢。西黑特居阿薩密南，爲印度孟加東北境，過此即克車部，英人所保護也。緬人恃其習戰，蔑視英人，後果侵英邊，殺英戍兵，擄其人民。又南侵入勢他加，英人以少兵守內府河口之刷浦黎島。道光三年，緬人攻守島英兵，英以衆寡不敵而潰，亡數人。英人來責言，緬置不答，益輕英。

明年，英人伐緬，水師副提督喀姆稗兒率師進厄勒瓦諦江，即大金沙江也。次仰光，緬人禦諸海口而敗，英軍遂登陸攻仰光、克曼庭村寨。緬兵懼，每戰輒奔潰，然去必燬其積貯，堅壁清野以待，英人野無所掠，糧運又不繼，遂大困。緬王乘其敝，自阿瓦遣大隊圍攻之，英軍固守不動，緬人不能勝。英軍尋以巨礮反攻緬，緬軍潰。逾數月，喀姆稗兒乘間攻克艾報、墨爾階兩城，與瀕海地那悉林之地，然英軍傷病相屬，其强壯能勝戰者僅三千人，乃移病卒休養於艾報諸城，勢復振。進攻擺古河口之悉林工場，與葡萄牙所築舊堡，悉取之。又克馬爾達般省。

緬人懼，徵鎮守阿拉干長勝軍回援，其帥班都拉，健將也。班都拉既至，急突英軍，不得入，乃退而集師。十一月，班都拉以衆六萬攻仰光及克曼廷村寨，不克。還至丹阿卜，掘地營而守，喀姆稗兒於是進攻普羅美，其地西距厄勒瓦諦江約三里許。明年，英軍分水陸進，將軍可敦將水師，喀姆稗兒將陸軍，會於丹阿卜，合力奪地營，緬將班都拉中礮死，遂長驅入普羅美城。時值大雨，約各休兵一月，以九月十七日爲期。入夏以來，英別將馬立生攻克阿拉干部，並逐阿薩密北部緬人，進駐克車。

十月，緬軍三路攻普羅美，英守將僅有歐人三千，印人二千，緬軍不能入。十二月，英人分擊緬軍，緬軍沿厄勒瓦諦江敗退，各以一萬二千人分入米投、麥龍，築壘堅守。未幾，米投破，餘兵奔麥龍，緬人力竭，求成於英，英將允之，遣人議和款，要以四事：一，割阿拉干、艾報、墨爾階與意愛各城歸英轄；二，阿薩密部與各小部，緬人毋得干預其治權；三，賠軍費一千萬羅比；四，應準各國代理人駐紮緬京，且得以兵五十名爲衞，英艦之入緬港者，毋得勒令繳槍彈船舵。

議員簽押呈緬王署押，緬王不允，飭整戰備。英將偵知緬王無和意，明年一月十九日，攻克麥龍城，緬人復遣使議和，且徵蒲甘兵衞京城。英將知非王本意，進攻不已，緬廷乃使美士迫拉意斯持前署押約章，並羅比二百五十萬至英軍乞止兵，英乃撤兵去。時道光六年也。

約成，緬國遂失西偏沿海地數部。然緬國上下均不服此約。迨緬王弗極道爲其弟撒拉瓦第所篡，撒拉瓦第素主排英，尤蔑視前約。先是英使臣軍佐白奈駐阿瓦，與緬王齟齬而去，兩國交遂破，英政府撤回駐緬職事人。是後緬人遇英人頗暴厲，英艦至緬者，緬人常與其水手鬨，英廷遣使詰責緬廷，且護以水師。比英使至仰光，謁其督臣，語不合，英使遂以兵艦封其港，責償前英船所受損失費，要緬廷禮接英使，仰光督臣在英使前謝罪。時緬王蒲甘曼嗣立，執不允。於是英、緬再失和，而修職貢於中國如故。

咸豐三年十一月，羅繞典奏緬國貢使入京，請變通辦理。帝諭軍機大臣曰：「朕念緬甸國王久列藩封，貢使遠道輸誠，具徵忱悃。惟其國貢使向取道貴州、湖南、湖北進京。現在粵匪未平，若令繞道而行，殊非所以示體恤。即傳旨其使臣，此次無庸來京，仍優予犒賞，委員護送回國。」

是年，緬、英再開戰，南方嚴城要地盡入於英，前所交還擺古部亦爲英據。英將道好西宣言以擺古隸英版圖。適緬親王曼同下王於獄，自立爲王，遣使說印督道好西索還擺古，英廷命軍佐雅實勿里爲擺古行政長官，且充使以報。偕雅實勿里行者爲參贊亨利幼兒、地質學家倭爾罕，挾緬王立永讓擺古之約，緬王拒焉。久之，至同治元年始定約，英乃於緬甸海岸設官分部，稱「英領緬甸」，即擺古、厄勒瓦諦、阿拉干、地那悉林也。以厄勒瓦諦江東支海口爲會城，卽所謂仰光鎭，以溫個那職視巡撫。

初，英人欲覓一自英領緬甸通中國商路，苦爲緬隔。後緬王許英人威廉遊歷緬境，北抵八募，又溯厄勒瓦諦江而上，至江上游之山峽。同治六年，緬廷與英人結通航緬境之約，又命英人代收八募與其他口岸商稅。次年，緬王曼同薨，子錫袍嗣位，復命旅於仰光之英工程師威廉、生物理學學士愛迭生、水師兵官暴厄爾與司忒華德、白恩諸人探訪運路，而以軍佐斯賴登率之行，且諭八募守臣以兵五十人護行。於是安抵八募東北之中國騰越廳境。八年，緬始開厄勒瓦諦江航路，上通八募，命水師兵官斯討拉爾駐八募，理其事。緬王頗注重商務，凡克亨山一帶危險地，皆設官防護，英人交口譽之。然緬王戇而多忌，廢斥舊臣，誅鋤兄弟親戚殆盡。外官雖有四千六百餘土司，皆祿無常俸，專朘民膏，百姓恆產，任意抄沒，緬、英雖交好，而猜忌尤深。

光緒九年，法蘭西由下安南進踞北圻，暹羅亦命官分駐老撾土酋各部，英據南緬既久，洞知上緬寶藏之區，甲於南海，且慮法人由北圻西趨，蔓及緬甸。十一年十月三日，英首相侯爵沙力斯伯里值倫敦府尹大宴時，宣布伐緬意，假判斷木商歇業爲名，由印度派兵進攻，入蠻得勒，擒其王，流之於印度孟買海濱拉德乃奇黎島。初，緬與法蘭西、意大利立私約，損自主權利，英弗善也。至是欲存緬祀，則私約不能廢，遂決計滅之，並取所屬撣人地。南緬地區部爲四：曰擺古部，曰阿拉干部，曰厄勒瓦諦部，曰地那悉林部。北緬地區部爲六：曰北部，曰中部，曰拉歇山嶺部，曰南部，曰東部，曰喀倫尼山嶺部，各部皆設行政長官，而隸於印度總督，緬甸自是遂亡。

時出使大臣曾紀澤駐英，帝以屬國故，命與英外部會商緬事。初議立君存祀，俾守十年一貢之例，不可得。旋議由英駐緬大員按期遣使賫送儀物，共界務、商務兩事，則擬先定分界，再議通商。英人自以驟闢緬甸全境，所獲已多，有稍讓中國展拓邊界之意。英外部侍郎克蕾稱：「英廷願將潞江以東之地，自雲南南界之外起，南抵暹羅北界，西濱潞江，即洋圖所謂薩爾溫江，東抵瀾滄江下游，其中北有南掌國，南有撣人各種，或留爲屬國，或收爲屬地，聽中國自裁。」曾紀澤轉咨總理衙門，言：「南掌本中華貢國，英人果將潞江以東讓我，宜即受之，將撣人、南掌均留爲屬國，責其按期朝貢，並將上邦之權明告天下，方可防後患而固邊圉。」

紀澤又向英外部索還八募。八募即蠻幕之新街。昔時蠻幕土司地甚大，後悉併於緬，其商貨滙集之區謂之新街，洋圖譯音則爲八募，距騰越邊外百數十里，在大金沙江上游之東，龍川江下游之北，檳榔江下游之南，向爲滇、緬通商巨鎭。英人以其爲全緬菁華所萃，不許。爭論久之，克蕾始云，英廷已飭駐緬英官勘驗一地，以便允中國立埠，且可在彼設關收稅。參贊官馬格里言八募雖不可得，其東二三十里舊有八募城，似肯讓與中國，日後貿易亦可大興。且允將大金沙江爲兩國公共之江，如此，則利益與彼分之，其隱裨大局，尤較得潞東之地爲勝。議未定，紀澤旋回國。

十二年六月，總署與英使歐格訥議約五條：第一，申明十年呈進方物之例；第三，中緬邊界應由中、英兩國派員會同勘定，其邊界通商事宜另立專章。約成，遷延者五年。

十七年，出使大臣薛福成始申前議，奏言：「英人所稱願讓潞東之地，南北將及千里，東西亦五六百里，果能將南掌與撣人收爲屬國，或列爲甌脫之地，誠係綏邊保小之良圖。惟查南掌卽老撾之轉音。臣閱外洋最新圖說，似老撾已歸屬暹羅。若徒受英人之虛惠，終不能實有其地，非計之得者。南掌、撣人本各判爲數小國，分附緬甸、暹羅。宜先查明南掌入暹羅之外，是否尙有自立之國，以定受與不受。其向附緬甸之撣人，地實大於南掌，稍能自立，且素服中國之化。若收爲我屬，則普洱、順寧等府邊徼皆可鞏固矣。至曾紀澤所索八募之地，雖爲英人所不肯舍，其曾經默許之舊八募者，亦可爲通至大金沙江張本。若將來竟不與爭，或爭而不得，竊有五慮焉。夫天下事不進則退。從前展拓邊界之論，非謂足增中國之大也。臣聞乾隆年間，緬甸恃强不靖，吞滅滇邊諸土司，騰越八關之外，形勢不全。西南一隅，本多不甚清晰之界，若我不求展出，彼或反將勘入。一慮也。我不於邊外稍留餘地，彼必築鐵路直接滇邊，一遇有事，動受要挾。二慮也。長江上源爲小金沙江，最上之源由藏入滇，距邊甚近，洋圖卽謂之揚子江。我若進分大金沙江之利，尙可使彼離邊稍遠。萬一能守故界，則彼窺知江源伊邇，或寖圖行船，徑入長江以爭通商之利。三慮也。夫英人經營商埠，是其長技。我稍展界，則通商在緬甸，設關收稅，亦可與之俱旺。我不展界，則通商在滇境，將來彼且來擇租界、設領事，地方諸務不能不受其牽制。四慮也。我得大金沙江之利，則迤西一路之銅，可由輪船遵海北上，運費當省倍蓰。否則彼獨據運貨之利，既入滇境，窺知礦產之富，或且漸生狡謀。五慮也。凡此五慮，皆在意計之中。又查中、英所定緬約第一條內，緬甸每屆十年，向有派員呈進方物成例。英國允由緬甸最大之大臣，每屆十年派員循例舉行，所派之人應選緬甸國人等語。當時中外注意專在申明成例，惟緬甸何年入貢，並未計及，所以但有此約，而英之駐緬大員尙未舉行。竊恐久不催問，此約卽成虛設。臣查成案，緬甸向係十年一貢。自道光二十三年入貢後，道路不通，至光緒元年始復入貢一次。計截至光緒十一年，正應緬甸入貢之期。若不按時理論，彼亦斷不過問。

此與勘界各爲一事，未便受其牽制，臣擬再加查訪，卽行文外部，請其知照駐緬大員，補進光緒十一年應呈方物，俟光緒二十一年，再按定例辦理。萬一彼謂必俟駐緬十年始呈方物，則經此一番考覈，彼於光緒二十一年之期斷難宕緩矣。」

既而英人不認允曾紀澤三端之說，謂普洱外邊南掌、撣人諸地，及大金沙江爲公用之江，與八慕設關也。十九年七月，福成奏言：「英人自翻前議，雖以公法爲解，實亦時勢使然。前議三端，既不可恃，則展拓邊界之舉，毫無把握。前歲英兵游弋滇邊，以查界爲名，闌入界內。常駐之地，則有神護關外之昔董，暨鐵壁關外之漢董。雲貴督臣王文韶迭經電達總理衙門。臣承總理衙門急電，照會外部，斥其違理，責令退兵。又屢赴外部爭論，英兵稍自撤退，滇邊至今靜謐。臣又查野人山地，緜亙數千里，不在緬甸轄境之內。曾紀澤曾照會外部，請以大金沙江爲界，江東之境，均歸滇屬，英人堅拒不納。其印督至進兵盞達邊外之昔馬，攻擊野人，以示不願分地之意。臣相機理論，稍就範圍，於是有就滇境東南讓我稍展邊界之說。據稱已與印督商定於孟定橄欖壩西南邊外讓我一地曰科干，在南丁河與潞河中間，蓋卽孟艮土司舊壤，計七百五十英方里。又自孟卯土司邊外包括漢龍關在內，作一直綫，東抵潞江麻栗壩之對岸止，悉劃歸中國，約計八百英方里。又有車里、孟連土司，轄境甚廣，向隸雲南版圖，近有新設鎭邊一廳，係從孟連屬境分出。英人以兩土司昔嘗入貢於緬，幷此一廳爭爲兩屬，今亦願以全權讓我，訂定約章，永不過問。至滇西老界與野人山地毗連之處，亦允我酌量展出。其駐兵之昔董大寨，雖未肯讓歸中國，願以穆雷江北現駐英兵之昔馬歸我，南起坪隴峰，北抵薩伯坪峰，西逾南嶂至新陌，計三百英方里；又自穆雷江以南、旣陽江以東有一地，約計七八十英方里。是彼於野人山地亦稍讓矣。其餘均依滇省原圖界綫劃分。外部於三月二十三日行文照會前來，臣先行文外部，訂定大局。惟騰越八關界趾未淸，尙須理論。外部請待印督所寄地圖，又値外部諸員避暑在外，稍有停頓。前據督臣王文韶電稱漢龍關自前明已淪於緬，天馬關亦久爲野人所占踞，則八關僅存六關。現經再三爭論，此二關亦可歸中國。又前年英兵所駐之漢董，本在界線之外，因其扼我形勢，逼處堪虞，向彼力索。外部亦願退讓，以表格外睦誼。刻下界務已竣，商務本不似界務之繁重，且已先將大意議明，無甚爭論。現正商訂條款，計可刻期蕆事。」尋福成議定商約，續爭回鐵壁、虎踞二關，時二關皆英兵占據也。

二十年正月，訂滇緬新約十九條，劃定自尖高山起，向西南行至江洪抵湄江之界綫，大金沙江許中國任便行船，删去八募設關一條。於是緬事粗結。惟十年進呈方物之例，英外部初許待至光緒二十三年照約舉行；繼稱英廷已豫備光緒二十年第一次派員赴中國，至是又聲請展緩，迄未實行云。

暹羅，在雲南之南，緬甸之東，越南之西，南瀕海灣。順治九年十二月，暹羅遣使請貢，並換給印、敕、勘合，允之。自是奉貢不絕。

康熙二年，暹羅正貢船行至七洲海面，遇風飄失護貢船一，至虎門，仍令駛回。三年七月，平南王尚可喜奏暹羅來餽禮物，卻不受。其年，議准暹羅進貢，正貢船二艘，員役二十名，補貢船一艘，員役六名，來京，並允貿易一次。明年十一月，國王遣陪臣等齎金葉表文，文曰：「暹羅國王臣森列拍臘照古龍拍臘馬嘑陸坤司由提呀菩埃誠惶誠恐稽首，謹奏大清皇帝陛下。伏以新君御世，普照中天，四海隸帡幪，萬方被教化。卑國久荷天恩，傾心葵藿，今特竭誠朝貢，敬差正貢使握坤司吝喇耶邁低禮、副貢使握坤心勿吞瓦替、三貢使握坤司敕博瓦綈、大通事揭帝典，辦事等臣，梯航渡海，齎上金葉表文、方物進獻，用伸拜舞之誠，恪盡遠臣之職。伏冀俯垂天聽，寬宥不恭，微臣不勝瞻天仰聖戰慄屏營之至，謹具表以聞。」御前方物：龍涎香、西洋閃金緞、象牙、胡椒、藤黃、荳蔻、沉香、烏木、大楓子、金銀香、蘇木、孔雀、六足龜等；皇后前半之。」帝錫國王緞、紗、羅各六；金緞、紗、羅各四，王妃各減二。正副使等賞賚有差。定暹羅貢期三年一次，貢道由廣東，常貢外加貢無定額。貢船以三艘爲限，每艘不許逾百人，入京員役二十名，永以爲例。

十二年，貢使握坤司各喇耶邁低禮等至，具表請封。四月，册封暹羅國王，賜誥命及駝鈕鍍金銀印，令使臣齎回。誥曰：「來王來享，要荒昭事大之誠；悉主悉臣，國家著柔遠之義。朕纘承鴻緒，期德教暨於遐陬，誕撫多方，使屏翰躋於康乂。彝章具在，渙號宜頒。爾暹羅國森烈拍臘照古龍拍臘馬嚕陸坤司由提呀菩埃秉志忠誠，服躬禮義，旣傾心以向化，乃航海而請封。礪山帶河，克荷維藩之寄；制節謹度，無忘執玉之心。念爾悃忱，朕甚嘉尚。今封爾爲暹羅國王，錫之誥命，爾其益矢忠貞，廣宣聲教，膺茲榮寵，輯乃封圻。於戲！保民社而王，纂休聲於舊服；守共球之職，懋嘉績於侯封。欽哉，無替朕命！」

二十三年，王遣正使王大統、副使坤孛述列瓦提，齎金葉表入貢。帝諭暹羅進貢員役，有不能乘馬者，官給夫轎，從人給舁夫。先是貢船抵虎跳門，守臣查驗後，進泊河干，封貯貨物，俟禮部文到，方准貿易。至是疏請嗣後貢船到廣，具報卽准貿易，並請本國採買器用，乞諭地方官給照置辦，允之。頒賞暹羅之韡，始折絹。貢使回國，禮部派司官、筆帖式各一人伴送。二十四年，議定暹羅國王原賞緞三十四，今加十六，共表裏五十。四十七年，貢馴象二、金絲猴二。是年，禮官議准暹羅貢船壓艙貨物在廣東貿易，免其徵稅。

六十一年，部議暹羅入貢照安南國例，加賜國王緞八、紗四、羅八、織金紗羅各二；王妃緞、織金緞、紗、織金紗、羅、織金羅各二。是年，國王奏稱彼國有紅皮船二，前被留禁，請令廣東督撫交貢使帶回。帝可其請，幷諭禮部曰：「暹羅米甚豐足，若運米赴福建、廣東、寧波三處各十萬石貿易，有裨地方，免其稅。部臣與暹羅使臣議定，年運三十萬石，逾額米糧與貨物照例收稅。

雍正二年十月，廣東巡撫年希堯陳暹羅運米併進方物，詔曰：「暹羅不憚險遠，進獻穀種、果樹及洋鹿、獵犬等物，恭順可嘉。壓船貨物槪免徵稅，用獎輸心向化之誠。」六年，帝諭暹羅商船運來米穀永遠免稅。七年，常貢內有速香、安息香、袈裟、布疋等，帝以無必須之物，免其入貢，著爲例。時貢使呈稱「京師爲萬國景仰，國王欲令觀光上國，徧覽名勝，歸國陳述，以廣見聞」。帝命賢能司官帶領遊覽，並賞銀一千兩，遇所喜物購買。使臣復稱本國產馬甚小，國王命購數匹帶歸，允之，命馬價向內庫支給。復賜國王御書「天南樂國」扁額、緞二十五、玉器八、珐瑯器一、松花石硯二、玻璃器二、瓷器十四。貢使赴廣採買京弓、銅綫等物，復詔賞給。

乾隆元年六月，國王遣陪臣朗三立哇提等齎表及方物來貢，增馴象一隻，金緞二疋、花幔一條，並言昔賜蟒龍袍藏承恩亭上，歷世久遠，難保無虞，懇再賜一二襲。帝特賞蟒緞四疋。禮部奏暹羅照丕雅大庫呈稱伊國造福送寺需銅，懇弛禁，議弗許，帝特賞八百斤。八年，詔暹羅商人運米來閩、粵諸省貿易，萬石以上免船貨稅銀十之五，五千石以上免十之三。其米照市價公平發糶。若民間米多，官爲收買，以補常平社倉，或散給沿海標營兵糧之用。十三年，入貢方物外，附黑熊一、鬭鷄十二、太和鷄十六、金絲白肚猿一。十四年，國王遣陪臣朗呵派提等入貢，錫御書「炎服屏藩」四字。十六年，帝諭閩督喀爾吉善等籌辦官運暹羅米法。疏陳非便，並言不如獎勵商人赴暹羅運米至二千石以上者，予議敍給頂戴，從之。十八年，國王遣使入貢，懇賜人葠、纓牛、良馬、象牙、及通徹規儀內監。禮臣不可，帝加賜人葠四斤，特飭使臣歸國曉諭國王「恪守規制，益勵敬恭」。二十二年，入貢，特賜其王蟒緞、錦緞各二，閃緞、片金緞各一，絲緞四，玉器、瑪瑙各一，松花石硯二，珐瑯器十有三，瓷器百有四。三十一年，暹羅入貢，賜與前同。

頃之，兩廣總督李侍堯奏暹羅爲花肚番所破，繳還原頒賜物。花肚番卽緬甸也。當其時，緬甸攻暹羅，進圍其國都阿由提亞，三月陷之，殺其王，暹羅遂亡。

緬甸酋懵駁旣破暹羅，恃强侵雲南邊，高宗疊遣將軍明瑞、大學士傅恆、將軍阿桂、阿里袞等征之，緬甸調征暹羅軍自救。阿由提亞之陷也，暹羅守長鄭昭方率軍有事柬埔寨，聞都城陷，旋師赴援，疊與緬甸戰，搆兵數年。旣以緬甸困于中國，鄭昭乘其疲敝擊破之，國復。昭，中國廣東人也。父賈于暹羅，生昭。長有才略，仕暹羅。旣破緬軍，國人推昭爲主，遷都盤谷，鎭撫綏輯，國日殷富。四十六年，鄭昭遣使朗丕彩悉呢、霞握撫突等入貢，奏稱暹羅自遭緬亂，復土報仇，國人以詔裔無人，推昭爲長，遵例貢獻。帝嘉之，宴使臣於山高水長。所貢方物，收象一頭、犀角一石，餘物准在廣東出售，與他貨皆免稅。特賜國長蟒緞、珍物如舊制。

四十七年，昭卒，子鄭華嗣立。華亦材武，屢破緬，緬酋孟隕不能敵，東徙居蠻得勒。五十一年，華遣使入貢御前方物：龍涎香、金鋼鑽、沉香、冰片、犀角、孔雀尾、翠皮、西洋氈、西洋紅布、象牙、樟腦、降眞香、白膠香、大楓子、烏木、白荳蔻、檀甘密皮、桂皮、籐黃，外馴象二。中宮前無象，物半之。並請封。十二月戊午，封鄭華爲暹羅國王，如康熙十二年之例。制曰：「我國誕膺天命，統御萬方，聲教覃敷，遐邇率服。暹羅國地隔重洋，向修職貢，自遭緬亂，人民土地悉就摧殘，實堪憫惻！前攝國事長鄭昭，當舉國被兵之後，收合餘燼，保有一方，不廢朝貢。其嗣鄭華，克承父志，遣使遠來，具見忱悃。朕撫綏方夏，罔有內外，悉主悉臣，設暹羅舊王後嗣尙存，自當擇其嫡派，俾守世封。茲聞舊裔遭亂淪亡，鄭氏攝國長事，旣閱再世，用能保其土宇，輯和人民，闔國臣庶，共所推戴。用是特頒朝命，封爾鄭華爲暹羅國王，錫之誥印，尙其恪修職事，愼守藩封，撫輯番民，勿替前業，以副朕懷柔海邦、興廢繼絕之至意。」是年，粵督穆騰額奏定暹羅正副貢船各一免稅，餘船按貨征榷，以杜奸商取巧。

先是緬甸憚國威內附，後屢爲暹羅所敗，五十三年，來貢，乞諭暹羅罷兵。五十四年正月，帝賜鄭華敕曰：「朕惟自古帝王功隆丕冒，典重懷柔，凡航海梯山重譯而至者，無不悉歸涵育，咸被恩膏。爾暹羅國王鄭華遠處海隅，因受封藩職，遣使帕使滑里遜通亞排那赤突等恭齎方物，入貢謝恩，具徵忱悃。朕念爾國與緬甸接壤，往者懵駁、贅角牙相繼爲暴，侵陵爾國，興師搆怨，匪爾之由。今緬甸孟雲新掌國事，悔罪輸誠，籲求內附，已於其使臣回國時諭令孟雲與爾國重修和好，毋尋干戈。爾亦宜盡釋前嫌，永弭兵釁，同作藩封，共承恩眷。茲特賜國王綵、幣等物，尙其祗受嘉命，倍篤忠忱，仰副眷懷，長膺天寵。欽哉！」

明年，鄭華咨稱：「乾隆三十一年，烏肚搆兵，國破君亡。其父鄭昭光復故物，十僅五六。舊有丹荖氏、麻叨、塗懷三城，仍被占據，懇諭令烏肚歸還，以復國土之舊。」粤督郭世勳以聞。帝念暹羅所稱之「烏肚番」卽緬甸。前緬甸與暹羅詔氏搆兵，係已故緬酋懵駁，非今王孟雲之事。丹荖氏等三城，亦係詔氏在國時被緬甸侵占，非鄭氏國土。相安年久，自應各守疆界。今暹羅已經易世，暹羅又係異姓繼立爲王，更不當爭論詔氏舊失疆土。命軍機大臣代世勳擬檄諭止之。是年，入貢，因慶祝萬壽，加進壽燭、沉香、紫膠香、冰片、燕窩、犀角、象牙、通大海、哆囉呢九種，帝亦加賜國王御筆「福」字。六十年，暹羅破柬埔寨，取阿可耳及破丁簺二地。

嘉慶元年，暹羅遣使進太上皇帝、皇帝漢、番字金葉表文並方物。正月，命使臣與寧壽宮千叟宴，賜正使聖制千叟宴詩一章。二年，遣使賀歸政及登極，貢龍涎香、冰片等二十四種。帝奉太上皇帝命賜鄭華敕曰：「九服承風，建極著會歸之義，三加錫命，樂天廣怙冒之仁。舊典維昭，新綸用沛。爾暹羅國王鄭華屢供王會，久列藩封。茲於嘉慶二年，復遣使臣奉表入貢，鑒其忱悃，允荷褒揚。至以天朝疊慶重熙，倍呈方物，具見輸誠効順，弗懈益虔。國家厚往薄來，字小柔遠，自有定制。第念爾國僻處海陬，梯航遠涉，其所備物若從擯卻，勞費轉多，特飭收受，加賜文綺等物。嗣後止宜照常進呈一分，以示體恤。王其祗承眷顧，益懋忠純，永膺蕃庶之恩，長隸職方之長。欽哉！」三年，召暹羅使臣宴重華宮。五年，國王遣使齎祭文、儀物，詣高宗純皇帝前進香，並獻方物，廣東巡撫遵旨令使臣毋庸來京，悉將方物齎回。六年，副貢使怕窩們孫哞哆呵叭病歿廣東，諭地方官妥爲照料，賞銀三百兩，先行回國。

十年，暹羅貢表，言與緬甸戰獲捷，有詔和解之。十二年九月，帝諭鄭華：「不許違例用中國人駕船，代運貨物往來，以免奸商隱匿，致啓訟端。倘有違背，奸商治罪，國王亦難辭其咎。特申禁令，以嚴踰越之防。爾國王其凜遵毋忽！」

十四年，遣使祝嘏，加賞正副使筵宴重華宮。秋，鄭華卒，世子鄭佛繼立。遣使入貢請封，遭風沉失貢物九種，帝諭不必補進。十五年，封鄭佛爲暹羅王，給誥命、駝鈕鍍金銀印，交使齎回。十八年冬，總督蔣攸銛奏暹羅正貢船在洋焚毀，僅副貢船抵粵，副使啲拔察哪丕汶知突有疾，聞正貢船遭焚，驚愳，益劇，不能卽赴都。帝命副使留粵調治，所存貢物十種，派員送京，失物毋庸補備。且諭曰：「暹羅國王抒忱納賮，沿海申虔，卽與到京齎呈無異。例賞物件及敕書，交兵部發交兩廣總督頒給。」明年，暹羅王聞貢船焚毀，補備方物入貢，遇颶風，船漂散。二十年秋，正副貢船先後抵粵，蔣攸銛以聞。仁宗嘉其恭順，諭曰：「暹羅向係三年一貢，明年又屆入貢之期。此次方物，可作二十一年例貢。」暹羅王復表請准用內地水手駕駛，部議駁之。

道光元年，暹羅遠征馬來半島開泰州，懸軍深入，破沙魯他軍，南下服派拉克，進與色蘭格耳國戰，以軍疲，由新格拉而還。三年，遣使入貢賀萬壽。四年，鄭佛在位十五年，傳位其子鄭福。明年，遣使入貢請封，舟毀，貢物沉沒。帝免補進，仍封鄭福爲暹羅王。福朝貢益恭。十九年三月，宣宗以暹羅服事之勤，諭曰：「暹羅三年一貢，其改爲四年。」

咸豐元年，鄭福卒，弟蒙格克托繼立，中國稱曰鄭明者是也。明奉孝和睿皇后、宣宗成皇帝遺詔，遣使進香並齎遞表文、方物，慶賀登極。又因例貢屆期，請將貢物一併呈進。文宗命兩廣總督徐廣縉傳知使臣毋庸來京，儀物、方物悉令齎回。至應進例貢，現當國制，二十七月之內不受朝賀，並停止筵宴，俟嗣王請封時再行呈遞。二年，徐廣縉奏：「暹羅國王遣使補進例貢，並請敕封，現已行抵粵東。」帝命於封印前伴送來京，應給嗣王誥命，俟貢使抵都發給齎回。適粵匪亂熾，貢使竟不能至，入貢中國亦於此止。此後暹羅遂爲自主之國矣。

鄭明通佛學，善英語，用歐人改制度，行新政，國治日隆，稱皇帝。復與英、法諸國訂約，遣使分駐各國。同治七年，鄭明卒，子抽拉郎公繼立，廢奴隸，行立憲。北部亂賊蠭起，討平之。法既吞越南，復迫暹羅割湄江東地。光緒十九年，國王派軍防守。法藉口暹羅侵越南，出兵占孔格沙丹格、托倫格二地，復進據老撾之加核蒙隆拍拉朋。暹軍敗退湄河西岸，法復以海軍攻盤谷海港，暹人懼，乞和。既，英人疾法日盛，不益于己，乃與法立約，保證湄南屬暹羅，暹羅賴以少安，致力內政，日蒸富强。宣統二年，卒，子馬活提路特立。

暹羅版圖，北緯六度至二十度，東經九十七度至一百七度。官制，設外務、內務、財政、陸軍、海軍、司法、教育、農務、交通九部，佐國王管理國政。另設樞密院，國王選親貴勳臣充之，國之大事皆諮詢而行。中央稱畿甸省。全國分十七州，置總督。州下有縣、郡、村。人口八百萬，中國人占三分之一。軍備仿德國徵兵制，常備軍三萬人，戰時可增十倍。海軍有礮艦、水雷艇數艘。製造槍礮廠、造船所皆備。暹羅疊出英君，政治修明，故介於英、法諸大國屬地，而能自保其獨立也。

南掌，舊稱老撾。雍正七年，雲貴總督鄂爾泰疏言：「南掌國王島孫遣使奉銷金緬字編蒲表文一道、馴象二隻，求入貢。」帝嘉奬，其貢道命由普洱府入，沿途護送，從厚支給。八年二月，遣使表貢，並請定貢期，命五年一貢。賜之敕諭並文綺等物，令使臣齎捧回國。九年六月，表謝頒敕諭恩。

乾隆元年，賜國王島孫彩緞、文綺。八年二月，帝以南掌遠道致貢，改爲十年一次。十四年正月，貢馴象。二十六年二月，國王准第駕公滿奏言：「臣母喃瑪喇提拉同臣遣使奉表，進馴象二隻，慶賀皇上五旬萬壽，皇太后七旬萬壽。」准第駕公滿又別備表文一、貢象二，宴賞如例。六月十三日，禮臣議：「嗣後各省巡撫值南掌、琉球、蘇祿、安南等國貢使到境，遴委同知、通判中一員，武弁守備一員，伴行長送至京，並知照經過各省添派妥員護送，按省更替；貢使回國，亦一例辦理。」從之。又奏：「南掌外藩入貢使臣，俱於陳設鹵簿之日，帶領道旁瞻仰天顏，備觀儀典。今國王准第駕公滿遣使叭哩細哩門遮昆來京，擬於七月初八日聖駕起鑾之期，帶領大東門道旁叩見。」

四十七年，國王召翁遣使臣叭整哄等四人入貢，帝於山高水長連日賜茶果，又賜宴於紫光閣、三無私殿。五十五年，國王表貢馴象祝釐，並附進例貢。帝諭雲貴總督富綱派員護送。南掌貢使定於七月二十日至熱河行在，與蒙古王公、各外藩貢使同預壽筵。五十八年，諭免例進貢象。明年，國王召溫猛遣使請封，特頒誥敕，並駝鈕鍍金銀印，交使臣齎回。六十年，國王奉表祝釐，進長生經一卷、阿魏二十斤、象牙四十、夷錦四十。時召溫猛已播遷越南昭晉州地，既受敕印，仍未能返國。

嘉慶四年，國王遣使齎表，懇求赴京進香。帝諭止之，令雲貴督臣由驛進呈金葉表文，所貢檀香三枝交太常寺。十二年，國王遣使進馴象四隻、象牙四百斤、犀角三十斤、土絹一疋，帝賞賚有加。十四年，越南國王阮福映遣使恭繳南掌敕印。帝諭曰：「南掌國王召溫猛懦懦不振，流徙越南，遺棄敕印，朕念其流離，不加聲責，豈能復掌國事？聽其在越南居住可也。其國事以其伯召蛇榮代辦。」二十四年，召蛇榮子召蟒塔度臘虔修職貢，籲懇再頒敕印。禮臣覆稱前繳印信字畫完好，毋庸另鑄，准於頒給敕印外，再給誥命一道，交召蟒塔度臘祇領。道光二十二年，遣使齎敕封召喇嘛呢呀宮滿爲南掌國王。

咸豐三年，南掌國長召整塔提拉宮滿遣使叩關，請入貢。帝以南掌貢使向由貴州、湖南、湖北、河南取道進京，惟現在粵匪未盡殲除，命雲貴督臣吳文鎔等卽傳諭南掌使臣，此次毋庸來京，仍優與犒賞，俾先行回國。貢物象隻卽由督臣派員送京。然自是雲南回匪亂起，貢道遂絕。時南掌兼貢越南之順化，暹羅之曼谷。嗣越南衰，南掌入暹羅，號爲暹羅屬國。光緒十一年，法人得越南全境，以南掌地居湄公江中間，爲傳教通商孔道，復設法保護之，於是南掌又折入於法矣。

南掌國都曰隆勃剌邦，據湄公江左岸，江東折南流，南岡江自東來會，曲注如玦環，城在山下，當南岡江會流處，水穿城而過。王宮在城之北，背山建屋，規制壯麗。佛墓寺塔森立城市中。瀕江兩岸多花園。居民大半老撾種，或喀木種。老撾種人俗同暹羅，不文身雕題，性愚而嬾。奉佛教，好生惡殺。務耕種、畜牧，能鑄造、紡織。其狀貌短小，鼻寬而脣厚，膚色紅紫，剪髮留頂，不蓄鬚。男子衣飾，橫布一幅圍腰至膝，富貴者以紬緞爲之。婦人下裳似裙，上服摺蓋於胸，髮黝黑，鬢垂於後項，耳手足皆帶環圈，以金銀銅爲飾。其房屋率用藤竹縛造。富室官衙則用堅木，極壯麗。常食稉米，雜以秔稻。中國人教以製酒醴、養蠶絲之法。家畜象、牛，供耕田馱貨。其物產有五金各礦，稻則有秔有稉，多包穀，少粟麥，有靛青、漆、藤、竹、麻、棉、椰葉、桄榔、甘蔗、檳榔、荳蔻、煙葉、芝麻、花生，而松木、楢木尤多。其貨幣或用暹羅之體格，或印度之魯卑，皆銀錢也。此外或用銅錢、用鐵錢，或用銀錠、用海貝。然用錢頗少，以貨易者爲多。天氣溫和，自二月至八月多東風、多雨，九月至正月多北風、多晴云。

蘇祿，南洋島國也。雍正四年，蘇祿國王毋漢末母拉律林遣使奉表，貢方物。五年六月，貢使至京，貢珍珠、玳瑁、花布、金頭牙薩白幼洋布、蘇山竹布、燕窩、龍頭、花刀、夾花標槍、滿花番刀、藤席、猿十二種。賜宴賚賞，頒敕諭一道，令使臣齎回。定期五年一貢，貢道由福建。十一年六月，國王奉表謝恩，並奏：「伊祖東王於明永樂間入朝，歸至德州病故。帝命有司營葬，勒碑墓道，謚曰『恭定』，留妻妾傔從十人守墓。畢三年喪，遣歸。今事隔三百餘年，所有墳墓及其子孫存留賙恤之處，懇請修理給復。」禮臣議覆：「蘇祿國東王巴都噶叭哈答歿，長子都馬含歸國襲封。次子安都祿，三子溫哈喇，留居守塋，其子孫以祖名分爲安、溫二姓，應如所請。飭查王墓所有神道享亭、牌坊，修理整飭，於安、溫二姓中各遴一人給頂戴奉祀。著爲例。」帝允之。乾隆五年八月，蘇祿國王麻喊味呵稟勝寧遣番丁護送遭風商人回內地。八年，貢使馬明光奏請三年後復修朝貢，帝命仍遵雍正五年所定五年一貢之例。十九年，蘇祿國王麻喊味安柔律噒遣使貢方物，並貢國土一包，請以戶口人丁編入中國圖籍。帝諭：「蘇祿國傾心向化，其國之土地人民卽在統御照臨之內，毋庸復行齎送圖册。」二十八年，國王遣使貢方物。自後遂不復至。

蘇祿本巫來由番族，悍勇善鬬。西班牙旣據呂宋，欲以蘇祿爲屬國，蘇祿不從，西人以兵攻之，爲所敗。獨慕義中國，累世朝貢不絕。其國小，有巉巖之嶺，其極南爲石崎山、犀角嶼、珠池，因島環繞。海內有珍珠，土人與華商市易，大者利數十倍。此外土產則蘇木、荳蔻、降香、藤條、華茇、鸚鵡之類。戶口繁多。地磽瘠，食不足，常糴於別島。土人奉回教。與婆羅洲芒佳瑟民結爲海盜云。

清史稿卷五百二十九

列傳三百十六

屬國四

廓爾喀　浩罕　布魯特　哈薩克　安集延　瑪爾噶朗　那木干　塔什干

巴達克山　博羅爾　阿富汗　坎巨提

廓爾喀，在衞藏西南，與巴勒布各部相鄰。巴勒布三汗：曰陽布，曰葉楞，曰廓庫木；後皆爲廓爾喀酋博納喇赤幷吞，及小部二十三。其國境東西二千里，南北約五百里。東與哲孟雄、宗木、布魯克巴接壤，西與作木朗接壤，南距南甲噶爾，北連後藏邊境。傳至孫拉特納巴都爾，年幼嗣位，其叔巴都爾薩野用事，操國大權。

乾隆五十三年，廓爾喀人至藏貿易，以爭新鑄銀錢，與唐古忒開釁搆兵，進侵藏界。帝命四川總督鄂輝、將軍成德往查，以巴忠熟悉藏情，令爲會辦。巴忠遷就議和，稱內附，帝錫封廓爾喀王爵。廓爾喀私責後藏班禪喇嘛賠償銀兩，巴忠不以聞，旣而後藏不能償，班禪復與弟紅帽喇嘛沙瑪爾巴不協，沙瑪爾巴因導廓爾喀內侵。五十六年，廓爾喀遂以唐古忒兵欠款、班禪負約爲辭，遣兵圍聶拉木，唐古忒兵聞風潰，進至達木，番兵亦敗退。八月，廓爾喀圍札什倫布，將軍成德赴藏援剿，帝復命四川總督鄂輝督後隊赴援，鄂輝復調金川兵二千、雲南兵二千助討。九月，廓爾喀六七百人攻宗喀，陳謨、潘占魁等率唐古忒兵固守，擊卻之，斬首四十六，賊退濟嚨。帝始議大舉往征。

十月，召兩廣總督福康安入京，授以方略，命爲將軍，督參贊海蘭察等由青海赴藏，總領大軍討廓爾喀。十二月，成德次聶拉木四十里，戰拍甲嶺，敗之。明年正月，攻克聶拉木東官寨，斬其酋呢瑪叭噶噺及踏巴等。二月，以地雷破西北碉寨，獲咱瑪達阿爾曾薩野，巨酋瑪木薩野之姪也。聶拉木旣平，進軍濟嚨。

三月，福康安抵後藏，詔晉爲大將軍，各軍咸受節度。廓爾喀築寨據險死守。四月，福康安偕海蘭察由絨轄、聶拉木進，決議先剿擦木、濟嚨。擦木地最險，兩山夾峙，中亙山梁。五月六日，乘夜雨，分五隊，海蘭察等居中，哲森保等由東西山趨賊寨，墨爾根保等繞出賊背。黎明，攻擦木山梁兩石碉，克之，擒斬二百餘人。進至瑪噶爾轄爾甲，濟嚨援賊三百據山力拒，海蘭察趨進，馬中鎗，揮軍奮擊，盡殲之。濟嚨賊聞官軍將至，建大寨山岡外，扼險築三大碉相犄角。福康安檄巴彥泰、巴彥寨、薩寧阿、長春攻西北臨河大碉，桑吉斯塔爾、克色保、籌保、巴哈、張占魁攻東北石上大碉，哲森保、墨爾根保攻東南山梁上大碉，蒙興保、綽爾渾等攻山下喇嘛寺，阿滿泰、額爾登保等攻大寨，以惠齡爲策應之軍，海蘭察率騎兵張兩翼截擊逸賊。六月初六日，哲森保等攻克山梁大碉，蒙興保等克喇嘛寺，復會攻臨河及石上兩大碉，皆克之。設礮石上，戰一晝夜，破其東北隅，遂拔濟嚨，斬級六百餘，擒二百，獲賊目七。

當福康安之攻濟嚨也，先遣成德、岱森保率兵三千出聶拉木南行，牽綴賊勢，壁上木薩橋。賊築三卡於德親鼎山下，建木柵於下木薩橋，以拒官軍，岱森保悉攻破之。於是自擦木至濟嚨邊界盡復。濟嚨西南皆高山峻嶺，路險惡。距濟嚨八十里有熱索橋，其大河自東來注，渡橋卽廓爾喀界也。賊屯北岸三四里外索喇拉山，設石卡一，南岸臨河，設石卡二。官軍進破索喇拉山卡，追至熱索橋。逸賊甫上橋，南岸守橋賊見追兵至，倉卒撤橋，逸賊皆落河死。官軍隔河施槍，河闊不能及，乃退還。密遣阿滿泰、哲森保、墨爾根保、翁果爾海等率土兵東出峩緑大山，繞至上游，伐木編筏以濟。時賊與官軍隔河相持，不虞間道軍驟至，倉皇抵抗，不能敵，潰而奔，遂夷二石卡。

六月十七日，福康安、海蘭察、惠齡等渡熱索橋，進密里頂大山，山重疊無路徑，乃令烏什哈達、張芝元開路以進。明日，抵旺噶爾，山勢險峻，瑪爾臧大河傍山南注。我軍循河東，路逼仄，不能駐足，士卒皆露宿巖下，深入賊境百七十里，不見一賊。尋偵知旺噶爾西南協布魯克瑪賊樹木城，外環石壁，城西里許夾河築卡，城東三十里環克堆築寨，以相犄角。二十日，官軍由旺堆伐樹建橋，城賊居高施彈，橋不能成，我軍以礮轟其城，賊隨缺隨補，終不得渡。二十二日，福康安、海蘭察由間道越伯爾噶臧興三大山，攻克堆，賊阻河以拒。日暮大雨，我兵佯退伏叢林中，夜深偷渡，毀賊壘五，斬級三百餘，徑趨協布魯克瑪，與惠齡等前後夾擊，賊驚潰，木城石卡俱下。

協布魯克瑪既克，福康安分道而前。一由噶多趨東覺爲正道，一由噶多東越山趨雅爾賽拉、博爾東拉爲間道。海蘭察督桑吉斯塔爾、阿滿泰、珠爾杭阿等出間道，福康安出正道。命台斐英阿等與賊相持於作木古拉巴載山梁，躬率額爾登保等潛趨噶多普。七月初六日晨，渡河破其碉卡，進毀寨十一、木城五，殪賊目蘇必達柰新及巴撒喀爾，斬級四百。海蘭察亦破賊博爾東拉前山，毀木城三、石卡七，追至瑪拉，遇伏，擊破之。東覺餘賊俱盡，兩軍復合。進至雍鴉，賊據噶勒拉山梁，道路崎嶇，士卒履皆穿，跣足行石子上，多刺傷，又爲螞蝗嚙嚙，兩足腫爛。其地多陰雨，惟辰巳二時稍見日，屆午則雲霧四合，大雨如注，山顚氣寒凜，夜則成冰雪，於是頓兵休息。當是時，成德軍亦克札木，過鐵索橋，進至多洛卡，破賊隴岡，覆利底寨。

八月，福康安分軍爲三，過雍鴉趨噶勒拉。廓爾喀境皆山，東西對峙，中貫大河。自過雍鴉，山勢皆南北向，噶勒拉、堆補木、甲爾古拉、集木集諸大山層層環抱，橫河阻之，我軍須渡河仰攻。初二日，破石卡，逼噶勒拉山顚木城。侍衞墨爾根保、圖爾岱，參將張占魁攀堞以登，中槍而殞，士益奮，抛火彈入焚其帳房，自辰至未，克木城石卡各二，殲賊三百餘，斃其目五，落崖死者無算。乘勝追數十里，抵堆補木山口之象巴宗，賊蜂擁出拒，袁國璜等陷入陣，斃賊百餘。復檄珠爾杭阿等攻集木集，阿滿泰、額爾登保等渡河撲甲爾古拉。賊扼險列木栅長數里阻官軍，阿滿泰與賊爭橋，中槍落水，額爾登保等奮呼而進，遂渡河，斬賊目三，斃賊百餘。大軍競進集木集，賊衆分三道來援，殊死鬭。福康安躬督戰，英貴殞於陣。台斐英阿、張芝元、德楞泰往來奮擊，射死紅衣賊目二，賊始敗走。

是役也，連戰兩日一夜，克大山二、大木城四、石卡十一，斬賊目十三，進抵帕朗古，深入賊境七百餘里，斃六百餘人，廓爾喀酋震懼乞降。初，福康安破東覺，賊酋乞降，福康安不許，檄令拉特納巴都爾、巴都爾薩野躬親至軍，并獻禍首及所掠財物，賊不應。至是拉特納巴都爾、巴都爾薩野遣大頭人稟請交送札什倫布什物，繳出西藏所立條約，並獻禍首沙瑪爾巴之骨。

福康安、海蘭察、惠齡合疏入告曰：「竊臣等秉承廟算，統率勁兵，自察木進剿以來，連戰克捷，邊界肅清，遂奪熱索橋，深入賊境。協布魯、東覺、博爾東拉、噶勒拉、堆補木、帕朗古諸處皆係峭壁懸崖，大河急溜，我兵繞山涉水，間道出奇，賊匪碉卡木城悉行攻克，所向無前，賊匪敗衂奔逃。大兵進至雍鴉，送出上年被裹兵丁王剛諸人，具稟乞降。旋遣賊目噶布黨普都爾幫哩等迎赴軍前，悉將上年被裹之噶布倫丹津班珠爾及兵丁盧獻麟等全行送出，稟陳沙瑪爾巴唆使情形，悔罪哀祈。臣等嚴加駁飭，復進兵至帕朗古，移營進逼，賊匪益加震恐。卽將沙瑪爾巴眷屬、徒弟、什物等項，及搶掠札什倫布銀兩物件，皆已遵檄呈交，並繳出私立合同二張，不敢復提西藏給銀之事。再三稟求聖主，逾格施恩，赦其已往，以全闔部番民之命。玆於八月初八日，遣辦事大頭目噶箕第烏達特塔巴、蘇巴巴爾底曼喇納甲、察布拉咱音達薩野、喀爾達爾巴拉巴達爾四名，恭齎表文進京，並虔備樂工、馴象、番馬、孔雀、甲噶爾所製番轎、珠佩、珊瑚串、金銀絲緞、金花緞、氈呢、象牙、犀角、孔雀尾、鎗刀、藥材共二十九種，隨表呈進。另稟懇臣代奏，當卽譯閱表文，詞意極爲恭順懇至。並據第烏達特塔巴等伏地哀懇，叩頭乞命，至於泣下。跪稱：『廓爾喀部長拉特納巴都爾、部長之叔巴都爾薩野，本係邊外小番，曾歸王化，渥受大皇帝天恩，特加封爵，錫賚多珍，高厚恩慈，至今頂感。乃拉特納巴都爾年幼無知，巴都爾薩野罔識天朝法度，因沙瑪爾巴從中簸弄，唆使廓爾喀與唐古忒藉端滋事。拉特納巴都爾等輕聽其言，侵犯後藏，仰煩大皇帝天兵遠討，誅戮頭目人衆三四千人，攻據地方七八百里，天威震疊，廓爾喀膽落心驚。拉特納巴都爾及巴都爾薩野自知罪在不赦，惶懼尤甚。從前侵犯藏界之事，雖係被人煽惑，而孽實自作，萬不敢絲毫置辯，諉咎於人。惟有仰懇轉奏大皇帝大沛恩施，開一線之路。如蒙允准，免其誅滅，廓爾喀闔部地土、人民皆出大皇帝所賜，銜感宏施，曷其有極！前立合同混行開寫各條，萬不敢復提一字。廓爾喀永爲天朝屬下，每屆五年朝貢之期，卽差辦事噶箕一名，仰覲天顏，子子孫孫，恪遵約束。懇求大將軍據情轉奏」等語。臣等隨諭：「拉特納巴都爾、巴都爾薩野自速誅鋤，侵擾藏地，天兵至此，本應滅爾部落，噍類無遺。今拉特納巴都爾等敬凜大皇帝天威，萬分悔懼，屢懇投降，情詞恭順，本大將軍不敢壅於上聞，當卽據實具奏。大皇帝如天好生，或可仰蒙鑒察，宥罪施恩。倘荷聖慈允准，從此爾部落惟當遵奉天朝法度，不得復滋事端，方可永受大皇帝天恩，保守境土。此次天兵威力，爾已深知，若稍抗違，卽是自取滅亡，後悔無及。」其頭目跪聆之下，戰慄叩頭，感懼之誠，形於辭色。臣等伏思廓爾喀恃其險遠，搆釁稱兵。上年藏事，遷就議和，兵威未加，罔所祇懼，是以投誠甫及兩年，復行反覆。此次興師問罪，仰承聖主指授機宜，士卒爭先用命，越險摧堅，兵到之處，屢戰屢勝，大半殲擒。廓爾喀在西番各部素稱强悍，今見天朝兵力精强，所向無敵，全部震讋，屢遣大頭人來營乞降，察看情辭，實出誠悃。伏查前承明旨，諭令臣等『酌量情形，倘軍臨賊境，賊匪心懷慴伏，悔罪乞哀，或可申明約束，俯允所請，納款班師』。仰見我皇上廟算精詳，幾先指示，義正仁育，威德覃敷，臣等實深欽服。今廓爾喀業已悔罪投誠，遣大頭人恭進表文，請於象馬方物之外，虔備樂工，使隸於太常，附各國樂舞之末；並懇定立貢期，遣使五年朝貢一次。詳察賊情，實屬傾心向化，不敢再滋事端，衞藏全境似可永底敉寧，相安無事矣。」

疏入，帝允受降，諭福康安等籌善後撤兵，仍以所獲熱索橋以西協布魯、雍鴉、東覺、堆補木、帕朗古各地還廓爾喀；熱索橋以內濟曨、聶拉木、宗喀前屬藏地，爲廓爾喀所據者，仍歸後藏。沿邊設立鄂博，如有偸越，即行正法。遇有遣使表貢，先行稟明，邊吏允許，始准進口。八月，廓爾喀酋遣蘇必達巴依喇巴忻喀瓦斯並親信瑪泌達拉喀瓦斯至營，呈水牛、豬、羊各百頭，米二百石，果品糖食百筐，酒百罋犒師。福康安諭留牛羊各十頭、米十石，以答其誠敬之意，餘皆發還。復賞錦緞各四疋，廓爾喀益感服，受約束。二十一日，班師。十月初三日，福康安還後藏。

五十八年正月，廓爾喀貢使噶箕第烏達特塔巴等賫貢物至京師，帝賜宴，命與朝鮮、暹羅各使同預朝賀，封拉特納巴都爾爲廓爾喀王。自是五年一貢，聽命惟謹。

其後英吉利據印度，時時被侵略，迫訂西古利條約，廓爾喀始將西界克美恆山地及開利川河流域割於英。廓爾喀既爲英逼，勤修國政，力保自主之權，英雖覬覦之，無如何也。光緒末，猶入貢中國云。

浩罕，古大宛國地，一名敖罕，又曰霍罕，葱嶺以西回國也。東與東布魯特接，南與西布魯特接，西與布哈爾國接。有四城，俱當平陸。一曰安集延，東南至喀什噶爾五百里。其人長於心計，好賈，遠游新疆南北各城，處處有之，故西域盛稱安集延，遂爲浩罕種人之名。從安集延西百有八十里爲瑪爾噶朗城，又西八十里爲那木干城，又西八十里爲浩罕城。四城皆濱近納林河，惟那木干在河北。南北山泉支流會合，襟帶諸城之間，土膏沃饒，人民殷庶。其人奉回教，習帕爾西語，亦布魯特種也。其頭目冠高頂皮帽，衣錦衣。民人戴白氈帽，黃褐。諸城皆有伯克，而浩罕城伯克額爾德尼爲之長，衆聽命焉。

乾隆二十四年，將軍兆惠追捕霍集占兄弟，遣侍衞達克塔納等撫布魯特諸部。至其境，額爾德尼迎之入城，日饋羊酒瓜果，詢中國疆域形勢，畏慕，奉表請內附。並上將軍書，稱爲「至威至勇如達賚札木西特之將軍」。旋遣頭目托克托瑪哈穆等貢馬京師。二十五年，遣侍衞索諾穆策凌齎敕往諭，額爾德尼率諸伯克郊迎成禮。是爲浩罕屬中國之始。浩罕風俗與天山南路諸回部略同，而鷙勇過之，有「百回兵不如一安集延」之語。初，大軍追霍集占急，霍集占遣使欲投浩罕，不報。尋，霍集占兄弟爲巴達克山所殲，波羅尼都次子薩木薩克逃入浩罕，浩罕藉其和卓木之名，居爲奇貨。和卓木譯言「聖裔」也，回教徒尊之，所至景從。

嘉慶二十五年，薩木薩克次子張格爾，由浩罕糾布魯特寇邊。道光六年，張格爾復求助浩罕入寇，約破西四城，子女玉帛共之，且割喀什噶爾酬其勞。浩罕酋自將萬人至，則張格爾已探喀城無援，背前約。浩酋怒，自督所部攻喀城，不下，率兵宵遁。張格爾使人追誘其衆，歸投者二三千人，張格爾置爲親兵。及西四城破，浩罕兵盡得府庫官私之財，並搜括回戶殆遍。楊芳追張格爾至阿賴嶺，遇浩罕伏兵二千，軍幾殆，鏖戰一晝夜始出險。八年，張格爾既伏誅，其妻子留浩罕。欽差那彥成檄令縛獻，不從。詔命絕其互市困之。那彥成並奏驅留商內地之夷，且沒入其貲產。諸夷商憤怒，乃奉張格爾之兄玉素普爲和卓木，糾結布魯特、安集延數千入寇，圍喀什噶爾、英吉沙爾，犯葉爾羌，璧昌、哈豐阿等拒而破之。賊悉掠喀、英二城，遁出邊。十一年，浩罕聞大軍且至，由伊犂、烏什、喀城三路出師，築邊牆拒守。又乞俄援，俄弗許。浩罕念無外援，遂遣頭目至喀城謁欽差長齡呈訴，並請通商。長齡遣還二使，留其一使，令縛獻賊目，釋回被虜兵民。浩罕報言，被虜兵民可釋還，惟縛獻夷目事，回經所無。且通商求免稅，並給還鈔沒貲產。

長齡疏言：「安邊之策，振威爲上，羈縻次之。浩罕與布哈爾、達爾瓦斯、喀拉提錦諸部落犬牙相錯，所屬塔什干、安集延等七處均無城池，其臨戰皆恃騎賊，然在馬上不能施鎗礮。倘以鳥鎗連環擊之，則騎賊必先奔。其卡外布魯特、哈薩克向受其欺凌，爭求內徙，而卡內回衆亦恨其虜掠無人理。果欲聲罪致討，但選精銳三四萬人整軍而出，並於伊犂、烏什邊境聲稱三路並進，先期檄諭布哈爾等部同時進攻，則不待直擣巢穴，而其附近諸仇部已乘釁並起，可一舉而平之矣。惟是大軍出塞，主客殊形。自喀浪圭卡倫至浩罕千六百餘里，中有鐵列克嶺，爲浩罕、布魯特界山。兩山夾河，僅容單騎，兩日方能出山。此路奇險，勞師遠涉，勝負未可盡知。今擬遣還前所留來使一人，令伯克霍爾敦寄信開導，爲相機羈縻之計。蓋浩罕四城外有三小城：曰窩什，在東南；曰霍占，在西南；曰科拉普，在西北。塔什干別爲一部，屬右哈薩克，亦附浩罕，稱浩罕八城，故云所屬七處也。」奏入，詔一切皆如所請。浩罕大喜過望，遣使來抱經盟誓，通商納貢焉。

是時，浩罕酋謨哈馬阿里勢頗張，旣與中國和，北結俄羅斯，南通印度。其人有才略，而性淫暴。徵民女，納父妾。布哈爾酋遣使責之，謨哈馬阿里怒，髡其使。布哈爾遂率衆攻浩罕，擒斬謨哈馬阿里及其父妾，並俘獲姬妾四十車，凱旋。以伊布拉興留守，遣使至中國卡倫告捷。時道光二十二年也。會伊布拉興虐浩罕民，浩罕叛，立西爾阿里。布哈爾遣兵二萬來伐。有謨蘇滿沽者，浩罕人，謂布酋曰：「此可說而下也！請先行。」布酋許之。至浩罕，乃力勸拒守。布哈爾兵至，攻四十日，不克，解圍去。於是謨蘇滿沽預國政。西爾阿里死，次子古德亞嗣立。謨蘇滿沽妻以女，防之甚嚴，不使接賓客。會塔什干人犯境，謨蘇滿沽挾以出征，兵交而古德亞逃入敵軍。後塔什干平，謨蘇滿沽獲之，復載回國。六月，黨人沙特殺謨蘇滿沽及其黨萬餘人。古德亞走布哈爾，衆立古德亞之弟馬拉。又二年，黨人基布查怨望，謀逆，殺馬拉。立古德亞從弟沙漠拉。古德亞之在外也，爲人傭工，以塔什干之力得復國。後阿林沽作亂，又出奔，商於外，復以布哈爾之力復國。

時俄兵日南，古德亞不能禦敵，請和。古德亞有子曰那西亞丁，頗得民心，種人謀立之，誅其貪吝者，於是國內亂，古德亞奔俄。那西亞丁立，率黨人叛俄，以俄非回教國也。

光緒二十九年，俄人滅其國，置費爾干省。

布魯特分東、西二部。東布魯特在伊犂西南一千四百里，天山特穆爾圖淖爾左右，古爲烏孫西鄙塞種地。其部有五，每部各一鄂拓克。最著者三：曰薩雅克鄂拓克，曰薩拉巴噶什鄂拓克，曰塔拉斯鄂拓克。其酋長戴氈帽，似僧家毘盧，頂甚銳，捲末爲檐。衣錦衣，長領曲袷，紅絲縧，紅革鞮。民人冠無皮飾，衣褐。

先是東布魯特爲準噶爾侵偪，西遷安集延。乾隆二十年，準部平，得復故地。二十三年六月，將軍兆惠等追捕準部餘黨哈薩克沙喇至東布魯特界，遣侍衞烏爾金、托倫泰往撫，抵其游牧珠穆翰地。薩雅克、薩拉巴噶什兩鄂拓克不自主，別推一年長者瑪木克呼里主之。年九十餘，體碩，趺坐腹垂至地，不能遠行。遣使獻牛羊百頭，將軍等宴而示之講武，咸詫服天朝騎射之利，乞內附。於時兼撫定霍索楚、啓台兩鄂拓克。七月，參贊大臣富德復遣侍衞伊達木札布往諭，薩婁鄂拓克阿克拜亦率衆五千戶來歸，同遣使入朝。其貢道由回部以達京師。

西布魯特與東布魯特相接，在回疆喀什噶爾城西北三百里。西接布哈爾國。道由鄂什山口踰葱嶺至其地，蓋古之休循、捐毒也。凡十有五部，最著者四：曰額德格納鄂拓克，曰蒙科爾多爾鄂拓克，曰齊里克鄂拓克，曰巴斯子鄂拓克。衣冠風俗皆同東部。

乾隆二十四年，將軍兆惠既定山南，追捕逸回道其地。其渠長遣道奉將軍書曰：「額德格納布魯特部小臣阿濟比恭呈如天普覆廣大無外、如愛養衆生素賚滿佛之鴻仁、如古伊斯干達里之神威、如魯斯坦天下無敵之大勇、富有四海乾隆大皇帝欽命將軍之前。謹率所部，自布哈爾以東二十萬人衆盡爲臣僕。頭目等以未出痘，不敢入中國，謹遣使入朝京師。」兆惠以聞，詔受之。於是東、西兩部皆內附。凡布魯特大首領稱爲「比」，猶回部阿奇木伯克也。比以下有阿哈拉克齊大小頭目。喀什噶爾參贊大臣奏給翎頂二品至七品有差。歲遣人進馬，酌賚綢緞、羊隻。商回以牲畜、皮張貿易至者，稅減內地商民三分之一。二十七年，阿濟比所屬鄂斯諸部地爲浩罕所擾，新疆大臣諭還之。明年，別部長阿瓦勒比願以其地供內地游牧，帝喜，許之，賜四品服。

然布魯特人貧而悍，輕生重利，喜虜掠。乾隆以後，邊吏率庸材，撫馭失宜，往往生變。嘉慶十九年，孜牙墩之案，枉誅圖爾第邁莫特，其子阿仔霍逃塞外，憤煽種類圖報復。二十五年，叛回張格爾糾布魯特數百寇邊，有頭目蘇蘭奇入報，爲章京綏善叱逐。蘇蘭奇憤走出塞，遂從賊。道光四年，張格爾屢糾布魯特擾邊。五年九月，領隊大臣色彥圖以兵二百出塞四百里掩之，不遇，則縱殺游牧之布魯特妻子百餘而還。其酋汰列克恨甚，率所部二千人追覆官兵於山谷，賊遂猖獗。於是有八年重定回疆之役。

迨同治三年，布魯特叛酋田拉滿蘇拉滿與庫車土匪馬隆等句結爲亂，逆回金相印等乘之，新疆淪陷十有餘年。光緒四年，欽差大臣左宗棠遣劉錦棠收復南八城，駐軍喀什噶爾，有布魯特頭目來謁錦棠，願仍歸中國。自言部落十四，蓋卽向之西布魯特也。而東布魯特接伊犁邊者，又有五部：曰蘇勒圖，曰察哈爾，曰薩雅克，曰巴斯特斯，曰薩爾巴噶什，已投附俄羅斯矣。光緒初，俄人併吞浩罕後，西部亦大半爲俄所脅收。其附近中國卡倫，喁喁內嚮，代爲守邊，可紀者僅千餘家而已。

哈薩克部有三：曰東部，曰中部，曰西部。東哈薩克在舊準噶爾部之西北，東西千里，南北六百里。東界塔爾巴哈臺，西界右哈薩克部，南界伊犁，北界俄羅斯。漢康居國地也。哈薩克汗阿布賚之告順德納曰：「我哈薩克之有三玉茲，如準噶爾之有四衞拉特也。東部者，左部也，曰鄂圖玉茲，謂之伊克準。中部者，右部也，曰烏拉克玉茲，謂之多木達都準。西部最遠，曰奇齊克玉茲，謂之巴罕準。左部之汗曰阿布賚，右部之汗曰脫卜柯依，西部之頭人曰都爾遜。」

初，阿布賚乘準噶爾平，遣使往諭，阿布賚投誠。適阿睦爾撒納叛走哈薩克，阿布賚納之。我兵進，敗其衆。阿布賚大悔，密計擒阿逆以求臣於我。會阿逆遁歸準噶爾。二十二年，阿布賚以其兵三萬助攻阿逆，陳情謝罪，奉表請內附。後阿睦爾撒納奔俄而死，阿布賚乃擒其黨額布濟齊巴罕以獻。其別部和集博爾根及喀拉巴勒特並率其屬三萬戶來附。二十四年以後，屢遣使朝貢，並賜冠服，宴賚如例。

右哈薩克在左哈薩克之西二千里。東界左部，西界塔什干，南界布魯特、安集延諸部，北界俄羅斯，東南界伊犂。亦漢康居五小王地也。其汗曰阿布勒班畢特，卽阿比里斯。其巴圖爾有三：曰吐里拜，曰輝格爾德，曰薩薩克拜，而吐里拜實專國政。乾隆二十二年，左部阿布賚既臣服，請招右部。會參贊大臣富德方以兵索逆賊哈薩克錫拉至右部，時吐里拜方與塔什干交兵，爲平之，乃下。於是吐里拜詣軍門，納款奉馬，進表請歸附。二十三年以後，屢遣使入朝，恩賜宴賚如例。其貢道均由伊犂以達京師。今則自中、俄定界後，哈薩克已分屬兩國矣。

安集延，亦大宛國地。喀什噶爾西北五百里，西至浩罕三百八十里。其貢道由回部以達京師。乾隆二十四年，將軍兆惠檄諭協擒逆回霍集占，其伯克以逆回未至彼境，卽專使籲請入覲。二十五年，伯克托克托瑪哈墨第等來朝貢，賜宴賞賚如例。

瑪爾噶朗，在安集延西百八十里。乾隆二十四年，伯克伊拉斯呼里拜率屬投誠。

那木干，在瑪爾噶朗西北八十里。其地東北與布魯特雜處，東境踰河卽爲塔什干地。乾隆二十四年，與浩罕同時輸誠內附。

塔什干，在喀什噶爾西北一千三百里。漢爲康居、大宛地，唐之石國也。居平原，有城郭。人民奉回教。與哈薩克同以三和卓分轄其衆：曰莫爾多薩木什，曰沙達，曰吐爾占。舊爲準噶爾羈屬。莫爾多薩木什者，哈薩克所置和卓也。吐爾占逐之，與哈薩克搆兵。乾隆二十三年，參贊大臣富德追捕哈薩克沙喇至其地，遣使往撫，軍於莽格特城外待之。時吐爾占方與哈薩克戰河上，因諭以睦鄰守土之義，皆感悟釋兵，和好如初。乃遣其屬默尼雅斯奉表求內屬，曰：「臣莫爾多薩木什恭奉諭音，若開瞽昧。蠢茲邊末，敢備外藩，罔或有二心。謹以準孽額什木札布獻之闕下。外臣草莽，冀瞻聖容，躬服彝訓，同歸怙冒，永永無極。」額什木札布者，阿睦爾撒納兄子也。帝宥而遣之。吐爾占亦貢馬稱臣，遣子入覲。塔什干至是自通於中國，列藩臣焉。嘉慶中，塔什干附浩罕，爲浩罕八城之一。

同治三年，俄人以伐浩罕之師奪塔什干，開錫爾達利亞省，於是塔什干部遂亡。塔什干居納林河流域之中樞，扼中亞細亞通道。納林河今又名錫爾河，西北流入鹹海。由塔什干西南行，踰錫爾河至薩馬爾罕，又踰阿母河，分入印度、波斯。北出痾倫不爾厄，越烏拉山脈達歐俄，而東行可至伊犂河以通中國，故俄人置土耳其斯坦總督駐之。塔什干山泉暢流，其乞爾乞河、卡拉蘇河、安噶連河皆發源雪山，灌溉農田，地宜五穀，故人民常有餘糧。樹木叢雜，多果木。宜蠶桑，而棉花產額尤鉅云。

巴達克山，在葉爾羌西千餘里，居葱嶺右偏。由伊西洱庫爾西稍南行，渡噴赤河至其國。有城郭，部落繁盛，戶十萬餘。其酋戴紅氈小帽，束以錦帕，衣錦氈衣，腰繫白絲絛，黑革鞮。其民人帽頂制似葫蘆，邊飾以皮，衣黃褐，束白絲絛，黑革鞮，亦有用黃牛皮者。婦人不冠，被髮雙垂，衣紫氈，餘與男子同。其國負山險，田地腴美，築室以居，耕而兼牧獵。

乾隆二十四年八月，回酋博羅尼都、霍集占兄弟敗奔巴達克山，富德率師至其地，以博羅尼都、霍集占逆狀諭示巴酋素爾坦沙，令擒獻。時二賊竄入巴達克山之錫克南村，詭稱假道往墨克祖國，大肆劫掠。素爾坦沙縛博羅尼都，而以兵攻霍集占於阿爾渾楚哈嶺。霍集占退保齊那爾河，不能支，傷背及乳，擒之，囚於柴札布。柴札布者，繫囚處也。素爾坦沙遣使詣軍門投款，且報擒二賊。富德令獻俘，進軍瓦罕城以待。是時溫都斯坦方以兵臨巴達克山，謀劫霍集占兄弟。霍集占陰通巴達克山讐國塔爾巴斯。會謀洩，素爾坦沙遷霍集占兄弟密室，以二百人圍而殺之，刃其馘以獻，並率其部落十萬戶及鄰部博羅爾三萬戶以降。二十五年，遣額穆爾伯克朝京師，貢刀斧及八駿馬。二十七年，再遣使來朝。二十八年，貢馬、犬、鳥槍、腰刀。後其國爲愛烏罕所併。巴達克山酋所居地曰維薩巴特，在喀克察河上。噴赤河自瓦罕帕米爾流入境，繞其東北，喀克察河西流入之，下流爲阿母河。唐書言竭盤陀國治葱嶺負徙多河，卽巴達克山地也。

博羅爾，在巴達克山東，有城郭，戶三萬餘，四面皆山，西北則河水環之。乾隆二十四年，旣與巴達克山同內附，遣其陪臣沙伯克等朝京師。二十七年十一月，博羅爾伯克沙呼沙默特貢劍斧諸物。二十九年，貢七首。是時博羅爾與巴達克山屢搆釁，沙呼沙默特乞援於葉爾羌，都統新柱遣諭巴達克山遵約束，還俘罷兵。至是，沙呼沙默特以所寶匕首進貢謝恩。三十四年，又進玉欛雙匕首。

博羅爾人別一種，築室而居，有村落，無文字，與諸回部言語不通，惟衣帽則與安集延相類。人皆深目高鼻，濃髭繞喙。男多女少，恆兄弟四五人共一妻，生子女次第分認，無兄弟者與戚里共之。土半沙鹵，故其人苦貧。地多桑，取葚曝乾爲糧。飲山羊乳，以馬湩爲酒。稱其酋曰「比」。以人口爲賦稅，生子女納其半，賣於各回城爲奴婢，值頗昂，每口值八九十金。後亦爲阿富汗所併。

阿富汗，卽愛烏罕。其國北界布哈爾，南界俾路支，東界印度，西界波斯，東西二千餘里。由巴達克山西南行約七百里，歷依色克米什、班因、察里克爾諸回部，越因都庫什山至喀布爾，其國都也。因都庫什山者，葱嶺山脉右旋之支，迤邐而西，名伊蘭高原。其地波斯處其西，而阿富汗處其東。本罽賓故國。分七大部：首曰喀布爾部，內屬部七；曰岡大害部，內屬部四；曰射士當部；曰愛拉部，內屬部二；曰歐潑部，內屬部三；曰愛乍爾部；曰加非利士當部，內屬部七。西與波斯接壤。有沙磧，餘皆沃壤。其氣候，高地多寒，近低地則熱。物產，果木、棉花、甘蔗、烟草之屬。人皆土著，業農，無遊牧。工織毛布，著名西域。其人戶口約五百餘萬，分二十四族，每族聚居一地，皆自治。其長之升降，則聽命於王焉。其人勇猛樸誠出天性，易撫循。

乾隆二十四年，大軍追討霍集占兄弟二賊，欲假道巴達克山赴阿，巴酋中道邀而殺之。其屬有奔阿者，告以情，阿酋愛哈摩特沙將興師，巴酋素爾坦沙懼，賂以御賜燈及中國文綺，阿遂罷兵，且遣使密爾漢偕巴使來納款，欲窺中國虛實也。二十七年，入貢良馬四，馬高七尺，長八尺。是爲回疆最西之屬國。時阿富汗初離波斯獨立，自稱算端，勢張甚，六侵印度，北印度大半爲所略。愛哈摩特沙死，國人爭立，紛擾者數十年。

道光六年，德司脫謨哈美德起兵喀布爾，統一阿富汗，愛哈摩特沙玄孫希耶速的逃印度，求庇於英。十九年，英印度總督奧克蘭德攻阿富汗，取乾陀羅、哥疾寧，遂陷喀布爾，立速的爲阿富汗王。阿人厭速的，並起絕英軍歸路。英軍敗，德司脫謨哈美德仍復位。二十九年，始與英和。英之有事於阿富汗也，俄人滅布哈爾，次第南侵。英人以阿富汗爲印度藩籬，抗之尤力。光緒間，帕米爾分疆之議起，英人復以保護阿富汗爲名，出而干涉帕事矣。

帕米爾者，葱嶺山中寬平之地，供回族遊牧者也。帕地有八，其中皆小回部錯居。乾隆中，大部隸屬中國，羈縻之使弗絕。厥後迤北、迤西稍稍歸俄，迤南小部附於阿富汗，東路、中路則服屬於中國。於是帕米爾遂爲中、俄、阿富汗三國平分之地。出帕米爾，南踰因都庫什山，即達印度，故俄人盡力經營之，而英人亦遂急起而隱爲之備。英之爲阿爭，即不啻爲印度爭也。

初，乾隆二十四年，高宗平定回疆，窮追賊首至伊西洱庫爾，三戰三捷，遂蕆大功。高宗御製碑文勒銘淖爾，西域圖志所指爲喀什噶爾西境外地者也。當日喀城邊卡西境之玉斯屯阿喇圖什卡，僅八十里；西南之鄂坡勒卡，僅一百二十里。道光間，欽定邊卡西至烏帕喇特卡，一百二十里；西北至喀浪圭卡，一百五十里。迨光緒間，克復新疆，劉錦棠始增設七卡於舊界之外。十五年，又設蘇滿一卡於伊西洱庫爾淖爾北十里，是卡距喀城千六百里，最爲窵遠，僅以布魯特回人守之，未駐兵也。英使之初議分帕也，我國嚴拒之，未允其請。既而俄兵闌入帕地，我國責其稱兵越界，俄人即引咎退歸。光緒十七年，英兵入坎巨提，逐其頭目，其意在覬覦帕地也。新疆巡撫檄馬隊巡歷邊境，屯於蘇滿。十八年春，俄人來言帕地爲中、俄兩屬，未經勘界，中國不應駐兵。總理衙門遂電疆撫退兵，而仍留蘇滿卡倫。俄復請盡撤新設諸卡，然後勘界。正相持間，而英人陰嗾阿兵突至蘇滿，脅擄布回而去，俄遂進兵與阿人戰於蘇滿，其東隊則遊弋於郎庫里湖、阿克塔什，漸近喀邊。總理衙門疏言：「我國先駐蘇滿之兵不早撤回，則俄、阿戰事將自我啓之，轉難收束。阿雖佔地而適致俄兵，釁觸相爭，原可不必過問。但其東駸駸逼近邊境，頗爲可慮耳。」蓋阿富汗自乾隆後朝貢不通，久置之度外矣，至是復一見焉。二十一年，帕米爾界議始定。

坎巨提，卽乾竺特，在葉爾羌西南約一千五百里。自葉爾羌西行入葱嶺，至塞勒庫勒之塔什庫爾干，卽蒲犂廳也。由是西行，踰尼若塔什山口，又西南至塔克敦巴什帕米爾，爲八帕之一。由是南踰瓦呼羅特、明塔戛兩山口，西爲因都庫什山，東爲穆斯塔格山。出山口順棍雜河南行，又順河折西抵棍雜，卽坎巨提都城，城瀕棍雜河北岸。西域水道記言：「塞勒庫勒在葉爾羌之西八百里，爲外蕃總會之區。自塞勒庫勒西五日程，曰黑斯圖濟；又西南三日程，曰乾竺特。」卽坎巨提，譯文異耳。乾隆二十六年，其酋有黑斯婁者，始內附，卽葉爾羌辦事大臣新柱奏稱「乾竺特伯克黑斯婁遣子貢金」者也。

其人皆奉瑪罕默德回敎。其部落東西寬二十里，南北長六百里。兩山夾立，廣大峻削，中有大河，爲入南疆要隘。坎部民住河西，河東則哪格爾所屬也。棍雜城大約三里。城北有大山曰溫吉爾，河曰崇帶雅。所轄村莊二十五，城中居民二千餘，其在各莊者約五千餘人，城鄉大小頭目一百四十。土產牛、羊、馬匹，無布帛，盡衣毛褐。五穀諸果俱備。敵國有犯境者，民卽爲兵，選精壯者出關禦之。人皆業農，不納糧，不徵稅，惟歲與其酋耕斂而已。每歲貢中國砂金一兩五錢，派之民，農戶收麥十二斤，畜牧家則戶收羊羔一，以集此款，無他徭也。貢使至，朝廷賞大緞兩端。其貢至宣統間不絕。

道光間，克什米爾國王熱吉苦羅普散令其將布甫山率兵犯境，奪坎屬痲雲卡，坎酋夏孜牌爾敗之，追斬七千餘名。克什米爾遣使搆和，年與坎酋洋銀一千五百元，元重二錢五分；坎酋以馬二匹、細狗二隻報之。人謂入貢克什米爾者，妄也。同治四年，克什米爾國王令就貝爾薩再犯境，坎王艾贊木復戰敗之，蓋至是克什米爾已四犯坎屬矣。

光緒間，俄兵入帕米爾，英人聞之，率兵至哪格爾，並檄坎巨提修平道路，備兵進帕地。哪格爾首抗英，坎酋助之。十七年，英人敗哪格爾，直抵坎城，賽必德哎里罕戰敗，攜眷屬潛遁，英人遂據其地。先是賽酋私與俄通，上降書，押結約俄奪佔帕米爾，修築堡壘於黑孜吉牙克、阿克素睦爾瓦、蘇滿三處，並建營於包子滾拜子，以扼要衝。俄人復書，報以金幣千元、金絲呢布諸貨六馱、快礮六桿。賽酋悖逆無信，不恤部衆，且狡而好利，屢挑釁英、俄以求賄，視其部爲市販。其副目歪孜爾素執兵權，同惡相濟，部民皆深忌之。至是，率其衆五百餘人將奔俄，塔墩巴什頭目窩思滿集衆邀之。張鴻疇拘諸色勒庫爾，屢謀突城出，不得，後解省羈禁十有七年，嗣復安置庫車，其子米則拜爾及家屬男女五十二人，均編住莎車熱瓦奇莊，賽酋之外產也；脅從之衆悉送還部，並諭飭賽酋之弟買賣提哎孜木代理坎巨提頭目，以安民心。

出使英法義比大臣薛福成與英外部商定派員會立坎酋，其疏略云：「中國回疆之外，向有羈縻各回部，惟自咸豐、同治以來，中國內寇不靖，未遑遠略。俄國既以兵力吞併浩罕、布魯特、哈薩克、布哈爾諸回部，而巴達克山、魯善、什克南、瓦罕諸小部，則皆服屬於阿富汗。邇來阿富汗爲英屬國，英之大勢駸駸由印度北嚮，有與俄國爭雄之意，而中國西邊之外，遂日以多事。坎巨提一部近喀什噶爾，南界在葱嶺以南，厥地縱橫數百里，戶口約近萬人。近年屬回之入貢中國者祇此一部，蓋卽新疆識略之乾竺特、一統輿圖及時憲書之喀楚特，同音而異譯也。英之印度總督歲貼坎巨提經費，以助彼整理防務爲名，實隱收其內政之權。去年夏秋間，坎巨提已有赴喀什噶爾告急之舉，則以英人築一礮臺俯臨坎境也。本年正二月間，疊承總署電信，以英兵侵坎巨提，其頭目連戰不勝，率其衆逃詣卡外求援。臣以起釁情節詰英外部，詢知英兵修築一路直貫坎境，北抵興都哥士大山，意在扼此隘口，以杜俄衆南侵而保印度門戶。其頭目興師攔阻，爲英兵擊敗，踞其所居之棍雜城。臣與英相兼外部尚書沙力斯伯里晤商，據稱並無滅坎之意，亦無阻坎入貢中國之意。祇以坎酋罪惡甚多，輕慢英官，不得不示以懲儆也。臣與總署電商，因坎酋聲名素劣，勢難必使復位。其部既係兩屬之國，與專屬中國者又稍不同，祇可酌就外部之辭與之理論。外部語言閃鑠，其初次存坎之說既甚游移，而必欲據坎之心則甚堅韌。幸而窺彼隱情，頗以俄餤方張，亟思聯絡中國，不欲斂怨樹敵，臣得就此設法磋磨。英廷近稱選得舊酋之弟買賣提哎孜木，可爲坎巨提頭目，擬請中國派員會同英員行封立之禮，已由總署電告新疆巡撫選派妥員前往。臣與外部商訂儀節，華員、英員共爲一班，克什米爾係英屬國，位次應稍居後。行禮之期，初訂在十八年閏六月二十三日，現展至七月二十五日，屆時彼此和衷妥辦，卽可蕆事。」新疆巡撫陶模卽委阜康縣知縣田鼎銘、都司張鴻疇前赴坎部，會同英員熱布生，更立買賣提哎孜木爲坎巨提頭目。封立儀節，華員居右，英員次之，英屬克什米爾委員居左稍下，新酋又次之。張鴻疇宣布皇上德意，賞給大緞，諭令貢金照舊呈進，鎭撫部民，毋任剽掠。其酋悉俯首聽命云。

坎部國於山谷中，崇峰疊巘，道路險絕。中有喀喇闊魯穆大冰山，時至十一月，積雪甚厚，以長毛牛負囊槖而行。明塔戛山口高萬四千四百尺，路有巨石，蓋古時流冰所經地也。出山口里許，有一流冰，過此卽易行。再踰數澗，兩崖壁立，頂有積雪，至米斯戛。居人皆韃爾靼回教。不幕，有室廬，村各爲堡，壘石爲之。性强悍，以寇鈔爲俗，然皆酋所使，所劫貨物大半歸酋，四出剽掠，或遠至庫車。雅爾山脈下垂如箠，水流其間，土較腴美。近帕蘇又一流冰，其融處高八千尺。

光緒十五年，英人楊哈思班遊至其部，坎酋言：「我受上帝命，親斷父母死罪而殺之，幷殺其兄弟，投於山下，遂踐是位。」其悖逆如此。或謂其地立國最古，殆周時曹奴氏之所居。穆天子傳：「庚辰，濟于洋水；辛巳，入于曹奴，曹奴之人獻天子于洋水之上。」洋水卽棍雜河。山海經言：「洋水西南流注于醜塗之水。」今棍雜河發源因都庫什山，西南流至幾勒幾特城，東南入印度河。醜塗爲印度轉音，醜塗水卽印度河也。

清史稿發刊綴言

爾巽承修清史十四年矣。任事以來，慄慄危懼。蓋既非史學之專長，復值時局之多故，任大責重，辭謝不獲，蚊負貽譏，勉爲擔荷。開館之初，經費尚充，自民國六年，政府以財政艱難，銳減額算。近年益復枯竭，支絀情狀，不堪縷述。將伯呼助，埶借俱窮，日暮途遠，幾無成書之一日。竊以清史關係一代典章文獻，失今不修，後來益難著手，則爾巽之罪戾滋重。瞻前顧後，寢饋不安。事本萬難，不敢諉卸。乃竭力呼籲，幸諸帥維持，並敦促修書同人黽勉從事，獲共諒苦衷，各盡義務，竭蹶之餘，大致就緒。本應詳審修正，以冀減少疵纇。奈以時事之艱虞，學說之庬雜，爾巽年齒之遲暮，再多慎重，恐不及待。於是於萬不獲已之時，乃有發刊清史稿之舉，委託袁君金鎧經辦，數月後當克竣事。誠以史事繁鉅，前史每有新編，互證得失。明史之修，值國家承平，時歷數十年而始成，亦不無可議之處，誠戛戛乎其難矣。今茲史稿之刊，未臻完整，夫何待言。然此急就之章，較諸元史之成，已多時日。所有疏略紕繆處，敬乞海內諸君子切實糾正，以匡不逮，用爲後來修正之根據。蓋此稿乃大輅椎輪之先導，並非視爲成書也。除查出疏漏另刊修正表外，其他均公諸海內，與天下人以共見，繩愆糾謬，世多通人。爾巽心力已竭，老病危篤，行與諸君子別矣，言盡於此。以上所述，卽作爲史稿披露後向海內諸君竭誠就正之語，幸共鑒之。中華民國十六年丁卯八月二日趙爾巽時年八十四歲

清史館職名

館長　趙爾巽

兼代館長總纂　柯劭忞

總閱　于式枚

總纂　王樹枏　郭曾炘　李家駒　繆荃孫　吳士鑑　吳廷燮　馬其昶　夏孫桐　秦樹聲　金兆蕃

纂修　鄧邦述　章鈺　王大鈞　袁勵準　萬本端　陶葆廉　王式通　顧瑗　楊鍾羲　簡朝亮　張采田　何葆麟　陳曾則　姚永樸　夏曾佑　唐恩溥　袁克文　金兆豐

協修　俞陛雲　羅惇曧　吳廣霈　吳懷清　張書雲　張啓後　韓樸存　李岳瑞　駱成昌　胡嗣芬　吳昌綬　朱孔彰　李景濂　姚永概　黄翼曾　檀璣　戴錫章　陳曾矩　李哲明　呂鈺　余嘉錫　邵瑞彭　奭良　瑞洵　陳田　葉爾愷　徐鴻寶

王崇烈　方履中　商衍瀛　陳能怡　王以慜　劉樹屏　朱師轍　史思培　趙文蔚
劉　焜　陳敬第　藍　鈺　陳　毅　李葆恂　張仲炘　陳延韡　宋伯魯　李焜瀛
喻長霖　田應璜　趙世駿　楊　晉　齊忠甲　朱希祖　吳　璆　秦望瀾　李汝謙
羅裕樟　傅增淯　朱方飴

提調　李經畬　陳漢第　金　還　周肇祥　邵　章

文牘科長　伍元芝　圖書科長　尹　良　會計科長　劉　濟　庶務科長　錫　蔭

收發處長　張玉藻

校勘　孟昭墉　諸以仁　奎　善　劉景福　趙伯屏

收掌　董清峻　胡慶松　秦化田　史錫華　惠　澂

總理史稿發刊事宜總閱　袁金鎧

辦理史稿校刻事宜總閱　金　梁〔一〕

〔一〕按：清史館職名，關外一次本與此相同，獨纂修唐恩溥之名誤列在協修史思培下誤出。關內本與此歧異頗多，附錄於後，以供參考。

清史館職名

館長　趙爾巽

兼代館長總纂　柯劭忞

總纂　王樹枏

總纂　吳廷燮

總纂　夏孫桐

纂修　金兆蕃

纂修　章　鈺

纂修　金兆豐

協修　俞陛雲

協修　吳懷清

協修　張書雲

協修　李哲明

協修　戴錫章

協修　奭　良

協修　朱師轍

校勘兼協修　孟昭墉

提調　李經畬

提調　陳漢第

提調　金　還

提調　周肇祥

提調　邵　章

總纂　繆荃孫　馬其昶　秦樹聲　吳士鑑

纂修　王大鈞　鄧邦述　姚永樸　萬本端　張爾田　陳曾則　唐恩溥　袁勵準　王式通

　　　何葆麟　劉師培　夏曾佑

協修　張啓後　李岳瑞　韓樸存　朱孔彰　姚永概　黃翼曾　陳敬第　吳昌綬　吳廣霈

　　　羅惇曧　駱成昌　胡嗣芬　李景濂　陳　田　檀　璣　葉爾愷　瑞　洵　王崇烈

　　　田應璜　朱希祖　徐鴻寶　藍　鈺　劉樹屏　楊　晉　陳能怡　方履中　商衍瀛

　　　趙世駿　袁嘉穀　秦望瀾　吳　璆　史思培　唐邦治　張仲炘　傅增清　邵瑞彭

　　　陳曾矩

校勘　董清峻　周仰公　秦化田　奎　善　劉景福　趙伯屏　史錫華　曾恕傳

收掌　尙希程　王文著　胡慶松

總理史稿發刊事宜　袁金鎧

辦理史稿校刻　金　梁

清史稿校刻記

甲寅年始設清史館，以趙公爾巽爲館長。修史者有總閱、總纂、纂修、協修及徵訪等職，先後延聘百數十人，別有名譽職約三百人。館中執事，有提調、收掌、科長及校勘等職，亦逾二百人，可謂盛矣。

開館之初，首商義例。館内外同人，如于君式枚、梁君啓超、吳君士鑑、吳君廷燮、姚君永樸、繆君荃孫、陶君葆廉、金君兆蕃、朱君希祖、袁君勵準、王君桐齡等，皆多建議。參酌衆見，後乃議定用明史體裁，略加通變。先排史目，凡本紀十二：曰太祖、太宗、世祖、聖祖、世宗、高宗、仁宗、宣宗、文宗、穆宗、德宗，而宣統紀初擬爲今上本紀，後改定。志十六：曰天文、災異、時憲、地理、禮、樂、輿服附鹵簿、選舉、職官、食貨、河渠、兵、交通、刑法、藝文、邦交，初擬有國語、氏族、外教三志，皆删。表十：曰皇子、公主、外戚、諸臣封爵、藩部、大學士、軍機大臣、部院大臣、疆臣、交聘，初以大學士與軍機合稱宰輔，後改。列傳十五：曰后妃、諸王、諸臣、循吏、儒林、文苑、疇人、忠義、孝義、遺逸、藝術、列女、土司、藩部、屬國，初擬有明遺臣、卓行、貨殖、客卿、叛臣諸目，皆刪併。其取材則以實錄爲主，兼采國史舊志及本傳，而參以各種記載，與夫徵訪所得，務求傳信，不尚文飾焉。

庚申，初稿略備，始排比復輯。丙寅秋，重加修正。自開館至是，已歲紀一週，其難其愼，蓋猶未敢爲定稿也。丁卯夏，袁君金鎧創刊稿待正之議，趙公韙之，卽請袁君總理發刊事宜，而以梁任校刻，期一年竣事。梁擬總閱全稿，先畫一而後付刊。乃稿實未齊，且待修正，祇可隨修隨刻，不復有整理之暇矣。是時留館者僅十餘人，於是公推以柯君劭忞總紀稿，王君樹枏總志稿，吳君廷燮總表稿，夏君孫桐、金君兆蕃分總傳稿，而由袁君與梁校閱付刊。本紀自太祖至世宗五朝爲鄧君邦述、金君兆蕃原稿，高宗至穆宗五朝爲吳君廷燮原稿，德宗及宣統二朝爲瑞君洵原稿，而太祖、聖祖、世宗、仁宗、文宗、與宣統六紀爲奭君良復輯，穆、德二紀爲李君哲明復輯，柯君皆多刪正。志則天文、時憲、災異爲柯君稿；地理爲秦君樹聲原稿，王君樹枏復輯；禮爲張君書雲、王君大鈞、萬君本端等分稿；職官爲金君兆豐、駱君成昌、李君景濂、徐君鴻寶等分稿，皆金君復輯；樂爲張君采田稿；輿服爲何君葆麟稿，選舉爲張君啓後、朱君希祖、袁君勵準等分稿，張君書雲復輯；食貨爲姚君永樸、李君岳瑞、李君哲明、吳君懷清分稿，河渠爲何君葆麟等原稿，交通爲羅君惇曧等分稿，皆吳君復輯，兵爲兪君陛雲、秦君望瀾、田君應璜、袁君克文等分稿，兪君復輯；刑法爲王君式通等分輯，後用許君受衡稿；藝文爲章君鈺、吳君士鑑原稿，朱君師轍復輯；邦交爲李君家駒、吳君廣霈、劉君樹屏等分稿，戴君錫章復輯。表則諸王、公主、外戚爲吳君士鑑原稿，諸臣封爵爲劉君師培原稿，軍機大臣爲唐君邦治原稿，餘皆吳君廷燮稿。列傳則后妃、諸王爲鄧君邦述及金君兆蕃原稿，皆金君復輯；諸臣原稿，凡在館諸君多有分纂，自開國至乾隆爲金君兆蕃復輯，嘉道咸同爲夏君孫桐復輯，光宣爲馬君其昶、金君兆豐復輯，而梁又重補輯之；循吏及藝術皆夏君復輯，儒林爲繆君荃孫稿，文苑爲馬君稿，梁皆補之；疇人爲陳君年原稿，柯君復輯，忠義爲章君復輯；孝義及列女爲金君兆蕃復輯，遺逸爲王君樹枏及繆君原稿，梁復輯之；土司爲繆君稿，藩部蒙古爲吳君廷燮稿，西藏爲吳君燕紹稿，屬國爲韓君樸存稿。凡諸稿梁皆校閱，並有參訂。惜倉卒付刊，不及從容討論耳。昔萬季野參修明史，總閱全書，事必覈之實錄，誤者正之，漏者補之，此修史公例，不敢忽也。是秋趙公去世，柯君兼代館長，一仍舊貫。歲暮校印過半，乃先發行，至今夏全書告成，幸未逾預定之期。袁君創議於先，經營籌畫，力任其難，庶幾無負趙公之託。其間數經艱亂，皆幸無阻，良非初料所及。一代國史，所關甚大，其成否亦繫乎天焉。初有議宣統紀從闕者，梁以春秋不諱定哀，力爭存之；又議斷代爲史，凡歿於辛亥以後者皆不入傳，梁以明末遺臣，史皆並著，且清史實爲舊史結束，後將別創新史，體例各異，諸人與清室相終始，豈容泯沒，故所補獨多。

校刻既竣，略記始末，以備參考。史稿本非定本，望海內通人不吝指教。當別撰校勘記，爲將來修正之資，幸甚幸甚。戊辰端節金梁〔一〕

〔一〕此校刻記，關外一次本有，關內本無。